52
Weeks of
Easy Knits

지은이 레인(Laine)

핀란드에 기반을 두고 북유럽 스타일의 뜨개와 라이프스타일을 다루는 매거진으로 친환경 소재. 느리게 살기. 지역의 수공예 기술. 삶에서 만나는 아름답고 단순한 것들에 가치를 둔다. 가깝거나 먼 곳에 살고 있는 전 세계의 뜨개인과 창작자들이 레인을 통해 서로의 영감을 공유하고. 함께 공감할 수 있는 콘텐츠를 만들고자 한다.

옮긴이 조진경

건국대학교를 졸업한 후 다양한 분야의 책들을 우리말로 옮겨왔다. 현재 번역 에이전시 엔터스코리아에서 번역가로 활동하고 있다. 옮긴 책으로는 《해리 포터 영화 속 뜨개질 마법》,《52주의 숄》,《피카파우 동물친구들 : 알록달록 귀여운 손뜨개 인형 캐릭터 20선》,《피카파우 동물친구들 2: 아기자기 코바늘인형 아미구루미 캐릭터 20선》, 핸드메이드 월간지 <몰리 메이크스>가 있다.

CONCEPT
JONNA HIETALA & SINI KRAMER

PHOTOGRAPHY
RIIKKA KANTINKOSKI & SINI KRAMER

GRAPHIC DESIGN
TIINA VAARAKALLIO

EDITORS
MAIJA KANGASLUOMA, SINI KRAMER, PAULIINA KUUNSOLA, TIIA PYYKKÖ

TRANSLATION
SINI KRAMER, PAULIINA KUUNSOLA

STYLIST
ANNA KOMONEN (EXCEPT PP. 18, 62, 65, 78, 117, 119, 193, 195)

HAIR & MAKEUP
MIIKA KEMPPAINEN

MODELS
SALOMÉ & YOUSRA / AS YOU ARE AGENCY

CLOTHING
BEAMHILL, COS, RESERVED, RAINS, R/H STUDIO, STOCKMANN, UNISA, VAMSKO, VIMMA

PUBLISHER
LAINE PUBLISHING OY

52
Weeks of
Easy Knits

52주의 이지 니트

hansmedia

Contents

01-13

14-26

● SUPER EASY

40-52

27-39

서문

니트의 세계에 온 것을 환영합니다. 최근 들어 손뜨개의 즐거움을 아는 사람들이 점점 많아지고 있습니다. 손으로 만질 수 있는 작품을 만드는 과정이 얼마나 위안이 되는지, 직접 짠 양말을 신거나 방금 완성한 비니를 쓰면 얼마나 신나는지 알게 되었죠. 그래서 뜨개를 시작하려는 이들에게 도움이 되는 책 《52주의 이지 니트》를 만들고 싶었습니다.

'52주 시리즈'를 접해본 사람이라면 친숙한 내용이 많지만 새로운 내용도 적지 않습니다. 이 책에도 니트웨어와 니트 디자이너를 많이 소개했습니다. 세계 곳곳에서 활동하는 다재다능한 디자이너 40명의 52개 패턴을 수록했거든요. 시각적으로 보기 좋은 비주얼과 이해하기 쉬운 설명 역시 '52주 시리즈'가 유명해지고 사람들이 좋아하게 된 이유입니다. 이 책은 《52주의 양말》과 《52주의 숄》과 달리 주제가 다양합니다. 스웨터, 양말, 비니, 손모아장갑, 머플러, 카디건 등 모든 니트웨어의 패턴을 실어놓았습니다. 재미있고, 현대적이며, 직접 착용할 수 있고, 무엇보다 즐겁게 뜰 수 있습니다.

이 책을 기획했을 때 '쉽다'에 대한 정의를 가장 먼저 고민했습니다. 뜨개 경력이 3년인지 3개월인지에 따라 '쉽다'를 체감하는 정도가 다를 수밖에 없어서죠. 그래도 편안하게 뜨개질할 수 있는 숙련자와 초보자를 모두 고려해 각각의 요구에 걸맞는 패턴들을 실어놓았습니다. 몇몇 작품들은 뜨개를 처음 하는 사람들이 선택하기 좋도록 'Super Easy' 마크를 달아놓았습니다. 당연한 말이지만 초보자들도 손뜨개 테크닉이 늘면 좀 더 어려운 패턴에 도전할 수 있습니다.

이 책에 수록한 패턴들은 기본 테크닉만 알면 뜰 수 있고, 좀 더 어려운 테크닉은 대체법을 제시해놓았습니다. 따라 할 도안도 몇 개 없으니 크게 걱정하지 않아도 됩니다. 패턴에 따라 집중해야 하는 부분이 있을 수도 있지만, 그런 작품은 구조가 아주 간단합니다. 작품의 구조가 복잡해서 집중해야 한다면 간단한 가터뜨기로 진행합니다.

이 책에 실린 패턴은 일반적인 대바늘뜨기 패턴보다 더 자세하게 설명해놓았습니다. 약어 사용을 줄이고 용어를 상세하게 설명했거든요. 여러분은 약어의 의미를 금세 알아채는 동시에 패턴을 읽는 일이 훨씬 순조로울 겁니다. 패턴의 길이가 길다고 다 어려운 건 아닙니다. 각 단계를 꼼꼼하게 서술한 것에 지나지 않습니다. 처음 봤을 때만 어려워 보일 뿐 막상 해보면 이해하기 쉽습니다.

코잡기부터 작품에 사용한 테크닉(→P.8~19)도 정리해놓았습니다. 그리고 인터넷은 뜨개질하는 사람들에게 보물창고라는 점을 잊지 마세요. 시간을 내어 검색해보면 손뜨개 테크닉을 익히는 데 도움이 되는 설명과 동영상을 얼마든지 찾아볼 수 있습니다. 레인 웹사이트에도 손뜨개 관련 설명을 편집해놓았고, 향후 더 많은 자료를 만들 계획입니다.

여러분이 즐겁게 뜨개질을 하며 새로운 사실을 알게 되기를 진심으로 바랍니다. 대바늘에서 코를 빠트리는 순간에도 여유를 가져보기를 바랍니다.

기본 도구

핑거링 얀은 어떤 실이고, 니터들은 왜 줄바늘을 즐겨 사용할까요. 다양한 뜨개실과 특징을 비롯해 뜨개바늘과 여러 도구를 살펴보겠습니다.

뜨개실

울실(모사)

뜨개실은 울, 리넨, 면, 실크, 알파카 등 다양하고, 이런 소재들을 섞은 혼방사도 있습니다. 천연 섬유에는 동물성 섬유(울, 캐시미어, 실크 등)와 식물성 섬유(면, 리넨 등)가 있습니다. 비스코스, 라이오셀 같은 셀룰로오스 섬유와 폴리에스테르, 나일론, 아크릴 같은 합성 섬유도 있습니다. 이 책의 패턴에 사용한 실은 대부분 동물성 섬유인데 내구성이 좋고, 부드러우며, 비교적 신축성이 좋아 뜨개질하기에 좋습니다.

뜨개실의 촉감과 내구성, 외형은 섬유의 원료에 따라 크게 달라집니다. 예를 들어 리넨 소재의 스웨터는 거친 울로 만든 스웨터와 비교했을 때 늘어진 모양이 다릅니다. 양말은 오래 신어도 변함이 없어야 하므로 내구성이 특히 중요합니다. 양말을 뜨는 삭스 얀은 내구성을 높이기 위해 대개 나일론과 혼방합니다. 최근에는 합성 섬유는 쓰지 않고 천연 섬유로만 만든 삭스 얀도 만날 수 있습니다.

작품에 필요한 실은 패턴대로 선택해도 되고, 직접 색을 정해도 상관없습니다. 물론 대체실도 가능합니다. 대체실은 섬유 함량과 모양이 비슷한 실을 추천합니다(→P.10). 다양한 섬유와 특징을 좀 더 잘 알게 되면 다른 실들을 시도해보고 니트 디자인을 수정해도 됩니다. 대체실로 어떤 실이 좋을지 판단하기 힘들다면 전문 뜨개숍이나 뜨개공방에 물어보는 것도 한 방법입니다.

실을 구매할 때는 섬유의 원산지와 제작 과정을 알아보세요. 가능하다면 뜨개실을 만드는 공정이 지속 가능하고, 투명하며, 신뢰할 수 있고, 생태학적으로 해롭지 않은 회사의 제품을 선택합니다. 전 세계에는 많은 공급자가 손염색실을 생산하고 있으므로 이 또한 관심을 기울여주기 바랍니다.

실의 무게

뜨개실은 두께에 따라 여러 그룹으로 나눌 수 있습니다. '실의 무게'는 실의 두께를 가리킵니다. 실이 두꺼울수록 뜨개코가 커집니다. 예를 들어 실의 무게를 알면 패턴에 맞는 대체실을 고를 때 도움이 됩니다(→P.10). 실의 무게에 따라 가장 가는 실부터 가장 두꺼운 실을 나열해보겠습니다. 레이스, 라이트 핑거링, 핑거링(4ply 또는 삭스), 스포트, DK, 우스티드, 아란, 벌키, 슈퍼벌키(청키 또는 슈퍼청키)가 있습니다.

스케인부터 볼까지

실은 볼Ball과 스케인Skein 단위로 판매하는데, 때때로 케이크Cake, 플레이트Plate, 콘Cones으로 표기하기도 합니다. 스케인은 코잡기를 하기 전에 실감기부터 합니다. 손뜨개 작업을 자주 하는 사람은 실 감는 기구가 있으면 좋습니다. 물론 손으로 감아도 됩니다. 이를테면 친구에게 두 팔을 내밀라고 하고 펼친 스케인(고리)을 걸거나 의자 등에 걸어놓고 감습니다. 스케인을 니터가 직접 잡아도 되는데, 엉키지 않도록 주의하세요. 단, 실을 감을 때는 너무 팽팽하게 감지 않습니다.

실의 라벨에는 원료인 섬유 종류, 길이, 권장 게이지와 바늘 호수, 취급 시 주의사항 등 중요한 정보가 담겨 있습니다. 색 외에도 염색 로트 번호가 적혀 있습니다. 작품에 사용하는 실의 염색 로트가 같은지 항상 확인하는 습관을 들이는 것을 추천합니다. 로트가 다르면 색이 미세하게 달라 보일 수 있습니다. 손염색실이라면 특히 로트 번호가 중요합니다.

뜨개바늘

줄바늘

손뜨개 전문점에서 줄바늘(바늘 2개가 줄로 연결되어 있는 바늘), 짧은 장갑바늘(양말이나 원형뜨기 등 소품에 쓰는 바늘), 긴 대바늘(일반적으로 한쪽 끝만 뾰족한 바늘) 등 여러 종류의 바늘을 볼 수 있습니다. 대개 패턴에는 바늘 종류를 구체적으로 명시해놓는데, 재료 항목에 나와 있습니다.

이 책은 대부분 줄바늘을 사용했습니다. 줄바늘은 원형뜨기와 평면뜨기를 모두 할 수 있고 용도가 다양합니다. 줄바늘로 뜨개질을 하면 니터의 어깨와 팔이 보다 편안하기도 합니다. 좋은 줄바늘은 줄의 굴절성이 좋고, 줄과 바늘의 이음매가 매끄러워서 바늘에 있는 코를 줄로 순조롭게 옮길 수 있습니다.

소재

바늘의 소재는 보통의 나무, 대나무, 금속, 탄소 섬유 등 다양합니다. 어떤 바늘이 가장 좋은지는 니터의 장력과 실의 종류에 따라 달라집니다. 어떤 실은 금속 바늘에 너무 미끄럽기도 하고, 어떤 실은 나무 바늘에 잘 걸립니다. 니터들은 즐겨 사용하는 본인만의 바늘이 있는데, 이 책의 니트 디자이너들은 치아오구 레드 레이스Chiao-goo's Red Lace 줄바늘을 즐겨 사용합니다. 여러분도 자기만의 바늘을 찾아보기를 바랍니다.

호수 & 길이

바늘의 호수(두께를 의미)는 숫자로 표시하는데, 표기법은 나라와 지역마다 다릅니다. 이 책에는 미국식과 미터법을 함께 표기해놓았습니다. 예를 들어 4mm(US 6)로 제시해놓았죠. 패턴에 권장 바늘 호수가 있지만, 필요한 게이지를 얻을 수 있는 호수를 선택하면 됩니다(→P.12). 패턴의 재료 항목에 40cm, 80cm 등 줄바늘의 권장 길이도 제시해놓았습니다. 80cm를 가장 많이 쓰고, 스웨터는 물론 매직루프(→P.22)로 소매나 양말처럼 둘레가 작은 작품도 뜰 수 있습니다.

스티치 마커 & 스티치 홀더

뜨개실과 뜨개바늘, 돗바늘과 가위, 줄자 외에도 필요한 도구가 있습니다. 가장 자주 사용하는 스티치 마커와 스티치 홀더입니다.

스티치 마커는 작품의 중요한 부분을 확인할 때 유용한 도구입니다. 예를 들면 원형단 시작, 코늘리기와 코줄이기 위치를 표시하는 데 쓰입니다. 스티치 마커는 왼바늘에서 오른바늘로 걸러 뜹니다. 잠금 스티치 마커는 작품에 걸어두고 쓰며, 단을 셀 때 유용합니다. 스티치 마커는 손뜨개 전문점에서 구매할 수 있지만 직접 만들 수도 있습니다. 색깔이 다른 실을 묶어서 작은 고리를 만들고 눈에 잘 띄는지, 바늘에서 쉽게 미끄러져 이동하는지만 꼭 확인합니다.

간혹 패턴의 필요 도구에서 스티치 홀더를 만날 수 있습니다. 스티치 홀더는 니트의 어떤 부분을 뜨는 동안 뜨지 않는 다른 부분의 코들을 걸어두는 도구입니다. 예를 들어 스웨터를 톱다운 방식을 이용해 한 판으로 뜰 때, 몸판을 완성하는 동안 소매의 코들을 스티치 홀더에 걸어둡니다. 스티치 홀더 대신 별실을 이용해도 괜찮습니다.

패턴 보는 법

대바늘뜨기 패턴은 구조와 용어에 익숙지 않으면 어려워 보일 수 있습니다. 그러니 손뜨개를 시작하기 전에 다음의 내용을 찬찬히 훑어보기 바랍니다.

사이즈 찾기

이 책에 표시한 사이즈는 표준 의류 사이즈와 다릅니다. 1이 가장 작고 숫자가 커지면 사이즈도 커집니다. 기준 사이즈는 1이고 괄호 안에 여러 사이즈와 해당하는 숫자를 적어서 패턴을 따라 하기 쉽게 해놓았습니다. 예를 들어 4사이즈를 뜬다면 패턴에서 항상 4번째 숫자를 따라 뜨면 됩니다.

자신의 치수를 토대로 니트 사이즈를 정해보세요. 종종 패턴에 권장 여유분이 적혀 있는데, 완성한 니트가 자신의 몸에 어느 정도 여유가 있어야 하는지를 가리킵니다. 플러스 여유분은 완성한 니트가 실제 몸 치수보다 커서 편안하고, 오버사이즈 룩으로 보일 수도 있다는 뜻입니다. 마이너스 여유분은 니트가 실제 몸 치수보다 작아서 몸에 꼭 맞는다는 뜻입니다. 하지만 패턴에 제시한 여유분은 권장 사항일 뿐입니다. 자신이 원하는 핏에 따라 사이즈를 여유 있게 또는 꼭 맞게 정하면 됩니다.

스웨터를 뜰 때, 가슴 부분이 가장 넓으므로 자신의 가슴둘레부터 측정합니다. 그런 다음 권장 여유분을 확인하고 원하는 핏을 정합니다. 자신의 가슴둘레에 여유분을 더하고 그 치수에 가장 가까운 사이즈를 선택하면 됩니다. 예를 들어 스웨터 사이즈가 1(2, 3, 4, 5) (6, 7, 8)이 있고, 권장 여유분은 20~25cm, 패턴에 제시한 완성 가슴둘레 치수는 106(115, 125, 136, 153) (162, 172, 181)cm입니다. 자신의 가슴둘레가 105cm라면 여유분 20cm를 더하고 3사이즈를 선택합니다. 패턴을 보고 뜰 때는 3번째(괄호 안에서 2번째) 숫자를 따라 뜹니다.

대체실 고르기

모든 패턴에는 각 작품을 뜨는 데 사용한 실과 실제 작품 사진이 실려 있습니다. 하지만 니터의 디자인에 맞춰 다른 실을 선택해도 됩니다. 패턴에는 필요량과 실의 무게에 대한 정보가 있습니다. 패턴에 제시한 실 길이는 해당 무게 실의 필요량입니다. 대체실을 찾을 때는 항상 실 길이를 참고해 필요량을 계산합니다.

대체실은 제시한 실의 성분을 보고 고르는 것을 추천합니다. 수록한 사진과 비슷한 작품을 뜨고 싶다면 성분이 비슷한 실을 고릅니다. 예를 들어 알파카 100% 스웨터와 모 100% 스웨터는 핏과 늘어진 모습이 완전히 다릅니다. 심지어 실의 두께가 똑같다 해도 말입니다. 어떤 실로 대체할지 판단하기 어렵다면 손뜨개 전문점에 물어보는 것이 가장 좋습니다.

바늘 & 도구

패턴에는 가장 많이 사용하는 도구인 바늘에 대한 정보도 있습니다. 바늘 호수는 물론 줄바늘이라면 길이까지 적혀 있습니다. 적혀 있는 바늘 호수는 권장 호수일 뿐이므로 항상 작품마다 필요한 게이지를 얻을 수 있는 바늘을 선택합니다. 간혹 바늘 종류가 구체적으로 패턴에 나와 있기도 합니다. 예를 들어 '줄바늘'이라고 쓰여 있어도 양말이나 손모아장갑, 소매 등을 뜰 때는 줄바늘 대신 장갑바늘을 써도 괜찮습니다. 단, 대체 도구는 약간의 수정이 필요하다는 점만 기억하세요.

패턴에 추가 도구(→P.9)가 있을 수 있습니다. 끝마무리를 위한 돗바늘, 실 전용 가위, 게이지와 치수를 재기 위한 줄자는 언제나 필요합니다.

견본 & 게이지

완성한 니트가 몸에 잘 맞으려면 새로운 작품을 시작할 때 항상 견본부터 만들어야 합니다. 패턴에는 게이지(장력)를 구체적으로 제시해놓았는데, 제한된 면적(대개 가로세로 10cm)에 들어가야 하는 콧수와 단수로 표시합니다. 니터마다 장력이 다르므로 견본뜨기는 정말 중요합니다. 아주 쫀쫀하게 뜨는 사람도 있고, 딱 맞는 사람도 있는가 하면 느슨하게 뜨는 사람도 있기 때문입니다. 장력은 대체실을 사용할 때도 중요합니다. 견본뜨기가 지루하게 느껴질 수 있지만, 그 과정을 실과 배색 패턴을 알아가는 기회라고 생각해보세요.

견본은 항상 실제 작품과 같은 방법으로 뜨고 마무리합니다. 작품을 원형뜨기로 해야 한다면 견본도 원형뜨기로 뜹니다. 견본을 뜬 뒤에는 블로킹을 합니다(→P.13). 견본의 크기는 블로킹하는 과정에서 수축 등을 고려해 충분히 커야 합니다.

견본뜨기는 일반적으로 다음의 3단계를 거칩니다. (1) 권장 게이지에 맞춰 패턴을 최소 15×15cm 크기로 뜹니다. (2) 블로킹을 합니다. (3) 줄자를 이용해 필요한 면적에 들어가는 콧수와 단수를 셉니다.

계산한 콧수와 단수가 패턴과 같으면 코잡기를 바로 시작합니다. 만약 게이지가 다르면 바늘 호수를 조정하고 다시 한번 견본뜨기를 합니다. 게이지가 작다면(필요한 콧수·단수보다 많다면) 더 굵은 바늘로, 게이지가 크다면(필요한 콧수·단수보다 적다면) 더 가는 바늘로 바꿉니다. 일반적으로 단수 게이지보다는 콧수 게이지가 더 중요합니다. 특히 콧수를 정확하게 맞춰야 합니다.

알아두면 유용한 약어

패턴에서 약어(→P.20~23)를 사용하는 이유는 뜨는 법의 설명을 짧게 하는 것은 물론 읽고 따라 하기 쉽게 하기 위해서입니다. 약어가 또 다른 용어처럼 보일 수도 있지만, 금세 익힐 수 있습니다.

도안 읽기

패턴에는 도안이 포함되어 있습니다. 사각형 1개가 1코이며, 도안 가장자리의 숫자는 단수와 콧수를 셀 때 도움이 됩니다. 도안은 기본적으로 아래에서 위로 읽습니다. 평면뜨기는 겉면 단은 오른쪽에서 왼쪽으로, 안면 단은 왼쪽에서 오른쪽으로 읽습니다. 원형뜨기는 항상 오른쪽에서 왼쪽으로 읽습니다.

도안 옆에는 도안에 실린 기호와 의미가 적혀 있습니다. 예를 들어 '코 없음'은 그 지점에서 뜬 코가 없다는 뜻이므로 다음 사각형으로 진행하면 된다는 의미입니다.

일부 도안에는 특정 구간을 표시하는 굵은 선이 있습니다. 예를 들어 특정 사이즈('2사이즈 시작')나 해당 단에서 반복하는 뜨기 패턴 순서를 표시합니다. 도안과 뜨는 법이 둘 다 있다면 자신에게 조금 더 쉬운 쪽을 따라 합니다.

마무리하는 법

마지막 코까지 코막음을 잘했는지 궁금합니다. 지금까지 공들여 작품을 뜬 만큼 마무리도 잘해야 합니다. 그러면 그 작품이 옷이든 머플러나 장갑, 모자 같은 액세서리든 멋지게 착용할 수 있습니다.

실 끝 정리하기

니트의 코들을 코막음하고 실을 자를 때, 마무리용 실 끝을 10~15cm 정도 남깁니다. 끝이 뭉툭한 돗바늘을 이용해 안면 또는 입었을 때 보이지 않는 면에서 실 끝을 누벼 넣어 보이지 않게 정리합니다. 브림이 있는 모자라면 가장자리의 실 끝은 브림의 겉면에서 누비고 정리하세요.

실 끝은 코들을 따라 누벼 넣습니다. 여러 색으로 뜬 니트는 색이 같은 부분에서 누빕니다. 아이코드 가장자리처럼 특이한 부분은 실 끝을 보이지 않게 정리하기 아주 좋습니다. 단, 너무 팽팽하게 하지 않아야 작품이 편평하고 울지 않습니다.

블로킹하기

거의 모든 니트는 블로킹을 추천합니다. 블로킹을 해야 뜨개바탕이 편평해지고 실이 부풀며 뜨기 패턴, 특히 레이스가 예쁘게 펼쳐집니다. 거친 울로 뜬 니트는 블로킹을 하면 섬유질이 부드러워져서 니트를 보다 편안하게 입을 수 있습니다. 하지만 니트를 이음매 없이 한 판으로 뜨는 게 아니라 여러 부분(파트)으로 나눠 뜬다면 패턴에 따라 부분들을 연결하기 전에 블로킹부터 하는 것을 추천하기도 합니다.

핀이나 블로킹 와이어, T핀, 블로킹 빗 등과 같은 특수한 블로킹 도구가 있으면 유용하지만 이런 것들은 선택사항입니다. 그러나 레이스 작품을 블로킹할 때는 이런 도구들이 중요합니다. 양말과 손모아장갑 전용 블로킹 도구도 도움이 됩니다. 브림이 있는 모자는 풍선에 씌워두고 블로킹하는 방법을 권장합니다.

습식 블로킹은 대부분의 니트에 효과가 있는 일반적인 방법입니다. (1) 니트를 미지근한 물에 20분 정도 담가놓습니다. 이때 니트가 물에 완전히 잠겨야 합니다. 여기에 울 세제나 주방세제, 헤어 린스 몇 방울을 첨가해도 괜찮습니다. 헹굼이 필요 없는 비누가 아니라면 세제에 담긴 니트는 살살 헹굽니다. (2) 니트를 물에서 조심스럽게 꺼내고 물기를 짭니다. 이때 니트를 잡아당기거나 비틀지 않도록 주의하세요. 젖은 니트를 깨끗한 수건 위에 펼쳐놓고 둘둘 만 다음 손으로 꾹꾹 눌러서 물기를 최대한 제거합니다. (3) 깨끗하고 편평한 곳에 물기를 어느 정도 말린 니트를 펼쳐놓습니다. 시침핀이나 블로킹 도구를 사용하지 않는다면 마른 수건 위에 놓아야 하지만, 블로킹 판이나 단단한 매트리스도 괜찮습니다. 권장 치수에 맞춰 니트 모양을 잡는데, 맨 먼저 줄자를 이용해 니트가 패턴에 제시한 치수와 맞는지 확인합니다. 필요하다면 시침핀이나 블로킹 와이어, T핀, 블로킹 빗을 이용해 니트를 고정하고 그대로 완전히 건조합니다.

블로킹을 급하게 해야 한다면 스팀을 쓸 수 있습니다. 배색뜨기를 했는데 실이 물에 젖었을 때 색이 빠질지(변색할지) 잘 모르겠다면 스팀 블로킹을 추천합니다. 브리오슈뜨기처럼 폭신폭신하고 입체적인 니트에도

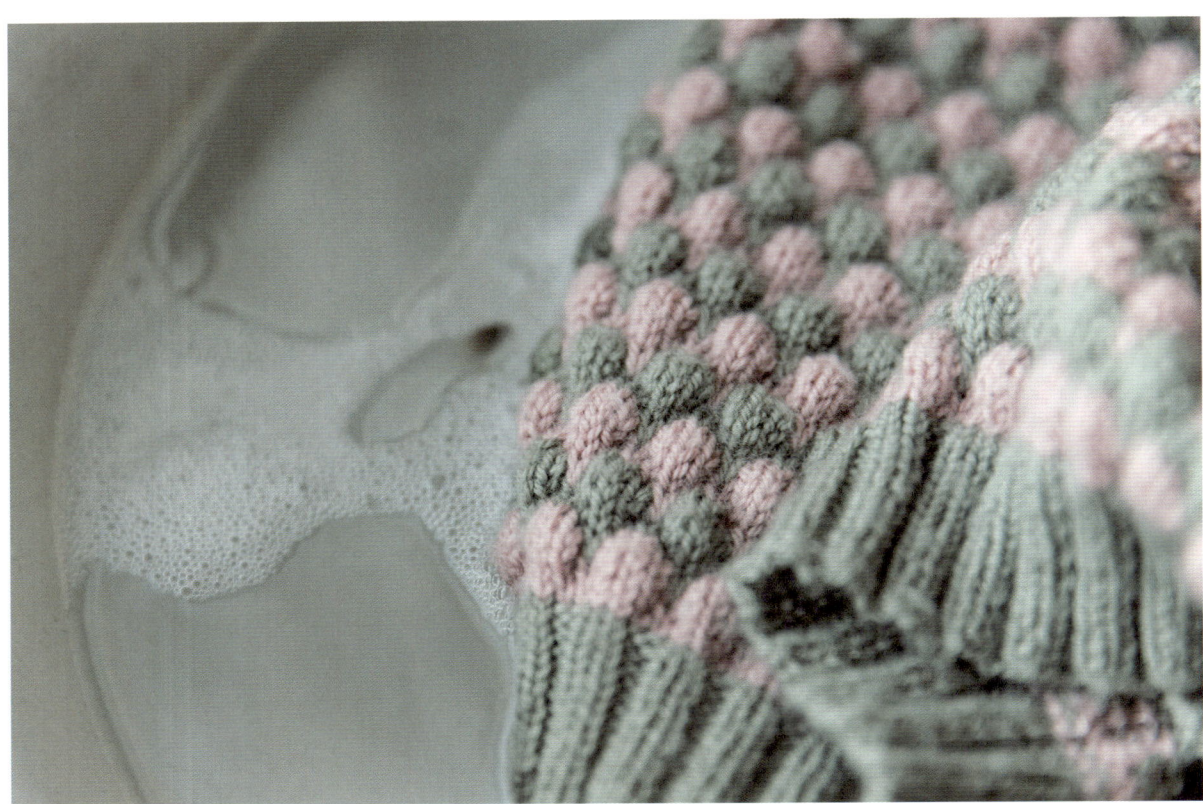

권장할 만합니다. 스팀 블로킹은 스티머를 이용하거나 니트 위에 젖은 수건을 올려놓고 저온으로 설정한 다리미를 이용해 아주 살짝 누릅니다.

보관과 손질하기

니트는 항상 잘 개켜서 보관합니다. 옷걸이에 걸어두면 늘어지기 쉽습니다. 니트의 섬유조직을 갉아먹는 좀이나 해충으로부터 보호도 해야 합니다. 옷장 안에 삼나무 조각이나 방향제 또는 라벤더 향 주머니를 놓으면 이런 해충들이 꼬이지 않습니다. 니트를 장기간 보관할 계획이라면 백이나 상자에 넣습니다.

 항균성이 있다고 알려진 울의 특성상 울 니트는 자주 세탁하지 않아도 됩니다. 바람이나 스팀을 쐬어주는 것으로 충분합니다. 추운 겨울에는 바깥에 울 니트를 내놓아 차가운 공기에 접촉하면 다시 말끔해집니다.

 손질법은 뜨개실 라벨에 적혀 있는데, 일반적으로 손세탁을 권장합니다. 잊지 말고 미지근한 물에 담가 살살 주무른 뒤 편평하게 펴서 말립니다. 손세탁을 한다면 습식 블로킹을 참고하세요. 세탁기의 울 세탁 기능은 니트에 가장 좋고 자극이 없으므로 이용하는 것을 추천합니다.

보풀 제거와 수선하기

니트는 시간이 지나면 보풀이 일어납니다. 보풀이 생긴다고 실의 품질이 나쁘다는 뜻은 아니며 천연섬유, 특히 캐시미어처럼 가는 실에 나타나는 일반적인 특징입니다. 이런 니트는 가끔 브러시로 니트를 솔질(특히 모헤어 니트에 좋다)하거나 스웨터 전용 브러시나 스웨터 스톤, 보풀 제거기로 보풀을 없애줍니다.

 언젠가는 좋아하는 양말에 구멍이 생길지도 모릅니다. 당황하지 말고 돗바늘을 이용해 수선해보세요. 같은 색의 실로 수선 자국을 보이지 않게 마무리해도 되고 다른 색실을 이용해 패션 감각을 자랑해도 좋습니다. 수선에 관한 아이디어와 방법을 관련 책과 온라인에서 찾아보기 바랍니다.

손뜨개 기본 테크닉

손뜨개는 테크닉이 필요합니다. 이 책에서 사용한 기초 테크닉을 설명합니다. 언제
든 인터넷에 접속하면 유용한 설명과 동영상을 만날 수 있음을 잊지 마세요!

코잡기, 코막음 등 대바늘뜨기 패턴에 사용하는 테크닉은 아주 많습니다. 그중에서 어떤 테크닉이 가장 좋을
지를 판단해 선택하는 것은 니트의 특징과 니터의 선호도와 관계있습니다. 패턴에 구체적인 테크닉이 제시되
어 있다면 그 테크닉을 사용하는 것이 가장 좋습니다. 하지만 테크닉이 나와 있지 않으면, 자신이 잘 쓰는 방법
이나 가장 쉬워 보이는 방법을 선택합니다.

코잡기

롱테일 코잡기 Long-tail cast-on

가장 널리 쓰이는 코잡기입니다. 단, 코잡기를 할 때 너무 빡빡하게 하지 않도록 주의하세요. 바늘 2개를 이용
해 코잡기를 느슨하게 해도 괜찮습니다.

　　실 끝을 길게 남기고(총 콧수 길이의 최소 3배), 풀매듭(또는 실 고리)을 오른바늘 끝에 끼웁니다. 실 2가닥 사이
에 왼손 엄지와 검지를 놓는데, 실 끝의 엄지를 감싸고 뜨는 실은 검지를 감쌉니다. 왼손의 다른 손가락들로 2
가닥의 실을 단단히 잡습니다. *오른바늘을 엄지 고리에 아래에서 위로 넣고, 검지를 감싼 실을 걸어서 엄지
의 고리 사이로 잡아 뺍니다.* *-*을 반복해 필요한 콧수를 만듭니다.

신축성 있는 코잡기 Stretchy cast-on

이 코잡기는 여러 방법이 있는데, 브림이 있는 모자와 양말목처럼 가장자리가 고무뜨기인 디자인에 특히 적합
합니다. 일반적으로 자주 쓰는 신축성 있는 코잡기는 독일식 트위스티드 코잡기 German Twisted Cast-On Method입
니다. 동영상을 보고 익히는 방법이 가장 쉬운데, 인터넷을 검색하면 많은 동영상을 볼 수 있습니다.

백워드 루프 코잡기 Backwards loop cast-on

기존에 뜨던 단에서 새 코를 만들어 추가하는 방법입니다. 톱 다운 스웨터는 이 방법을 사용하면 겨드랑이 코
를 새로 만들 수 있습니다.

　　*뜨는 실을 왼쪽 엄지에 시계 방향으로 감고, 그 고리에 오른바늘을 아래에서 위로 넣은 뒤, 고리에서 엄
지를 빼고 바늘에 있는 고리를 조입니다.* *-*을 반복해 필요한 수만큼의 코를 만듭니다.

니티드 코잡기 Knitted cast-on

백워드 루프 코잡기와 마찬가지로 기존에 뜨던 단에서 새 코를 만들어 추가하는 방법입니다. 역시 겨드랑이
코를 잡을 때를 비롯해 여러 경우에 유용하게 쓰입니다.

　　뜨개바탕을 돌립니다. *오른바늘을 왼바늘의 1번째 코에 겉뜨기 방향으로 넣어 겉뜨기하되, 왼바늘에서
코를 떨구지 않습니다. 오른바늘에 만든 새 코를 왼바늘로 걸러뜹니다.* 필요한 만큼 *-*을 반복합니다.

케이블 코잡기 Cable cast-on

니티드 코잡기를 변형한 방법입니다. 뜨개바탕을 돌립니다. *오른바늘을 왼바늘의 1번째 코와 2번째 코 사이
에 넣습니다. 오른바늘로 1코를 겉뜨기하되 왼바늘에서 코를 떨구지 않습니다. 오른바늘에 만든 새 코를 왼바
늘로 걸러뜹니다. *-*을 반복해 필요한 수만큼 코를 만듭니다.

코막음

일반적인 코막음

가장 널리 쓰이는 방법으로, 대부분은 '패턴대로' 코막음을 합니다. 예를 들어 고무뜨기로 코막음할 때는 고무뜨기 패턴대로 겉뜨기와 안뜨기를 번갈아 코막음을 합니다. 단, 너무 빡빡하게 하지 않도록 주의하세요. 코막음단은 어느 정도 신축성이 있어야 하므로 한 호수 큰 바늘을 사용해도 됩니다.

처음 2코를 겉뜨기해 오른바늘에 2코를 넘기고, 왼바늘을 방금 뜬 첫 코(오른코)에 넣고, 그 코를 왼코 위로 덮어씌웁니다. *다음 코를 뜨고 다시 오른코를 왼코 위로 덮어씌웁니다.* 오른바늘에 1코만 남을 때까지 *-*을 반복합니다. 실을 자르고 실 끝을 마지막 코 사이로 잡아 뺍니다. ※단의 중간 코들을 코막음하면(예를 들어 소매 아래쪽) 오른바늘에 1코가 남습니다.

신축성 있는 코막음

느슨하게 코막음을 할 수 있는 쉬운 방법으로, 특히 소매와 양말목의 코를 코막음할 때 적합합니다.

먼저 2코를 겉뜨기한 뒤 그 코들을 왼바늘로 다시 걸러뜨고, 뒷고리에서 2코를 겉뜨기로 모아뜹니다. *1코를 겉뜨기한 뒤 오른바늘의 2코를 왼바늘로 다시 걸러뜨고, 뒷고리에서 2코를 겉뜨기로 모아뜹니다.* 오른바늘에 1코만 남을 때까지 *-*을 반복합니다. 실을 자르고 실 끝을 마지막 코 사이로 잡아 뺍니다.

바늘 3개로 하는 코막음

대바늘 3개로 뜨개바탕 2개의 코들을 이어 맞춰 코막음하는 방법입니다. 예를 들어 스웨터의 앞·뒤판 어깨선을 연결할 때 추천합니다. 이 방법은 안면 또는 겉면을 앞에 놓고 해도 되는데, 안면을 앞에 놓고 코막음하면 완성한 뜨개바탕에서 솔기가 보이지 않고 겉면을 앞에 놓고 코막음하면 솔기가 보입니다.

두 뜨개바탕을 안면끼리(또는 겉면끼리) 맞대고, 바늘 2개를 함께 잡습니다. 3번째 바늘을 두 바늘의 각 첫 코에 넣어 한 번에 겉뜨기를 합니다. *두 바늘의 다음 코를 같은 방법으로 한 번에 겉뜨기합니다. 오른바늘에 2코가 있고, 나란히 잡은 두 바늘 중 1개로 오른바늘의 첫 코(오른코)를 왼코 위로 덮어씌웁니다.* *-*을 반복해 왼바늘의 코를 모두 뜨고 오른바늘에 1코만 남으면 실을 자르고 실 끝을 마지막 코 사이로 잡아 뺍니다.

그래프팅Grafting

두 뜨개바탕을 연결하면서 코막음은 하지 않는 방법입니다. 따라서 코들이 바늘이나 별실, 스티치 홀더에 걸려 있습니다. 그래프팅을 하면 솔기가 보이지 않으므로 양말의 발가락 마무리에 종종 쓰입니다. 이 책에서 제시하는 돗바늘로 그래프팅을 하면 겉뜨기 모양의 코가 만들어집니다.

두 뜨개바탕의 코가 걸려 있는 두 바늘을 바늘 끝이 오른쪽으로 향하도록 잡습니다. 돗바늘에 실(뜨개바탕에 남긴 실 끝 또는 새 실)을 뀁니다. 돗바늘을 앞바늘의 첫 코에 안뜨기 방향으로 넣어 통과시키고, 그 코는 앞바늘에 그대로 둡니다. *돗바늘을 앞바늘의 다음 코에 겉뜨기 방향으로 넣고, 그 코는 앞바늘에 그대로 둡니다. 돗바늘을 뒷바늘의 첫 코에 안뜨기 방향으로 넣어 통과시키고, 그 코를 걸러뜹니다. 돗바늘을 뒷바늘의 다음 코에 겉뜨기 방향으로 넣어 통과시키고, 그 코를 걸러뜹니다.* 앞뒤 바늘에 각각 1코씩 남을 때까지 *-*을 반복합니다. 돗바늘을 앞바늘의 마지막 코에 겉뜨기 방향으로 넣어 통과시키고, 그 코를 걸러뜹니다. 돗바늘을 뒷바늘의 마지막 코에 안뜨기 방향으로 넣어 통과시키고, 그 코를 걸러뜹니다. 실 끝을 보이지 않게 정리합니다.

코줍기

목둘레의 고무뜨기처럼 간혹 새로운 섹션을 뜨기 위해 가장자리에서 코를 주울 때가 있습니다. 코를 줍는 2가지 방법을 설명합니다.

코를 주워 겉뜨기

코를 주울 때 가장 널리 사용하는데 가장 좋은 방법이기도 합니다. 특히 코를 주운 가장자리가 깔끔하고 탄탄해서 곡선으로 된 목둘레에서 코를 주울 때 좋습니다.

*뜨개바탕의 가장자리를 따라 한 코의 앞에서 뒤로 바늘을 넣습니다. 겉뜨기를 하는 것처럼 뜨는 실을 바

늘에 감아 실 고리를 잡아 뺍니다.* *-*을 반복해 필요한 만큼 코를 줍습니다.

코만 줍기

간혹 코를 줍기만 하고 겉뜨기를 하지 않을 때가 있습니다. 코를 주워 겉뜨기를 하면 그 가장자리의 모양에 영향을 주기 때문입니다.

　　바늘로 가장자리에서 코 또는 실 고리를 줍고 겉뜨기는 하지 않지만, 일반 겉뜨기 코처럼 자리를 잡게 합니다. *-*을 반복해 필요한 만큼 코를 줍습니다.

잇기

여러 부분으로 나눠 뜨는 스웨터는 각 부분을 이어야 합니다. 일반적으로는 바탕실이나 배색실을 돗바늘에 꿰어 솔기에서 잇습니다. 아주 가는 실로 뜬 의류는 뜨던 실이나 같은 색의 더 가는 실을 사용합니다.

　　맨 먼저 실 끝의 매듭을 짓지 않고 실 끝을 약간 남겨둔 상태에서 시작합니다. 또는 코잡기용이나 코막음용 실 끝을 사용해도 됩니다. 잇는 동안 실이 부족하면 실 끝을 뜨개바탕에 누벼 넣어 보이지 않게 정리하고 새 실을 잇습니다. 마지막으로 양쪽 실 끝을 너무 세게 조이지 말고 솔기에 누벼 넣어 보이지 않게 정리합니다.

메리야스 잇기

이 방법은 솔기가 보이지 않아 깔끔합니다. 가장자리에 남겨둔 실을 이용해 두 뜨개바탕의 겉면에서 잇습니다. 메리야스 잇기는 특히 직선으로 된 세로 가장자리를 이을 때 좋습니다. 코가 편안하면서 꼭 맞도록 실을 적당히 당기고, 솔기가 유연하도록 잇습니다.

　　연결하는 뜨개바탕의 종류와 상관없이 처음에는 다음과 같이 시작합니다. 이을 길이의 2배 정도 실을 돗바늘에 꿰니다. 이을 뜨개바탕의 겉면을 앞에 놓고, 가장자리를 나란히 맞춰놓습니다. 스웨터의 앞·뒤판 또는 소매처럼 이을 부분이 길다면 선이 어긋나지 않도록 간격을 두고 시침핀을 꽂아 고정합니다. 솔기가 시작하는 부분부터 잇습니다.

메리야스뜨기와 가장자리가 겉뜨기 코인 고무뜨기

오른쪽 뜨개바탕 가장자리에서 가장 가까운 처음 겉뜨기 2코 사이의 가로줄 아래에 바늘을 넣고 실을 통과시킵니다. 그에 해당하는 왼쪽 뜨개바탕의 가로줄 아래에 바늘을 넣고 실을 통과시킵니다. 바늘을 오른쪽 뜨개바탕에서 이전 가로줄 위의 가로줄 아래에 넣고 실을 통과시킵니다. 그에 해당하는 왼쪽 뜨개바탕의 가로줄 아래에 바늘을 넣고 실을 통과시킵니다. 이 같은 방식으로 양쪽을 오가며 잇습니다. 중간에 서로 깔끔하게 이어지도록 두 뜨개바탕을 당겨가면서 실을 조입니다.

가터뜨기

오른쪽 뜨개바탕의 마지막 2코 사이의 아래쪽 안뜨기 가로줄 아래에 바늘을 넣고 실을 통과시킵니다. 그에 해당하는 왼쪽 뜨개바탕의 가장자리 코 옆코에서 위쪽 안뜨기 가로줄 아래에 바늘을 넣고 실을 통과시킵니다. 이렇게 양쪽을 오가며 잇습니다. 중간에 서로 깔끔하게 이어도록 두 뜨개바탕을 당겨가면서 실을 조입니다.

박음질

뜨개바탕 안면에서 가장자리로부터 1단 또는 1코 간격을 두고 박음질을 합니다. 가장자리가 깔끔하지 않거나 고르지 않으면 간격을 더 많이 둡니다. 바늘땀은 약 0.5cm로 비교적 짧아야 솔기를 잘 유지할 수 있습니다. 뜨개바탕이 아주 두꺼우면 바늘땀이 더 길어도 되고, 얇으면 더 짧아야 합니다. 바늘땀이 편안하면서 너무 당기지 않도록 실을 적당히 잡아당기고, 솔기가 유연해야 합니다.

　　이을 두 뜨개바탕을 서로 겉면이 맞닿도록 겹쳐놓습니다. 꿰맬 가장자리에 시침핀을 꽂아 고정하고, 솔기가 시작하는 곳으로부터 1코 정도 떨어진 곳에 바늘을 뒤에서 앞으로 넣습니다. 솔기가 시작하는 곳에서 바늘을 앞에서 뒤로 넣으면 앞면에 한 땀이 만들어집니다. 이번에는 이전 바늘땀의 시작점에서 한 땀 정도 떨어진 곳에 바늘을 뒤에서 앞으로 넣은 뒤, 이전 바늘땀의 시작점에서 바늘을 앞에서 뒤로 넣으면 앞면에 두 땀이 만들어집니다. 이렇게 계속 박음질을 합니다.

경사뜨기

경사뜨기는 한 단에서 일부만 뜹니다. 경사뜨기를 하면 스웨터의 뒤 목처럼 뜨개바탕의 특정 부분을 더 많이 뜰 수 있어서 몸에 더 잘 맞습니다. 가장 많이 사용하는 방법은 독일식 경사뜨기와 랩앤턴입니다.

독일식 경사뜨기

패턴에 제시한 코를 뜨고 뜨개바탕을 돌립니다. 앞의 실로 안뜨기를 하는 것처럼 첫 코를 걸러뜨고, 실을 바늘 위로 넘겨 뒤로 보냅니다. 실을 바짝 당겨서 코의 두 다리를 바늘 위로 들어 올려서 '더블스티치'를 만듭니다. 더블스티치의 실을 바짝 당기면서 패턴대로 뜹니다.

다음 단 : 더블스티치를 뜰 때는 1코처럼 다뤄 더블스티치의 두 다리에 바늘을 넣어 겉뜨기(또는 안뜨기)를 합니다.

랩앤턴

패턴에 제시한 코를 뜹니다. 다음 코를 안뜨기하는 것처럼 걸러떠서 코에 실을 감싸고, 실을 뜨개바탕 앞으로 가져온 뒤, 그 코를 다시 왼바늘로 걸러뜹니다. 뜨개바탕을 돌립니다.

다음 단 : 실로 감싼 코를 뜰 때는 1코처럼 다뤄 그 코와 감싼 실을 함께 겉뜨기(또는 안뜨기)합니다.

폼폼 & 프린지

대바늘로 뜬 모자와 스카프 등에 폼폼이나 프린지를 장식해 마무리하기도 하는데, 이런 장식은 뜨개바탕에 재미를 주고 만들기도 쉽습니다.

폼폼 만들기

폼폼은 폼폼 메이커나 니터의 손가락을 이용해 만들 수 있습니다. 판지 템플릿으로 만드는 법을 설명합니다.

⑴ 만들려고 하는 폼폼 크기와 같은 지름의 원 2개를 판지에서 자릅니다. 원의 중심에서 지름이 약 2.5cm 원을 다시 자르고 도넛 모양의 템플릿을 만듭니다.

⑵ 최소 수 미터 길이의 실을 자르고, 실을 돗바늘에 꿰어 판지 템플릿 2개의 테두리에 실을 감습니다. 실이 부족하면 감던 실의 끝을 감아놓은 실 아래에 누벼 넣고, 또 다른 실을 잘라 다시 감습니다.

⑶ 계속해서 판지 전체에 실을 감아 가운데 구멍도 실로 채웁니다. 두 판지 사이에 가위를 넣어 바깥 테두리를 따라 실을 자릅니다. 25cm 길이의 다른 실로 두 판지 사이의 가운데를 바짝 묶은 다음 판지를 뺍니다.

⑷ 필요하면 가위로 폼폼을 다듬는데, 가운데를 묶은 실의 끝은 자르지 않습니다. 이 실 끝을 이용해 작품에 폼폼을 답니다.

프린지 만들기

프린지는 코바늘로 만들며, 프린지용 실의 길이와 가닥 수는 패턴에 제시되어 있습니다.

패턴을 따라 실을 자릅니다. 실 가닥들을 함께 잡고 반으로 접어 고리를 만듭니다. 코바늘을 뜨개바탕 앞에서 뒤로 넣고 실 가닥들의 접힌 고리를 걸어 코 사이로 약간만 잡아 뺀 뒤, 실 가닥들의 끝을 고리 사이에 넣어 빼내고 바짝 조입니다. 필요하면 프린지의 끝을 가위로 다듬습니다.

실수 수정하기

뜨개질하다 보면 생기는 실수는 대체로 쉽게 수정할 수 있습니다. 예를 들어 1코를 더 떴거나 덜 떴다면 그냥 1코를 줄이거나 늘리면 됩니다. 그렇게 해도 작품을 완성하면 거의 눈에 띄지 않습니다. 코를 빠뜨렸다 해도 코바늘로 주워 올리면 그만입니다. 손뜨개 전문점이나 뜨개질을 잘하는 지인에게 도움을 청하는 방법도 있습니다. 그러니 실수를 해도 낙심하지 마세요. 실수는 새로운 테크닉을 배울 기회입니다.

손뜨개 용어

영문 약어	우리말 풀이
APPROX.	약.
BO	코막음.
BOR	원형단 시작.
BORM	원형단 시작을 표시하는 마커.
C	색깔.
CC	배색실.
CDD	중심 3코 모아뜨기 : 겉뜨기하는 것처럼 2코를 한 번에 걸러뜨기. 다음 코 겉뜨기. 걸러뜬 2코를 겉뜨기한 코 덮어씌우기. (-2코).
CN	꽈배기바늘.
CO	코잡기.
COLOURWORK	배색뜨기 : 대바늘 배색뜨기는 한 단에서 2개 이상의 색깔로 떠서 패턴을 만든다는 뜻이다. 스트랜디드 배색뜨기를 할 때는 실들을 뜨개바탕 뒷면에서 가로질러 가져가므로 안면에 가로줄이 생긴다.
DEC('D)	줄이기(감소).
DPN(S)	장갑바늘.
DS	더블스티치.

GARTER STITCH	가터뜨기 : 가장 기본적인 뜨기 패턴으로. 평면뜨기에서는 각 단의 모든 코를 겉뜨기하고, 원형뜨기에서는 겉뜨기단과 안뜨기단을 번갈아 뜬다. 가로로 산이 있는 양면 뜨개바탕이 만들어진다.
INC 3-INTO-1	2코 늘리기 : (안뜨기 코라면) 그 코에서 *안뜨기1. 겉뜨기1. 안뜨기1* 또는 (겉뜨기 코라면) 그 코에서 *겉뜨기1, 안뜨기1, 겉뜨기1*. (+2코).
INC('D)	늘리기(증가).
INTARSIA	인타르시아뜨기 : 실들이 뜨개바탕 뒷면에서 가로지르지 않는 배색뜨기다. 각 색의 블록은 그 자체로 하나의 유닛이며, 색을 바꿀 때는 기존 실과 바꿀 실을 서로 꼬아서 서로의 블록에 달아놓는다.
K	겉뜨기.
K1TBL/KTBL	돌려뜨기(꼬아뜨기) : 뒷고리로 꼬아뜨기(꼬인 코).
K2TOG TBL	왼코 겹쳐 2코 모아 꼬아뜨기 : 뒷고리로 2코를 한 번에 겉뜨기. (-1코).
K2TOG	왼코 겹쳐 2코 모아뜨기(왼코 겹치기) : 2코를 한 번에 겉뜨기. (-1코).
K3TOG	왼코 겹쳐 3코 모아뜨기. (-2코).
KDS	더블스티치 겉뜨기 : 더블스티치의 두 다리를 한 번에 겉뜨기.
KFB	1코에 2코 떠 넣어 코늘리기 : 코를 바늘에서 떨어뜨리지 않고 한 코에서 앞으로, 뒤로 겉뜨기한 뒤 그 코를 떨어뜨리기. (+1코).
KFBF	2코 늘리기 : 코를 바늘에서 떨어뜨리지 않고 한 코에서 앞으로, 뒤로, 앞으로 겉뜨기한 뒤 그 코를 떨어뜨리기. (+2코).
KNITTING FLAT	평면뜨기 : 뜨개바탕 끝에서 끝까지 번갈아가며 앞뒤로 뜬다. 먼저 왼바늘에 모든 코가 있으면 오른바늘로 그 코들을 뜬 뒤, 뜨개바탕을 돌린다. 각 단을 뜨면 편평한 뜨개바탕이 만들어진다.
KNITTING IN THE ROUND	원형뜨기 : 코잡기를 한 뒤 첫 코와 마지막 코를 연결해 원형단으로 만들어 뜬다. 원형뜨기는 항상 같은 면에서 뜨며 솔기가 없는 원통이 만들어진다. 원통의 둘레와 뜨는 법에 따라 줄바늘이나 장갑바늘로 진행한다.
LLI	왼코 늘리기 : 오른바늘 코의 2단 아래 코의 왼쪽 다리를 왼바늘로 들어 올리고 그 뒷고리에서 겉뜨기. (+1코).
M	스티치 마커.
M1L	왼코 만들기 : 방금 뜬 코와 왼바늘에 있는 그다음 코 사이의 가로줄을 왼바늘로 들어 올리고, 그 바늘을 앞에서 뒤로 가져오면서 방금 들어 올린 코의 뒤로 겉뜨기. (+1코).
M1LP	안뜨기 왼코 만들기 : 방금 뜬 코와 왼바늘에 있는 그다음 코 사이의 가로줄을 왼바늘로 들어 올리고, 그 바늘을 앞에서 뒤로 가져오면서 방금 들어 올린 코의 뒤로 안뜨기. (+1코).
M1R	오른코 만들기 : 방금 뜬 코와 왼바늘에 있는 그다음 코 사이의 가로줄을 왼바늘로 들어 올리고, 그 바늘을 뒤에서 앞으로 가져오면서 방금 들어 올린 코의 앞으로 겉뜨기. (+1코).
M1RP	안뜨기 오른코 만들기 : 방금 뜬 코와 왼바늘에 있는 그다음 코 사이의 가로줄을 왼바늘로 들어 올리고, 그 바늘을 뒤에서 앞으로 가져오면서 방금 들어 올린 코의 앞으로 안뜨기. (+1코).

MAGIC LOOP	매직루프 : 긴 줄바늘로 작은 원통을 원형뜨기할 때 이용한다. 예를 들어 양말과 모자, 손모아장갑, 스웨터 소매 등을 뜰 때 좋다. 장갑바늘의 대안으로 이용하며, 뜨는 법은 인터넷에서 찾아볼 수 있다.
MC	바탕실.
MDS	더블스티치 만들기 : 뜨는 실을 앞에 두고 다음 코를 걸러뜬 뒤, 실을 오른바늘 위로 넘겨 뒤로 보낸다. 실을 바짝 당겨서 걸러뜬 코의 두 다리가 오른바늘로 올라와 '더블스티치'두 다리가 있는 코)를 만든다.
P	안뜨기.
P1TBL/PTBL	돌려 안뜨기 : 뒷고리로 안뜨기(꼬인 코).
P2TOG	왼코 겹쳐 2코 모아 안뜨기 : 2코를 한 번에 안뜨기. (-1코).
P3TOG	왼코 겹쳐 3코 모아 안뜨기 : 3코를 한 번에 안뜨기. (-2코).
PDS	더블스티치 안뜨기 : 더블스티치의 두 다리를 한번에 안뜨기.
PFB	늘려 안뜨기 : 한 코에서 앞으로, 뒤로 안뜨기. (+1코).
PM	스티치 마커 끼우기.
PSSO	걸러뜬 코로 덮어씌우기.
PWISE	안뜨기 방향으로.
RAGLAN	래글런 : 소매가 옷의 목에서 시작하고 겨드랑이로 비스듬하게 퍼지는 유형의 소매. 래글런 모양의 스웨터에는 어깨 솔기가 없다.
RIBBING	고무뜨기 : 고무뜨기는 겉뜨기 줄과 안뜨기 줄이 번갈아 있는 일반적인 뜨기 패턴이다. 줄의 폭은 다양한데, 1×1은 겉뜨기 1코 다음에 안뜨기 1코를 뜨고, 2×2는 겉뜨기 2코 다음에 안뜨기 2코를 뜬다. 고무뜨기는 일반적으로 소맷부리, 밑단, 모자 브림 등을 만들 때 이용한다.
RLI	오른코 늘리기 : 왼바늘에 있는 다음 코의 아랫단 코의 오른쪽 다리에 오른바늘을 뒤에서 앞으로 넣어 들어 올려서 꼬지 않고 왼바늘로 옮긴 뒤, 겉뜨기를 한다. (+1코).
RM	스티치 마커 빼기.
RND(S)	원형단.
RS	뜨개바탕 겉면.
S2KP	중심 3코 모아뜨기 : 오른바늘을 겉뜨기 방향으로 2코에 한 번에 넣어 걸러뜨기. 겉뜨기1, 걸러뜬 2코로 겉뜨기한 코를 덮어씌우기. (-2코).
SKPO	오른코 겹쳐 2코 모아뜨기(오른코 겹치기) : 실을 뒤에 두고 안뜨기 방향으로 1코 걸러뜨기, 겉뜨기1, 걸러뜬 코로 겉뜨기한 코를 덮어씌우기. (-1코).
SL1	걸러뜨기1 : 1코 걸러뜨기. 별도의 설명이 없으면 겉면에서는 실을 뒤에 두고, 안면에서는 실을 앞에 두고 안뜨기 방향으로 걸러뜬다.

SLIP	걸러뜨기 : 코를 왼바늘에서 오른바늘로 뜨지 않고 옮기기. 별도의 설명이 없으면 겉면에서는 실을 뒤에 두고, 안면에서는 실을 앞에 두고 안뜨기 방향으로 걸러뜬다.
SLIPPED STITCH	걸러뜬 코 : 한쪽 바늘에서 다른 쪽 바늘로 뜨지 않고 옮겨진 코.
SM	마커 걸러뜨기 : 마커를 왼바늘에서 오른바늘로 걸러뜨기.
SSK	오른코 겹쳐 2코 모아뜨기 : 걸러뜨기, 걸러뜨기, 겉뜨기. 겉뜨기하는 것처럼 2코를 한 번에 걸러뜨고, 걸러뜬 2코를 왼바늘로 옮긴 후 2코의 뒷고리에서 한 번에 겉뜨기. (-1코).
SSP	오른코 겹쳐 2코 모아 안뜨기 : 걸러뜨기, 걸러뜨기, 안뜨기. 겉뜨기하는 것처럼 2코를 한 번에 걸러뜨고, 걸러뜬 2코를 왼바늘로 옮긴 후 2코의 뒷고리에서 한 번에 안뜨기. (-1코)
SSSK	오른코 겹쳐 3코 모아뜨기 : 3코를 한번에 겉뜨기하듯이 걸러뜬 뒤, 그 뒷고리들로 한 번에 겉뜨기. (-2코).
ST(S)	뜨개코.
STOCKINETTE STITCH	메리야스뜨기 : 2번째로 가장 기본적인 뜨기 패턴이다. 모든 코를 겉뜨기하거나(원형뜨기) 겉뜨기단과 안뜨기단을 번갈아 뜨면 된다(평면뜨기). 뜨개바탕 겉면에서 보면 코가 V 모양이고, 안면에서는 이랑들이 가로로 늘어선 모양이다.
TBL	뒷고리에서 뜨기.
W&T	랩앤턴 : 다음 코를 안뜨기하듯이 걸러뜨고, 실을 앞으로 가져온 뒤, 그 코를 다시 왼바늘로 걸러뜨고, 뜨개바탕 뜨개바탕 돌리기. 다음 단에서 랩(감싼 코)을 뜰 때는 그 코와 감싼 실을 1코처럼 다뤄 함께 겉뜨기 또는 안뜨기한다.
WS	뜨개바탕 안면.
WYIB	실뒤 : 실을 뒤에 두고.
WYIF	실앞 : 실을 앞에 두고.
YDS	야드.
YO	걸기코(바늘비우기) : 실을 두 바늘 사이의 앞으로 가져온 뒤, 다음 코를 겉뜨기할 수 있도록 다시 오른바늘 위로 넘긴다. (+1코).
YOKE	요크 : 상의에서 어깨 위에 꼭 맞게 덧대는 부분.
-	*부터 *까지 내용을 반복한다.

일러두기
- 각 작품의 '재료'에 언급되는 실의 '스케인'과 '볼'의 형태가 궁금하다면 8페이지를 참고해주세요. 더불어 이 책은 각 실의 고유 표기를 따랐음을 밝힙니다.
- 이 책에 실린 작품의 게이지(10×10cm)는 블로킹한 상태에서 잰 것입니다. 숄을 블로킹할 때는 블로킹 와이어, T핀 또는 블로커 핀을 사용해보세요. 이 도구들을 사용하면 가장자리를 고르게 만들 수 있고, 패턴을 레이스처럼 예쁘게 펼칠 수 있습니다.
- 패턴에 특정 코잡기나 코막음 방법을 제시해놓았지만, 작업하는 사람이 선호하는 방법으로 대체할 수 있습니다. 패턴에 제시한 실이 없거나 다른 실을 사용하고 싶다면 비슷한 실을 골라서 사용해도 괜찮습니다.
- 숄을 만들려면 실 끝 정리를 위한 돗바늘, 실 전용 가위, 게이지자 또는 줄자가 필요합니다. 줄바늘은 커다란 숄의 모든 코가 고르게 자리할 수 있도록 길이 80~120cm를 권장합니다. 특정 길이의 꽈배기바늘이 필요하다면 패턴에 제시한 바늘의 권장 길이를 참고해보세요.
- 이 책에 사용한 뜨개 테크닉에 대해 좀 더 알고 싶다면 lainemagazine.com의 동영상과 링크를 참고하세요.

13

제니 안사 — 이다 위락 트레테비크 — 욘나 히에탈라 — 줄리아 윌킨스 — 비에라 발리마키 —
이사벨 크래머 — 티나 아르포넨 — 매디 모에 — 니나 포메렌케 —
사샤 히레 — 파울리나 쿤솔라 — 실비아 와츠 체리

제니 안사

01 크롭 티셔츠Give Me the Tee

박시한 이 크롭 티셔츠는 메리야스뜨기로 만듭니다. 이 패턴은 경사뜨기나 코늘리기, 코줍기처럼 스웨터 뜨기의 기본 요소들을 배우기에 좋습니다.

사이즈

1(2. 3. 4. 5) (6. 7. 8)
권장 여유분 ··· +10~15cm

완성 치수

가슴둘레 ··· 94.5(100. 111. 122. 131) (140. 149. 160)cm
길이(겨드랑이~밑단) ··· 15cm
소매 길이(겨드랑이~소맷부리) ··· 5cm
위팔 둘레 ··· 37.5(40. 43.5. 47.5. 52) (53.5. 58. 61)cm

재료

실 ··· 이사거 보물린Bomulin by Isager(면 65%. 리넨 35%. 210m/50g) 58 3(3. 4. 4. 4) (5. 5. 5)스케인

실 ··· 이사거 실크 모헤어Silk Mohair by Isager(키드 모헤어 75%. 실크 25%. 212m/25g) 58 3(3. 4. 4. 4) (5. 5. 6)스케인
※두 실을 함께 잡고 뜹니다
대체실 ··· 라이트 핑거링 얀 약 520(580. 645. 710. 780) (855. 945. 1040)m, 레이스 얀 약 540(600. 670. 745. 815) (900. 985. 1085)m
바늘 ··· 3mm(US 2.5) 줄바늘(40cm. 목둘레+소매용), 3mm(US 2.5) 줄바늘(120cm. 요크+몸판용)
도구 ··· 스티치 마커, 스티치 홀더 또는 별실

게이지

메리야스뜨기 22코×26단

POINT

이 패턴에 사용한 테크닉과 손뜨개 약어는 15~23페이지를 참고하세요.
뜨는 과정에서 스티치 마커를 만나면 걸러뜹니다.

한눈에 보는 구성

작품 1번은 톱다운(위에서 아래쪽을 향해) 원형뜨기를 합니다. 래글런 소매가 약간 박시한 모양입니다. 마지막에 목둘레와 소매, 밑단을 두 번 접어 손바느질로 꿰맵니다.
실 1가닥으로만 떠도 되는데, 그 경우 스포트 얀 520(580. 645. 710. 780) (855. 945. 1040)m가 필요합니다.

28

뜨는 법

목둘레

3mm(US 2.5) 줄바늘(40cm)을 이용해 롱테일 코잡기 또는 선호하는 코잡기로 80(80, 96, 112, 112) (124, 124, 136)코를 만든다. 첫 코와 마지막 코를 연결해 원형단을 만들고, 시작하는 곳에 마커를 끼워 표시한다. 단, 코가 꼬이지 않도록 주의한다.

원형 1~5단 : 겉뜨기.
원형 6단 : 안뜨기.
원형 7~11단 : 겉뜨기.

※래글런 요크를 뜨기 전에 코잡기단과 뜨는 코들을 함께 연결하고 싶으면 다음과 같이 합니다. 뜨개바탕을 안면이 서로 맞닿도록 두 번 접습니다. *오른바늘을 왼바늘의 첫 코에 넣은 뒤 코잡기단부터 함께 겉뜨기를 합니다.* 단의 끝까지 나머지 코에 대해 *-*을 반복합니다.

요크

요크는 앞·뒤판, 소매를 나누는 부분이다. 코늘리기 위치는 스티치 마커를 끼워 표시한다. 스티치 마커 전후에서 코늘리기를 한다. 원형단 시작은 오른쪽 소매 뒤편에 있다.

원형 시작단 : 겉뜨기2, 마커 끼우기, 겉뜨기9(9, 11, 13, 13) (13, 13, 13), 마커 끼우기, 겉뜨기2, 마커 끼우기, 겉뜨기27(27, 33, 39, 39) (45, 45, 51), 마커 끼우기, 겉뜨기2, 마커 끼우기, 겉뜨기9(9, 11, 13, 13) (13, 13, 13), 마커 끼우기, 겉뜨기2, 마커 끼우기, 겉뜨기27(27, 33, 39, 39) (45, 45, 51).

뒤 목 경사뜨기

원형 1단(겉면) : 겉뜨기2, 마커 걸러뜨기, 마커까지 겉뜨기, 마커 걸러뜨기, 겉뜨기2, 마커 걸러뜨기, 마커까지 겉뜨기, 마커 걸러뜨기, 겉뜨기2, 마커 걸러뜨기, 마커까지 겉뜨기, 마커 걸러뜨기, 겉뜨기18(18, 20, 26, 26) (28, 30, 34). 뜨개바탕 돌리기.
2단(안면) : 더블스티치 만들기, 안뜨기7(7, 7, 11, 11) (11, 13, 15). 뜨개바탕 돌리기.
3단(겉면) : 더블스티치 만들기, 더블스티치까지 겉뜨기, 더블스티치 겉뜨기, 겉뜨기2. 뜨개바탕 돌리기.
4단(안면) : 더블스티치 만들기, 더블스티치까지 안뜨기, 더블스티치 안뜨기, 안뜨기2. 뜨개바탕 돌리기.

3·4단을 총 4회 반복한다. 마지막 반복 후 더블스티치 만들기, 뜨개바탕 돌리기, 원형단 시작까지 겉뜨기.

래글런 코늘리기

원형 1단(늘리기) : *마커 걸러뜨기, 겉뜨기2, 마커 걸러뜨기, 왼코 만들기, 다음 마커까지 겉뜨기, 오른코 만들기*, *-* 총 4회 반복한다. (+8코).
원형 2단 : *마커 걸러뜨기, 겉뜨기2, 마커 걸러뜨기, 마커까지 겉뜨기*, *-* 총 4회 반복한다.

1·2단을 총 26(26, 28, 28, 28) (30, 30, 30)회 반복한다. 양쪽 소매용으로 61(61, 67, 69, 69) (73, 73, 73)코, 앞·뒤판용으로 79(79, 89, 95, 95) (105, 105, 111)코, 각 래글런 솔기용으로 2코가 있다.
다음 단(평면뜨기) : *마커 걸러뜨기, 겉뜨기2, 마커 걸러뜨기, 왼코 만들기, 다음 마커까지 겉뜨기, 오른코 만들기*, *-* 총 4회 반복한다. (+8코).
이 단을 총 6(8, 8, 10, 14) (14, 18, 20)회 반복한다.
양쪽 소매용으로 73(77, 83, 89, 97) (101, 109, 113)코, 앞·뒤판용 91(95, 105, 115, 123) (133, 141, 151)코, 각 래글런 솔기용으로 2코가 있다.

몸판

소매 & 몸판 분리하기

소매와 몸판을 분리하는데. 각 섹션은 원형뜨기를 한다.

다음 원형단 : 마커 빼기, 겉뜨기2, 마커 빼기, 오른쪽 소매용 코를 별실이나 스티치 홀더에 걸기, 마커 빼기, 백워드 루프 코잡기로 4(5, 6, 7, 8) (8, 9, 10)코 잡기, 마커 끼우기, 5(6, 7, 8, 9) (9, 10, 11)코 잡기, 겉뜨기2, 마커 빼기, 마커까지 겉뜨기, 마커 빼기, 겉뜨기2, 마커 빼기, 왼쪽 소매용 코를 별실이나 스티치 홀더에 걸기, 마커 빼기, 9(11, 13, 15, 17) (17, 19, 21)코 잡기, 겉뜨기2, 마커 빼기, 마커까지 겉뜨기. 여기가 새로운 원형단 시작이다. 몸판 208(220, 244, 268, 288,) (308, 328, 352)코.
겨드랑이부터 15cm 또는 원하는 길이가 될 때까지 메리야스뜨기(겉뜨기)를 한다.

밑단

원형 1단 : 안뜨기.
원형 2~7단 : 겉뜨기.
원형 8단 : 모든 코를 겉뜨기 방향으로 코막음한다.

소매

※소매 코와 겨드랑이 코잡기단 사이에서 패턴 뜨는 법보다 2코를 추가로 주울 수 있습니다. 그러면 겨드랑이에서 구멍이 보이지 않습니다.
별실 또는 스티치 홀더에 걸어둔 소매용 73(77, 83, 89, 97) (101, 109, 113)코를 3mm(US 2.5) 줄바늘(40cm)로 옮긴다. 겨드랑이용으로 만든 코들의 중심부터 시작해 4(5, 6, 7, 8) (8, 9, 10)코를 주워 겉뜨기한다. 겉뜨기73(77, 83, 89, 97) (101, 109, 113). 5(6, 7, 8, 9) (9, 10, 11)코를 주워 겉뜨기한다. 원형단 시작에 스티치 마커를 끼운다. 소매 82(88, 96, 104, 114) (118, 128, 134)코.
소매 길이가 5cm 또는 원하는 길이가 될 때까지 메리야스뜨기(겉뜨기)를 한다.

소맷단

원형 1단 : 안뜨기.
원형 2~7단 : 겉뜨기.
원형 8단 : 모든 코를 겉뜨기 방향으로 코막음한다.

마무리하기

소매 & 밑단 꿰매기

※코막음단을 안면 가로줄에 꿰맬 때 실을 지나치게 바짝 당기면 옷이 주름지므로 주의하세요.
손바느질에 필요한 핑거링 얀(1가닥으로 떴으면 스포트 얀)의 양은 밑단 길이의 2½배 정도다. 실을 잘라 한쪽 끝과 밑단에 달린 실을 이중매듭으로 연결한다. 그 반대쪽 끝을 돗바늘에 꿴다.
코막음단을 뜨개바탕 안면에 대고 안면끼리 맞닿도록 접는다. *안면에서 돗바늘을 코막음단의 첫 코와 그 위의 가로줄에 동시에 넣는다. 돗바늘을 잡아 뺀다. 단의 끝까지 나머지 코들은 *-*을 반복한다.
매듭을 짓고 남은 실 끝은 두 번 접은 밑단 안쪽으로 보이지 않게 정리한다.
비슷한 방법으로 목둘레도 접어 손으로 꿰맨다.

블로킹하기

치수에 맞춰 습식 블로킹을 한다.

이다 위락 트레테비크

02 위트리 베스트 Witre

양옆에 스플릿이 깊게 들어간 따뜻한 오버사이즈 베스트. 굵은 대바늘과 실 3가닥 덕분에 빨리 뜰 수 있고 만들고 나면 뿌듯합니다.

사이즈

1(2. 3. 4. 5) (6. 7. 8)
권장 여유분 ··· +10~15cm

완성 치수

가슴둘레 ··· 102(111. 120. 129. 138) (146.5. 155.5. 164.5)cm
길이(어깨~앞판 밑단) ··· 68(69.5. 70.5. 72. 72) (73. 74.5. 74.5)cm
진동 둘레 ··· 23(24.5. 25.5. 27. 27) (28. 29.5. 29.5)cm
스플릿 길이 ··· 28cm(앞판), 40.5cm(뒤판)

재료

실 ··· 힙 울 Hip Wool(페루 하이랜드 울 100%. 80m/50g) Gingerbread Brown 14(14. 14. 15. 15)

(16. 16. 16)볼
실 ··· 힙 모헤어 Hip Mohair(모헤어 80%. 폴리아미드 20%. 210m/25g) Chestnut Brown 3(3. 3. 4. 4) (4. 4. 4)볼
※힙 울 2가닥과 힙 모헤어 1가닥을 함께 잡고 뜹니다.
대체실 ··· 아란 얀 또는 벌키 얀 약 1038(1074. 1120. 1157. 1200) (1221. 1248. 1280)m, 레이스 얀 약494(567. 630. 672. 713) (754. 796. 841)m
바늘 ··· 9mm(US 13) 줄바늘(40cm. 고무뜨기용). 10mm(US 15) 줄바늘(80cm. 몸판+요크용)
도구 ··· 별실 또는 스티치 홀더, 스티치 마커

게이지

메리야스뜨기(10mm 바늘) 9코×16단
※패턴을 치수 위주로 설명하므로 게이지는 별로 중요하지 않습니다.

POINT

이 패턴에 사용한 테크닉과 손뜨개 약어는 15~23페이지를 참고하세요.
뜨는 과정에서 스티치 마커를 만나면 걸러뜹니다.

한눈에 보는 구성

작품 2번은 바텀업(아래에서 위쪽으로 뜨는) 베스트입니다. 먼저 앞·뒤판을 각각 평면뜨기해 스플릿 모양을 만든 뒤, 앞·뒤판 코들을 바늘 1개에 합쳐서 원형뜨기합니다. 그 후 진동 둘레에서 다시 앞·뒤판으로 나눠 뜨고 어깨에서 3번째 바늘로 안면에서 연결합니다. 마지막으로 목둘레에서 코를 주운 다음 고무뜨기를 하고 고무뜨기 부분을 반으로 접습니다. 진동 둘레 주변의 곡선 가장자리는 안면에 붙입니다.
니터의 취향에 따라, 스타일링에 따라 좀 더 몸에 맞게 떠도 괜찮습니다.

※가장자리를 깔끔하게 만들기 위해 스플릿과 진동 둘레의 코는 항상 첫 코는 걸러뜨기(실앞)를 하고, 마지막 코는 겉뜨기 코로 뜹니다.

뜨는 법

앞판

울 2가닥과 모헤어 1가닥을 함께 잡고, 9mm(US 13) 줄바늘로 48(52, 56, 60, 64) (68, 72, 76)코를 만든다.
다음과 같이 고무뜨기를 한다.
다음 단(안면): 안뜨기3, *겉뜨기2, 안뜨기2*, 1코 남을 때까지 *-* 반복, 안뜨기1.
다음 단(겉면): 겉뜨기3, *안뜨기2, 겉뜨기2*, 1코 남을 때까지 *-* 반복, 겉뜨기1.
뜨개바탕 길이가 5cm 될 때까지 2×2 고무뜨기를 계속하고, 안면 단으로 끝낸다.
10mm(US15) 바늘로 바꾸고, 평면뜨기로 메리야스뜨기(겉면 단은 겉뜨기, 안면 단은 안뜨기)를 해 코잡기단부터 28cm를 뜬 뒤 안면 단으로 끝낸다. 코들을 별실 또는 스티치 홀더에 걸어둔다.

뒤판

울 2가닥과 모헤어 1가닥을 함께 잡고, 9mm(US 13) 줄바늘로 48(52, 56, 60, 64) (68, 72, 76)코를 만든다.
다음과 같이 고무뜨기를 한다.
다음 단(안면): 안뜨기3, *겉뜨기2, 안뜨기2*, 1코 남을 때까지 *-* 반복, 안뜨기1.
다음 단(겉면): 겉뜨기3, *안뜨기2, 겉뜨기2*, 1코 남을 때까지 *-* 반복, 겉뜨기1.
뜨개바탕 길이가 5cm 될 때까지 2×2 고무뜨기를 계속한 뒤 안면 단으로 끝낸다.
10mm(US15) 바늘로 바꾸고, 평면뜨기로 메리야스뜨기(겉면 단은 겉뜨기, 안면 단은 안뜨기)를 해 코잡기단부터 40.5cm를 뜬 뒤, 안면 단으로 끝낸다.
이어지는 겉면단에서 앞·뒤판을 다음과 같이 연결한다.
뒤판에서 2코 남을 때까지 겉뜨기, 오른코 겹쳐 2코 모아뜨기, 마커 끼우기(원형단 시작).
걸어두었던 앞판 코들을 바늘로 가져와서 왼코 겹쳐 2코 모아뜨기, 2코 남을 때까지 겉뜨기, 오른코 겹쳐 2코 모아뜨기, 마커 끼우기, 왼코 겹쳐 2코 모아뜨기(뒤판의 첫 2코), 원형단 시작 마커까

지 겉뜨기를 한다.
바늘에 앞·뒤판 각각 46(50, 54, 58, 62) (66, 70, 74)코, 총 92(100, 108, 116, 124) (132, 140, 148)코가 있다.

몸판

앞판이 코잡기단부터 45.5cm 될 때까지 원형 뜨기로 메리야스뜨기(겉뜨기)를 계속한다. 양옆에서 4코(각 스티치 마커의 앞뒤로 2코씩)를 코막음한다. 앞중심에 새 스티치 마커를 끼운다. 바늘에 앞·뒤판 각각 42(46, 50, 54, 58) (62, 66, 70)코가 있다.
앞판만 평면뜨기를 계속한다. 뒤판 코는 별실 또는 스티치 홀더에 걸어두거나 계속 줄바늘에 두되 뜨지 않는다.

앞판

앞판을 코잡기단부터 53.5(53.5, 54.5, 56, 57) (58.5, 59.5, 59.5)cm 될 때까지 평면뜨기로 메리야스뜨기(겉면 단은 겉뜨기, 안면 단은 안뜨기)를 하고 안면 단으로 끝낸다. 이어지는 겉면 단에서 중심 8(8, 8, 8, 8) (10, 10, 10)코를 코막음하고, 단의 끝까지 겉뜨기한다. 앞판에서 중심 양쪽에 각 17(19, 21, 23, 25) (26, 28, 30)코가 있다.

오른쪽 앞판

오른쪽 앞판을 평면뜨기로 메리야스뜨기(겉면 단은 겉뜨기, 안면 단은 안뜨기)를 하는데, 모든 겉면 단에서는 (겉뜨기2, 오른코 겹쳐 2코 모아뜨기, 끝까지 겉뜨기)를 한다. 코줄이기를 총 4(5, 5, 5) (5, 6, 6)회 반복한다. 13(14, 16, 18, 20) (21, 22, 24)코.
계속해서 앞판이 코잡기단부터 68.5(70, 71, 72.5, 72.5) (73.5, 75, 75)cm 될 때까지 평면뜨기로 메리야스뜨기(겉면 단은 겉뜨기, 안면 단은 안뜨기)를 한다. 남은 코들은 별실이나 스티치 홀더에 걸어둔다.

왼쪽 앞판

목둘레의 안면 단에서 시작해 왼쪽 앞판을 평면뜨기인 메리야스뜨기(겉면 단은 겉뜨기, 안면 단은 안뜨기)를 하는데, 모든 겉면 단에서는 4코 남을 때까지 겉뜨기, 왼코 겹쳐 2코 모아뜨기, 끝까지 겉뜨기를 한다. 코줄이기를 총 4(5, 5, 5) (5, 6, 6)회 한다. 바늘에 13(14, 16, 18, 20) (21, 22, 24)코가 있다.
앞판을 코잡기단부터 68.5(70, 71, 72.5, 72.5) (73.5, 75, 75)cm 될 때까지 메리야스뜨기(겉면 단은 겉뜨기, 안면 단은 안뜨기)를 계속한다. 남은 코들

은 별실이나 스티치 홀더에 걸어둔다.

뒤판

뒤판이 코잡기단부터 81(82.5. 83.5. 85. 85) (86.
87.5. 87.5)cm 될 때까지 메리야스뜨기(겉면 단은
겉뜨기. 안면 단은 안뜨기)를 한다.
다음 안면 단에서. 앞·뒤판을 겉면끼리 맞대놓
고 어깨 13(14. 16. 18. 20) (21. 22. 24)코를 바늘 3
개 코막음으로 연결한다.
목의 16(18. 18. 18. 18) (20. 22. 22)코는 별실이나
스티치 홀더에 건다.

목둘레

9mm(US13) 줄바늘을 이용해 목의 왼쪽부터 시
작해 코를 줍는다. 왼쪽에서 고른 간격을 두고
14(15. 15. 15. 15) (15. 14. 14)코를 주워 겉뜨기. 앞
판 8(8. 8. 8. 8) (10. 10. 10)코에서 1코씩 주워 겉뜨
기. 오른쪽에서도 왼쪽과 같은 수의 코를 주워
겉뜨기. 바늘에 있는 목의 코들을 겉뜨기. 바늘
에 52(56. 56. 56. 56) (60. 60. 60)코가 있다.
다음과 같이 고무뜨기를 한다.
겉뜨기2. 안뜨기2. 끝까지 *-*을 반복한다.
목둘레단이 11.5cm 될 때까지 2×2 고무뜨기
를 계속한다.
목둘레단을 반으로 접고 다음과 같이 코막음을
하면서 동시에 안면에 붙여 칼라를 만든다. ※코
막음을 먼저 하고 안면에 꿰매어 붙여도 됩니다.
칼라를 다음과 같이 뜬다.
*안면에서 목둘레 하단에서 1코를 줍고 왼바늘
의 첫 코와 함께 겉뜨기(왼코 겹쳐 2코 모아뜨기)*.
*-*을 반복하는 동시에 코막음한다(왼바늘로 오
른바늘에서 2번째 코를 1번째 코 위로 걸러뜬다).

마무리하기

실 끝을 보이지 않게 정리한 다음 치수에 맞춰
습식 블로킹을 한다.
진동 둘레 가장자리는 2.5cm 정도 말린다. 말
린 가장자리를 모헤어 실을 이용해 안면에 여러
코씩 꿰매어 붙인다. 단. 가는 모헤어 실로 마무
리를 해야 눈에 잘 띄지 않는다.

욘나 히에탈라

SUPER EASY!

03 아서 모자Arthur

두툼한 실로 간편하게 완성할 수 있는 기본 모자입니다. 고무뜨기를 하고 브림을 접어 올렸더니 숲속에서 또 뉴욕 거리에서도 잘 어울립니다.

사이즈

1 (2. 3)
머리둘레 … 약 51~53 (53~58.5. 58.5~63.5)

완성 치수

모자 둘레 … 32 (35. 38.5)cm
높이 … 29cm
※신축성이 아주 좋으므로 모자 둘레가 머리둘레보다 많이 작습니다.

재료

실 … 울앤더갱 크레이지 섹시 울Crazy Sexy Wool by Wooll and the Gang(울 100%, 80m/200g) Earthy Orange 1스케인
대체실 … 슈퍼벌키 안 약 62(68. 74)m
바늘 … 9mm(US 13) 줄바늘(50cm)
도구 … 스티치 마커

게이지(살짝 스팀 블로킹)

1×1 고무뜨기 12.5코×11단

POINT

이 패턴에 사용한 테크닉과 손뜨개 약어는 15~23페이지를 참고하세요.
뜨는 과정에서 스티치 마커를 만나면 걸러뜹니다.

한눈에 보는 구성

작품 3번은 1×1 고무뜨기로 바텀업으로 뜹니다. 포근하게 접어 올린 브림(챙 부분)과 크라운(윗부분) 쪽으로 편안하게 줄어드는 것이 특징입니다.

뜨는 법

독일식 트위스티드 코잡기나 롱테일 코잡기 또는 선호하는 코잡기로 느슨하게 40(44. 48)코를 만든다. 코가 꼬이지 않도록 주의하면서 원형단으로 연결하고, 시작을 표시하는 마커를 끼운다.
다음과 같이 1×1 고무뜨기를 시작한다.
원형 1단 : *겉뜨기1, 안뜨기1*, 끝까지 *-*을 반복한다.
코잡기단부터 28cm 될 때까지 1×1 고무뜨기를 한다.

크라운

크라운을 뜨려면 다음과 같이 코줄이기를 한다.
줄이기단 : *왼코 겹쳐 2코 모아뜨기*, 끝까지 *-*을 반복한다. 20(22. 24)코.
줄이기단을 1회 더 반복한다. 바늘에 10(11. 12)코가 있다.
실을 자르고 남은 코들 사이로 잡아 뺀다.

마무리하기

실 끝을 보이지 않게 정리하고 필요하면 살짝 스팀을 쐰다.

줄리아 윌킨스

04 파올라 머플러_{Paula}

멍석뜨기로 스트라이프 패턴을 넣은 이 머플러는 2가닥으로 뜨는데. 그중 1가닥은
모헤어입니다. 이 실은 단순한 디자인에 솜털처럼 폭신함을 더해줍니다.

사이즈

단일 사이즈

완성 치수

길이 … 174cm
폭 … 33.5cm

재료

바탕실 A … 필콜라나 아르웨타Arwetta by
Filcolana(울 80%. 나일론 20%. 210m/50g) Natural
White 101 2스케인
바탕실 A … 폰티 옴벨레Ombelle by Fonty(모헤
어 75%. 울 20%. 폴리아미드 5%. 145m/50g) Ecru
1051 3스케인
※바탕실 A는 두 실을 함께 잡고 뜹니다.
배색실 B … 웨스트 울 바이시클Bicycle by West

Wool(메리노 90%. 테셀 10%. 350m/100g) Beatrix
1스케인
배색실 B … 웨스트 울 글로헤어Glowhair by West
Wool(모헤어 72%. 실크 28%. 400m/50g) Beatrix
1스케인
※배색실 B는 두 실을 함께 잡고 뜹니다.
대체실 A … 핑거링 얀 약 420m. 레이스 얀 385m
대체실 B … 핑거링 얀 250m. 레이스 얀 192m
※대체실 A와 B 모두 두 실을 함께 잡고 뜹니다.
바늘 … 3.75mm(US 5) 줄바늘(80cm)
도구 … 뺄 수 있는 스티치 마커 1개. 돗바늘. 코
바늘(3.25~4mm. US D3~G6)

뜨기 패턴

멍석뜨기(모스스티치)

1단 : *겉뜨기1. 안뜨기1*. 끝까지 *-*을 반복한다.
2단 : *안뜨기1. 겉뜨기1*. 끝까지 *-*을 반복한다.

POINT

이 패턴에 사용한 테크닉과 손뜨개 약어는
15~23페이지를 참고하세요.

한눈에 보는 구성

작품 4번은 2가닥의 실을 함께 잡고 평면뜨기
를 하는데. 단마다 색깔이 바뀝니다. 단을 끝내
면 모든 코를 바늘의 반대 끝으로 밀어 보낸 뒤
다시 같은 방향으로 떠야 매혹적인 직조 구조를
이룹니다.

뜨는 법

바탕실 A로 롱테일 코잡기 또는 선호하는 코잡기를 이용해 50코를 만든다.

바탕실 A 스트라이프
멍석뜨기를 시작한다.

1단(겉면) : *겉뜨기1, 안뜨기1*, 끝까지 *-*을 반복한다.

2단(안면) : *안뜨기1, 겉뜨기1*, 끝까지 *-*을 반복한다.

뺄 수 있는 스티치 마커로 겉면을 표시한다.

3~14단 : 1·2단을 6회 더 반복한다.

바탕실 A+배색실 B 스트라이프
15단(겉면) : 배색실 B로 *겉뜨기1, 안뜨기1*, 끝까지 *-*을 반복한다. 뜨개바탕을 돌리지 않는다.

16단(겉면) : 코들을 바늘의 반대 끝으로 밀어 보낸다. 바탕실 A로 *안뜨기1, 겉뜨기1*, 끝까지 *-*을 반복한다.

17단(안면) : 배색실 B로 *겉뜨기1, 안뜨기1*, 끝까지 *-*을 반복한다. 뜨개바탕을 돌리지 않는다.

18단(안면) : 코들을 바늘의 반대 끝으로 밀어 보낸다. 바탕실 A로 *안뜨기1, 겉뜨기1*, 끝까지 *-*을 반복한다.

19단(겉면) : 배색실 B로 *겉뜨기1, 안뜨기1*, 끝까지 *-*을 반복한다.

20단(안면) : 배색실 B로 *안뜨기1, 겉뜨기1*, 끝까지 *-*을 반복한다.

21단(겉면) : 배색실 B에 바탕실 A를 1회 꼰다. 배색실 B로 *겉뜨기1, 안뜨기1*, 끝까지 *-*을 반복한다.

22단(안면) : 배색실 B로 *안뜨기1, 겉뜨기1*, 끝까지 *-*을 반복한다.

23단(겉면) : 바탕실 A로 *겉뜨기1, 안뜨기1*, 끝까지 *-*을 반복한다. 뜨개바탕을 돌리지 않는다.

24단(겉면) : 코들을 바늘의 반대 끝으로 밀어 보낸다. 배색실 B로 *안뜨기1, 겉뜨기1*, 끝까지 *-*을 반복한다.

25단(안면) : 바탕실 A로 *겉뜨기1, 안뜨기1*, 끝까지 *-*을 반복한다. 뜨개바탕을 돌리지 않는다.

26단(안면) : 코들을 바늘의 반대 끝으로 밀어 보낸다. 배색실 B로 *안뜨기1, 겉뜨기1*, 끝까지 *-*을 반복한다. 배색실 B를 자른다.

1~26단(바탕실 A와 바탕실 A/배색실 B 스트라이프)을 총 19회 반복한다.

1~14(바탕실 A 스트라이프)단을 1회 더 반복한다. 모든 코를 느슨하게 코막음한다.

프린지 달기

배색실 B를 30cm 길이로 3가닥 자른 다음 같은 방법으로 프린지 50개를 만든다. 코잡기단의 오른쪽 끝부터 시작해 코잡기단에서 하나 거른 코잡기 코의 고리에 25개의 프린지를 매단다. 머플러 반대쪽도 이 과정을 반복한다.

마무리하기

실 끝을 보이지 않게 정리한 다음 완성 치수에 맞춰 습식 블로킹을 한다.

비에라 발리마키

05 시프레시 스웨터Sypressi

스트라이프가 경쾌한 느낌을 주는 오버사이즈 스웨터입니다. 톱다운으로 뜨며
단순하고 이음매가 없는 구조이므로 처음 뜨는 스웨터로 제격입니다.

사이즈

1(2. 3. 4. 5) (6. 7. 8)
권장 여유분 ··· +10~15cm

완성 치수

가슴둘레 ··· 94.5(103. 114.5. 125.5. 137) (148.5.
157. 165.5)cm
목둘레 ··· 51.5(51.5. 51.5. 51.5. 54.5) (54.5. 54.5.
54.5)cm
위팔 둘레 ··· 27(30. 33. 35.5. 40) (44.5. 47. 50)cm
요크 길이 ··· 21.5(24.5. 28.5. 26. 27) (28.5. 31. 33.5)
몸판 길이 ···31cm
소맷부리 둘레 ··· 20(21.5. 23. 25.5. 27) (31.5. 33.
34.5)cm

재료

바탕실 ··· 데 레룸 나투라 시라노Cyrano by De Rerum
Natura(울 100%. 150m/100g) Genê(→P.45) 또는
Baleine Bleue(→P.47) 4(4. 5. 5. 6) (6. 7. 7)스케인
배색실 ··· 데 레룸 나투라 시라노Cyrano by De
Rerum Natura(울 100%. 150m/100g) Bois De
Rose(→P.45) Erable(→P.47) 1(1. 2. 2. 2) (2. 2. 2)
스케인
대체실(바탕) ··· 아란 얀 약 530(590. 660. 730. 800)
(880. 960. 1040)m
대체실(배색) ··· 아란 얀 약 120(140. 160. 180. 210)
(240. 270. 300)m
바늘 ··· 4mm(US 6) 줄바늘(80cm. 고무뜨기용).
5mm(US 8) 줄바늘(80cm. 몸판+소매용)
※매직루프를 이용하지 않으면 둘레가 작은 원
형뜨기는 같은 호수의 장갑바늘을 사용하세요.
도구 ··· 스티치 마커. 스티치 홀더 또는 별실

게이지

메리야스뜨기(5mm 바늘) 14코×20단

POINT

이 패턴에 사용한 테크닉과 손뜨개 약어는
15~23페이지를 참고하세요.
뜨는 과정에서 스티치마커를 만나면 걸러뜹니다.
스트라이프와 스트라이프 사이에서 실을 끊지
않아도 됩니다. 색을 바꿀 때 뜨개바탕의 면이
울퉁불퉁하지 않고 올이 풀리지 않게 하려면 바
꾸는 지점에서 꼭 실을 꼬세요. 즉 새 실을 뜨던
실 위로 넘겨 가져오면 됩니다. 꼬는 방향을 한
방향으로 유지하면 바꾼 모양이 깔끔합니다-.

한눈에 보는 구성

작품 5번은 톱다운으로 이음매 없이 래글런 소매를 뜹니다. 스트라이프는 바탕 3단과 배색 1단을 번갈아 뜹니다.

뜨는 법

목둘레

바탕실과 4mm(US 6) 바늘로 롱테일 코잡기 또는 선호하는 코잡기를 이용해 72(72. 72. 72. 76)(76. 76. 76)코를 만든다. 코가 꼬이지 않도록 주의하면서, 원형단으로 연결하고 시작을 표시하는 스티치 마커를 끼운다.
*겉뜨기1, 안뜨기1*을 반복하는 1×1 고무뜨기로 8단을 뜬다.

요크

요크는 래글런 코늘리기로 모양을 만드는데 두 부분으로 뜬다.
5mm(US 8) 바늘로 바꾼다.
다음 원형단(바탕색, 겉면) : 겉뜨기12(12. 12. 12. 12)(12. 12. 12), 마커 끼우기, 겉뜨기24(24. 24. 24. 26)(26. 26. 26), 마커 끼우기, 겉뜨기12(12. 12. 12. 12)(12. 12. 12), 마커 끼우기, 원형단 시작 마커까지 겉뜨기24(24. 24. 24. 26)(26. 26. 26).

래글런 코늘리기 (1)

겉면으로 계속 뜨면서 배색실을 연결한다.
원형 1단(바탕색) : *겉뜨기1, 왼코 만들기, 다음 마커 1코 전까지 겉뜨기, 오른코 만들기, 겉뜨기1*, 원형단 시작 마커까지 *-*을 3회 더 반복한다.
원형 2단(배색) : 끝까지 겉뜨기.
원형 3단(바탕색) : *겉뜨기1, 왼코 만들기, 다음 마커 1코 전까지 겉뜨기, 오른코 만들기, 겉뜨기1*, 원형단 시작 마커까지 *-*을 3회 더 반복한다.
원형 4단(바탕색) : 끝까지 겉뜨기.
1~4단을 1(2. 2. 2. 2) (2. 3. 3)회 더 반복한 뒤 원형 1·2단을 1(0. 0. 0. 1) (1. 0. 1)회 더 반복한다. 바늘에 112(120. 120. 120. 132) (132. 140. 148)코가 있다.

래글런 코늘리기 (2)

1·2·3사이즈
※바탕색 3단, 배색 1단의 스트라이프 패턴을 유지합니다.

원형 1단 : *겉뜨기1, 왼코 만들기, 다음 마커 1코 전까지 겉뜨기, 오른코 만들기, 겉뜨기1*, 원형단 시작 마커까지 *-*을 3회 더 반복한다.
원형 2단 : 끝까지 겉뜨기를 한다.
원형 3단 : *마커까지 겉뜨기, 마커 걸러뜨기, 겉뜨기1, 왼코 만들기, 다음 마커 1코 전까지 겉뜨기, 오른코 만들기, 겉뜨기1*, 원형단 시작 마커까지 *-*을 1회 더 반복한다.
원형 4단 : 끝까지 겉뜨기를 한다.
1~4단을 7(8. 10. -. -) (-. -. -)회 더 반복한다.

4·5·6·7·8사이즈
※바탕색 3단, 배색 1단의 스트라이프 패턴을 유지합니다.
원형 1단 : *겉뜨기1, 왼코 만들기, 다음 마커 1코 전까지 겉뜨기, 오른코 만들기, 겉뜨기1*, 원형단 시작 마커까지 *-*을 3회 더 반복한다.
원형 2단 : *마커까지 겉뜨기, 마커 걸러뜨기, 겉뜨기1, 왼코 만들기, 다음 마커 1코 전까지 겉뜨기, 오른코 만들기, 겉뜨기1*, 원형단 시작 마커까지 *-*을 1회 더 반복한다.
원형 3단 : 끝까지 겉뜨기를 한다.
1·2·3단을 -(-. -. 12. 12) (13. 14. 15)회 더 반복한다.
래글런 코늘리기 후 208(228. 252. 276. 288) (300. 320. 340)코가 있다.
다음 단에서 몸판 코와 소매 코로 나눈다.
※잊지 말고 스트라이프 패턴을 유지합니다.
다음 원형단 : *다음 마커까지 모든 코를 스티치 홀더에 걸기, 마커 빼기, 백워드 루프 코잡기 또는 선호하는 코잡기로 0(0. 0. 0. 4) (8. 8. 8)코 만들기, 마커까지 겉뜨기*, *-*을 1회 반복한다.
몸판 132(144. 160. 176. 192) (208. 220. 232)코, 홀더에 걸어둔 양쪽 소매 각 38(42. 46. 50. 52) (54. 58. 62)코가 있다.

몸판

스트라이프 패턴을 유지하면서, 바늘의 코로 메리야스뜨기(겉뜨기)를 해 겨드랑이부터 25.5cm를 뜨고, 바탕색 2단으로 끝낸다.
4mm(US 6) 바늘로 바꾼다.
다음 원형단(줄이기) : *(겉뜨기1, 안뜨기1) 5회, 겉뜨기1, 왼코 겹쳐 2코 모아 안뜨기*, *-* 9(9. 11. 11. 13) (13. 15. 15)회 더 반복, *겉뜨기1, 안뜨기1*, 끝까지 *-*을 반복한다. 바늘에 122(134. 148. 164. 178) (194. 204. 216)코가 있다.
밑단이 5cm 될 때까지 *겉뜨기1, 안뜨기1*을 반복하는 1×1 고무뜨기를 한다.

모든 코를 고무뜨기로 코막음한다.

소매

스티치 홀더에 걸어둔 코들을 5mm(US 8) 바늘로 옮긴다. 스트라이프 패턴에 맞는 색깔로 시작해 패턴을 유지한다. 겨드랑이 중심부터 시작해 0(0. 0. 0. 2) (4. 4. 4)코를 주워 겉뜨기, 바늘의 코들을 겉뜨기, 겨드랑이 중심까지 0(0. 0. 0. 2) (4. 4. 4)코를 주워 겉뜨기한다.
바늘에 38(42. 46. 50. 56) (62. 66. 70)코가 있다.
소매 길이가 겨드랑이부터 5cm 될 때까지 스트라이프 패턴을 유지하면서 메리야스뜨기를 한다.
줄이기 원형단 : 겉뜨기1, 오른코 겹쳐 2코 모아뜨기, 3코 남을 때까지 겉뜨기, 왼코 겹쳐 2코 모아뜨기, 겉뜨기1. (-2코).
줄이기 원형단을 8(8. 8. 6. 6) (6. 4. 4)번째 단마다 3(4. 5. 5. 6) (6. 7. 7)회 더 반복한다. 바늘에 30(32. 34. 38. 42) (48. 50. 54)코가 있다.
소매 길이가 겨드랑이부터 35.5cm 될 때까지 스트라이프 패턴을 유지하면서 메리야스뜨기를 하고, 바탕실 1단으로 끝낸다.
4mm(US 6) 바늘로 바꾼다.
다음 원형단(줄이기) : *(겉뜨기1, 안뜨기1) 3회, 겉뜨기1, 왼코 겹쳐 2코 모아 안뜨기*, *-*을 1(1. 1. 1. 3) (3. 3. 5)회 더 반복, 사이즈에 따라 필요하면 끝까지 *겉뜨기1, 안뜨기1*을 반복한다. 바늘에 28(30. 32. 36. 38) (44. 46. 48)코가 있다.
다음과 같이 1×1 고무뜨기로 소맷부리를 뜬다.
*겉뜨기1, 안뜨기1, 끝까지 *-*을 반복한다.
소맷부리가 5cm 될 때까지 1×1 고무뜨기를 한다. 모든 코를 고무뜨기로 코막음한다.

마무리하기

실 끝을 보이지 않게 정리하고, 치수에 맞춰 습식 블로킹을 한다.

SUPER EASY!

06 오드리 헤어밴드 Audrey

처음에 코늘리기를 하고 겉뜨기를 계속하다가 마지막에 코줄이기를 해 완성하는 이 헤어밴드는 1950년대부터 유행해온 디자인입니다.

사이즈

단일 사이즈

완성 치수

길이 ⋯ 61cm
폭 ⋯ 8.5cm
※필요하면 길이와 폭 모두 쉽게 조정할 수 있습니다.

재료

실 ⋯ 화이버 아카디아Acadia by Fibre Co.(메리노 60%. 베이비 알파카 20%. 실크 20%. 133m/50g) Sand 1스케인
실 ⋯ 이토 센사이Sensai by Ito(모헤어 60%. 실크 40%. 240m/20g) String 1볼
※두 실을 함께 잡고 뜹니다.
대체실 ⋯ DK 얀약 53m. 레이스 얀약 60m
바늘 ⋯ 4mm(US 6) 줄바늘 또는 대바늘. 장갑 바늘 모두 가능

게이지

가터뜨기 23코×30단

POINT

이 패턴에 사용한 테크닉과 손뜨개 약어는 15~23페이지를 참고하세요.

한눈에 보는 구성

이 헤어밴드는 평면뜨기로 가터뜨기를 해 만듭니다. 시작할 때는 코를 늘리고 끝에서 코를 줄여 양 끝이 가늘어집니다. 양 끝을 묶어서 착용합니다.
작품 6번은 뜨개실 필요량이 얼마 되지 않으므로 모아놓은 자투리 실을 처분하기에 아주 좋습니다. 코와 단을 늘리거나 줄여서 사이즈를 쉽게 조정할 수 있으므로 아무 실이나 써보세요.

뜨는 법

두 실을 함께 잡고 2코를 만든다.
1단 : 걸러뜨기1(실뒤. 안뜨기 방향). 끝까지 겉뜨기.
2단 : 걸러뜨기1(실뒤. 안뜨기 방향). 1코 남을 때까지 겉뜨기. 바늘비우기. 겉뜨기1. (+1코).
3단 : 겉뜨기1. 뒷고리로 바늘비우기에 겉뜨기 (이렇게 해야 구멍이 생기지 않는다). 끝까지 겉뜨기.
20코가 될 때까지 2·3단을 반복한다. 마지막 단은 3단(늘리기는 없다).
가터뜨기(겉뜨기)를 계속하며 114단을 더 뜬다.
※헤어밴드 길이가 짧아 보일 수 있지만. 가터뜨기를 하면 블로킹 후에도 신축성이 꽤 좋습니다. 뜨면서 머리에 직접 대보고 기호에 맞게 길이를 조정해보세요.
이제부터 줄이기를 한다.
4단 : 걸러뜨기1(실뒤. 안뜨기 방향). 3코 남을 때까지 겉뜨기. 왼코 겹쳐 2코 모아뜨기. 겉뜨기1. (-1코).
5단 : 걸러뜨기1(실뒤. 안뜨기 방향). 끝까지 겉뜨기.
2코 남을 때까지 4·5단을 반복한다.
코막음한다.

마무리하기

실 끝을 보이지 않게 정리한 다음. 치수에 맞춰 습식 블로킹을 한다.

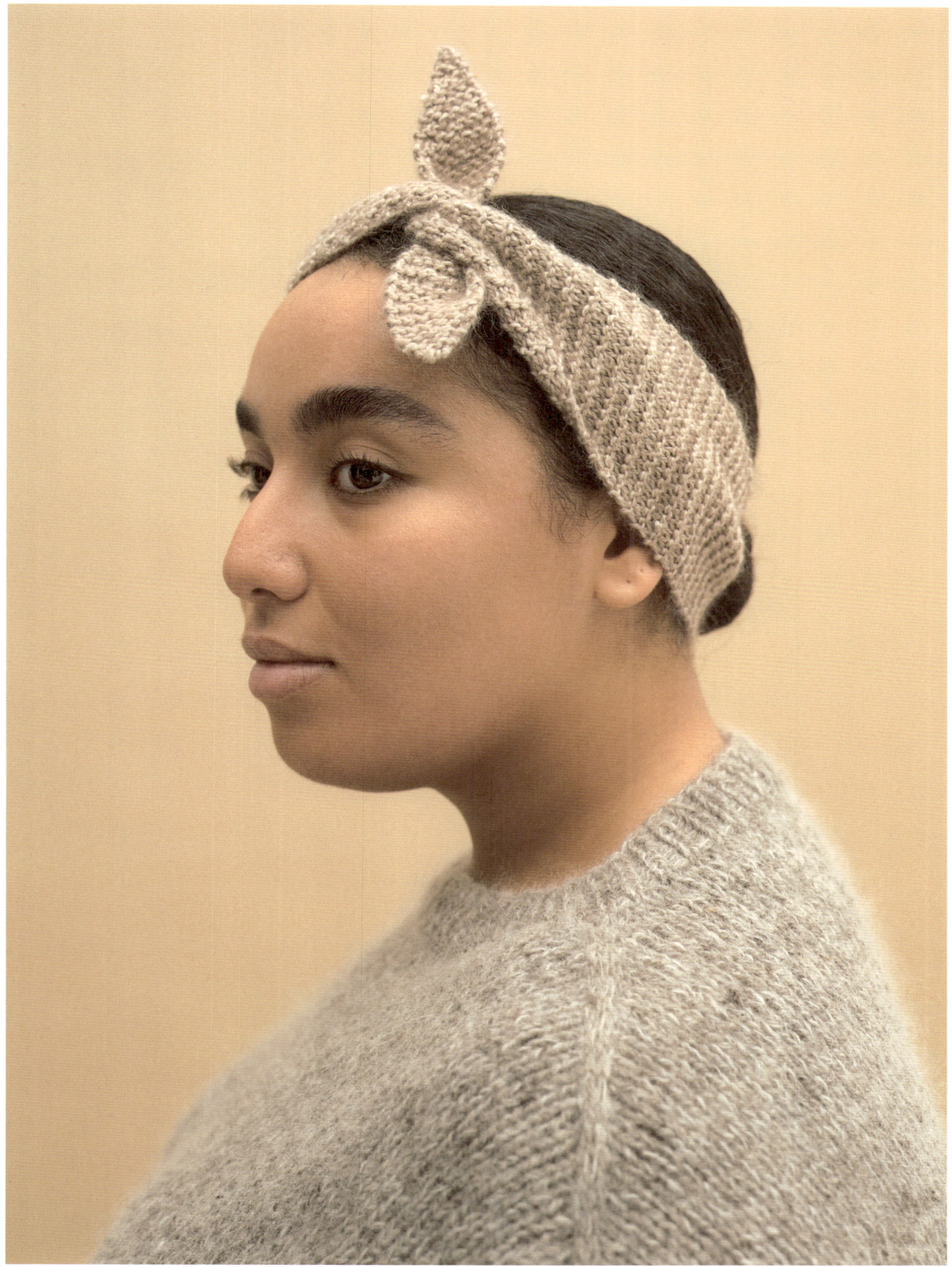

이사벨 크래머

07 헬미 스웨터Helmi

요크에 모자이크 장식 패턴이 있는 베이직한 스웨터입니다. 모자이크뜨기는 컬러
뜨기를 재미있게 배색하는 기법으로 한 번에 한 색만 뜹니다.

사이즈

1(2. 3. 4. 5) (6. 7. 8)
권장 여유분 … +5~10cm

완성 치수

가슴둘레 … 90.5(100. 110. 120. 132) (145. 155.
165)cm
위팔 둘레 … 30.5(32.5. 34.5. 38. 43) (47.5. 50.5.
53.5)cm
앞 목~겨드랑이 … 18.5(19.5. 20.5. 22. 25) (25.5.
25.5. 26.5)cm
몸판 길이(겨드랑이~밑단. 조정 가능) … 39cm
소매 길이(겨드랑이부터. 조정 가능) … 46cm

재료

바탕실 … 레트로사리아 로사 포마르 보보Vovó

by Retrosaria Rosa Pomar(울 100%. 143m/50g) 03
7(8. 8. 9. 10) (11. 11. 12) 스케인
배색실 ① … 레트로사리아 로사 포마르 보보
Vovó by Retrosaria Rosa Pomar(울 100%. 143m/50g)
20 1스케인
배색실 ② … 레트로사리아 로사 포마르 보보
Vovó by Retrosaria Rosa Pomar(울 100%. 143m/50g)
10 1스케인
대체실(바탕) … 스포트 얀 약 908(1001. 1078.
1205. 1355) (1457. 1512. 1605)m
대체실(배색 ①) … 스포트 얀 약 38(39. 42. 44. 67)
(70. 73. 76)mm
대체실(배색 ②) … 스포트 얀 약 29(30. 32. 34. 51)
(54. 56. 59)m
바늘 … 3.5mm(US 4) 줄바늘(40cm. 80cm)과
장갑바늘(고무뜨기용). 3.75mm(US 5) 줄바늘
(40cm.80cm)과 장갑바늘(몸판+소매용)
도구 … 스티치 홀더 또는 별실. 스티치 마커

게이지

메리야스뜨기(3.75mm 바늘) 21코×33단

POINT

이 패턴에 사용한 테크닉과 손뜨개 약어는
15~23페이지를 참고하세요.
원형단 시작은 뒤중심입니다. 몸판과 소매 코를
나눈 후에는 원형단 시작이 오른쪽 겨드랑이로
옮겨갑니다.
뜨는 과정에서 스티치 마커를 만나면 걸러뜹니다.
코늘리기단이나 코줄이기단 후에는 총 콧수
가 나오므로 뜬 콧수를 확인하세요. 색을 바
꿀 때는 뜨지 않는 실을 자르거나 그대로 두었
다가 다음 색을 바꿀 때 사용합니다. 샘플 스웨
터(→P.51)는 실을 잘라서 작업했습니다. 사이
즈 1~4는 스트라이프 패턴이 3세트, 사이즈
5~8은 4세트가 들어갔습니다.

한눈에 보는 구성

작품 7번은 톱다운으로 이음매 없이 뜹니다. 목 모양 만들기로 시작하는데, 경사뜨기로 뒤 목을 조금 더 높게 만듭니다. 그 후에 슬립 스티치 패턴이 들어간 요크를 원형뜨기로 뜨고 소매를 분리합니다.

소매용 코를 스티치 홀더에 걸어두고 먼저 몸판을 고무뜨기 밑단까지 뜬 다음 소매를 소맷부리까지 뜹니다. 마무리는 마지막에 해도 됩니다. 목둘레는 고무뜨기로 마무리하는데 샘플(→P.51·54)은 목둘레를 마무리하지 않았습니다. 몸판과 소매는 메리야스뜨기로 단수를 줄이거나 늘려서 길이를 조절할 수 있으며, 그 후에 고무뜨기로 밑단과 소맷부리를 뜹니다.

뜨는 법

요크

바탕실과 짧은 3.5mm(US 4) 줄바늘로 롱테일 코잡기 또는 선호하는 코잡기를 이용해 100(104. 104. 108. 108) (112. 112. 112)코를 만든다. 코가 꼬이지 않도록 주의하면서 원형단으로 연결하고, 시작을 표시하는 마커를 끼운다. 원형단이 시작하는 곳은 뒤중심이다.
짧은 3.75mm(US 5) 바늘로 바꾼다.
원형 1단 : 끝까지 겉뜨기.

3사이즈
원형 2단(늘리기단) : 겉뜨기10. 왼코 만들기. *겉뜨기17. 왼코 만들기*. 9코 남을 때까지 *-* 반복, 끝까지 겉뜨기. (110코)
원형 3단 : 끝까지 겉뜨기.

4사이즈
원형 2단(늘리기단) : *겉뜨기13. 왼코 만들기. 겉뜨기14. 왼코 만들기*. 끝까지 *-*을 반복한다. (116코).
원형 3단 : 끝까지 겉뜨기.

5사이즈
원형 2단(늘리기단) : 겉뜨기9. 왼코 만들기. *겉뜨기7. 왼코 만들기*. 8코 남을 때까지 *-* 반복. 끝까지 겉뜨기. (122코).
원형 3단 : 끝까지 겉뜨기.

6사이즈
원형 2단(늘리기단) : *겉뜨기7. 왼코 만들기*. 끝까지 *-*을 반복한다. (128코).
원형 3단 : 끝까지 겉뜨기.

7사이즈
원형 2단(늘리기단) : 겉뜨기4. 왼코 만들기. *겉뜨기5. 왼코 만들기*. 3코 남을 때까지 *-* 반복. 끝까지 겉뜨기. (134코).
원형 3단 : 끝까지 겉뜨기.

8사이즈
원형 2단(늘리기단) : *겉뜨기4. 왼코 만들기*. 끝까지 *-*을 반복한다. (140코).
원형 3단 : 끝까지 겉뜨기.

모든 사이즈
독일식 경사뜨기를 시작해 뒤 목을 높게 만든다.

경사뜨기 1단(겉면) : 겉뜨기30(31. 32. 33. 34) (36. 37. 39). 뜨개바탕 돌리기.
경사뜨기 2단(안면) : 더블스티치 만들기. 원형단 시작 마커까지 안뜨기. 마커 걸러뜨기. 안뜨기30(31. 32. 33. 34) (36. 37. 39). 뜨개바탕 돌리기.
경사뜨기 3단(겉면) : 더블스티치 만들기. 겉뜨기9(5. 6. 7. 8) (10. 11. 13). 왼코 만들기. *겉뜨기5. 왼코 만들기*. *-*을 총 3(4. 4. 4. 4) (4. 4. 4)회 반복. 원형단 시작 마커까지 겉뜨기. 마커 걸러뜨기. *겉뜨기5. 왼코 만들기*. *-*을 총 4(5. 5. 5. 5) (5. 5. 5)회 반복. 더블스티치까지 겉뜨기. 더블스티치 겉뜨기. 겉뜨기4. 뜨개바탕 돌리기. 108(114. 120. 126. 132) (138. 144. 150)코.
경사뜨기 4단(안면) : 더블스티치 만들기. 원형단 시작 마커까지 안뜨기. 마커 걸러뜨기. 더블스티치까지 안뜨기. 더블스티치 안뜨기. 안뜨기4. 뜨개바탕 돌리기.
경사뜨기 5단(겉면) : 더블스티치 만들기. 원형단 시작 마커까지 겉뜨기. 마커 걸러뜨기. 더블스티치까지 겉뜨기. 더블스티치 겉뜨기. 겉뜨기4. 뜨개바탕 돌리기.
경사뜨기 6단(안면) : 경사뜨기 4단을 반복한다.
경사뜨기 7단(겉면) : 더블스티치 만들기. 원형단 시작 마커까지 겉뜨기. 마커 걸러뜨기. 더블스티치까지 겉뜨기. 더블스티치 겉뜨기. 겉뜨기5. 뜨개바탕 돌리기.
경사뜨기 8단(안면) : 더블스티치 만들기. 원형단 시작 마커까지 안뜨기. 마커 걸러뜨기. 더블스티치까지 안뜨기. 더블스티치 안뜨기. 안뜨기5. 뜨개바탕 돌리기.
다음 단(겉면) : 더블스티치 만들기. 원형단 시작 마커까지 겉뜨기.
다음 원형단 : 더블스티치까지 겉뜨기. 더블스티치 겉뜨기. 다음 더블스티치까지 겉뜨기. 더블스티치 겉뜨기. 끝까지 겉뜨기.
메리야스뜨기(겉뜨기)로 두 단을 뜬다.
※늘어난 콧수가 너무 많으면 3.75mm(US 5) 줄바늘로 바꿉니다.
다음 원형단(늘리기단) : *겉뜨기3. 왼코 만들기*. 끝까지 *-*을 반복한다. 바늘에 144(152. 160. 168. 176) (184. 192. 200)코가 있다.
메리야스뜨기(겉뜨기)로 두 단을 뜬다.

슬립 스티치 패턴
배색 ①
원형 1단 : 끝까지 겉뜨기한다.
원형 2단 : 끝까지 안뜨기한다.

배색 ②

원형 3단 : *겉뜨기1, 걸러뜨기1(실뒤. 안뜨기 방향)*, 끝까지 *-*을 반복한다.

원형 4단 : *안뜨기1, 걸러뜨기1(실뒤. 안뜨기 방향)*, 끝까지 *-*을 반복한다.

바탕색

원형 5단 : 끝까지 겉뜨기한다.

원형 6단 : 끝까지 겉뜨기한다.

배색 ①

원형 7단 : 끝까지 겉뜨기한다.

원형 8단 : 끝까지 안뜨기한다.

배색 ②

원형 9단 : *겉뜨기1, 걸러뜨기1(실뒤. 안뜨기 방향)*, 끝까지 *-*을 반복한다.

원형 10단 : *안뜨기1, 걸러뜨기1(실뒤. 안뜨기 방향)*, 끝까지 *-*을 반복한다.

바탕색

메리야스뜨기(겉뜨기)로 세 단을 뜬다.

다음 원형단(늘리기단) : 겉뜨기2, 왼코 만들기, *겉뜨기4, 왼코 만들기*, 2코 남을 때까지 *-* 반복. 겉뜨기2. 바늘에 180(190. 200. 210. 220) (230. 240. 250)코가 있다.

다음 원형단 : 끝까지 겉뜨기한다.

슬립 스티치 패턴 1~10단을 뜬다.

바탕색

메리야스뜨기(겉뜨기)로 세 단을 뜬다.

다음 원형단(늘리기단) : *겉뜨기5, 왼코 만들기*, 끝까지 *-*을 반복한다. 바늘에 216(228. 240. 252. 264) (276. 288. 300)코가 있다.

다음 원형단 : 끝까지 겉뜨기한다.

슬립 스티치 패턴 1~10단을 뜬다.

바탕색

메리야스뜨기(겉뜨기)로 세 단을 뜬다.

다음 원형단(늘리기단) : 겉뜨기3, 왼코 만들기, *겉뜨기6, 왼코 만들기*, 3코 남을 때까지 *-* 반복. 겉뜨기3. 바늘에 252(266. 280. 294. 308) (322. 336. 350)코가 있다.

1·2·3·4사이즈

메리야스뜨기(겉뜨기)로 여덟 단을 뜬다.

1사이즈

다음 원형단(늘리기단) : 겉뜨기14, 왼코 만들기, *겉뜨기25, 왼코 만들기*, 13코 남을 때까지 *-* 반복, 겉뜨기13. (262코).

2사이즈

다음 원형단(늘리기단) : 겉뜨기13, 왼코 만들기, *겉뜨기16, 왼코 만들기*, 13코 남을 때까지 *-* 반복, 겉뜨기13. (282코).

3사이즈

다음 원형단(늘리기단) : 겉뜨기14, 왼코 만들기, *겉뜨기11, 왼코 만들기*, 13코 남을 때까지 *-* 반복, 겉뜨기13. (304코).

4사이즈

다음 원형단(늘리기단) : 겉뜨기18, 왼코 만들기, *겉뜨기7, 왼코 만들기*, 17코 남을 때까지 *-* 반복, 겉뜨기17. (332코).

5·6·7·8사이즈

다음 원형단 : 끝까지 겉뜨기한다.

슬립 스티치 패턴 1~10단을 뜬다.

바탕색

메리야스뜨기(겉뜨기)로 세 단을 뜬다.

다음 원형단(늘리기단) : *겉뜨기7, 왼코 만들기*, 끝까지 *-*을 반복한다. -(-. -. -. 352) (368. 384. 400)코.

메리야스뜨기(겉뜨기)로 여덟 단을 뜬다.

5사이즈

다음 원형단(늘리기단) : 겉뜨기15, 왼코 만들기, *겉뜨기19, 왼코 만들기*, 14코 남을 때까지 *-* 반복, 겉뜨기14. (370코).

6사이즈

다음 원형단(늘리기단) : *겉뜨기9, 왼코 만들기*, 8코 남을 때까지 *-* 반복, 겉뜨기8. (408코).

7·8사이즈

다음 원형단(늘리기단) : *겉뜨기4, 왼코 만들기*, *겉뜨기8, 왼코 만들기*, 4코 남을 때까지 *-* 반복, 겉뜨기4. -(-. -. -. -) (-. 432. 450)코.

메리야스뜨기(겉뜨기)로 여덟 단을 뜬다.

7사이즈

다음 원형단(늘리기단) : 겉뜨기108, 왼코 만들기, 겉뜨기216, 왼코 만들기, 끝까지 겉뜨기. (434코).

8사이즈

다음 원형단(늘리기단) : 겉뜨기29, 왼코 만들기, *겉뜨기56, 왼코 만들기*, 29코 남을 때까지 *-* 반복, 겉뜨기29. (458코).

모든 사이즈

요크 길이가 코잡기단부터 18.5(19.5. 20.5. 22. 25) (25.5. 25.5. 26.5)cm 될 때까지 메리야스뜨기(겉뜨기)를 한다. 길이는 앞중심부터 아래쪽을 향해 측정한다.

몸판 & 소매 나누기

다음 원형단 : 겉뜨기41(45. 49. 53. 59) (64. 69. 73), 소매 50(52. 54. 60. 68) (76. 80. 84)코 스티치 홀더나 별실에 걸어두기. 백워드 루프 코잡기 또는 선호하는 코잡기로 7(8. 9. 10. 11) (12. 13. 14)코 만들기, (새 원형단 시작) 마커 끼우기, 7(8. 9. 10. 11) (12. 13. 14)코 만들기, 겉뜨기81(89. 98. 106. 117) (128. 137. 145), 소매 50(52. 54. 60. 68) (76. 80. 84)코 스티치 홀더나 별실에 걸어두기. 백워드 루프 코잡기 또는 선호하는 코잡기로 7(8. 9. 10. 11) (12. 13. 14)코 만들기, (옆선) 마커 끼우기, 7(8. 9. 10. 11) (12. 13. 14)코 만들기, 겉뜨기40(44. 49. 53. 58) (64. 68. 72), 마커 빼기, 다음 마커(새 원형단 시작 마커)까지 겉뜨기한다. 원형단 시작은 오른쪽 겨드랑이에 있다. 몸판 190(210. 232. 252. 278) (304. 326. 346)코 중 앞·뒤판 각각 95(105. 116. 126. 139) (152. 163. 173)코가 있다.

다음 원형단 : 끝까지 겉뜨기한다.

몸판

몸판 길이가 겨드랑이부터 12.5cm 될 때까지 메리야스뜨기(겉뜨기)를 한다.

늘리기 원형단 : *겉뜨기1, 왼코 만들기, 마커 1코 전까지 겉뜨기, 오른코 만들기, 겉뜨기1, 마커 걸러뜨기*, 끝까지 *-*을 반복한다. 194(214. 236. 256. 282) (308. 330. 350)코 중 앞·뒤판 각각 97(107. 118. 128. 141) (154. 165. 175)코가 있다.

몸판 길이가 겨드랑이부터 26cm 될 때까지 메리야스뜨기(겉뜨기)를 한다.

늘리기단을 1회 더 반복한다. 198(218. 240. 260. 286) (312. 334. 354)코 중 앞·뒤판 각각 99(109.

120, 130, 143) (156, 167, 177)코가 있다.
몸판 길이가 겨드랑이부터 35cm 또는 원하는 길이 -4cm 될 때까지 메리야스뜨기(겉뜨기)를 한다. 마지막 단에서 옆선 마커를 뺀다.

밑단 고무뜨기

3.5mm(US 4) 바늘로 바꾼다.
다음 원형단 : *겉뜨기1, 안뜨기1*, 끝까지 *-*을 반복한다.
몸판 길이가 겨드랑이부터 39cm 될 때까지 1×1 고무뜨기를 계속한다. 선호하는 방식으로 모든 코를 코막음한다.

소매

스티치 홀더에 걸어둔 50(52, 54, 60, 68) (76, 80, 84)코를 3.75mm(US 5) 장갑바늘 또는 매직루프 80cm 줄바늘로 옮긴다.
겨드랑이 중심부터 시작해 겨드랑이 코잡기에서 7(8, 9, 10, 11) (12, 13, 14)코를 주워 겉뜨기, 소매 코 겉뜨기, 겨드랑이 코잡기에서 7(8, 9, 10, 11) (12, 13, 14)코를 주워 겉뜨기, 마커 끼우기(원형단 시작 마커).
※겨드랑이 코잡기의 각 가장자리에서 구멍이 생기지 않도록 코줍기를 1회 더 해야 할 수도 있습니다. 그러면 소매 콧수를 맞추기 위해 다음 단에서 추가로 주운 콧수만큼 코줄이기를 합니다. 바늘에 64(68, 72, 80, 90) (100, 106, 112)코가 있다.
소매 길이가 겨드랑이부터 5.5cm 될 때까지 메리야스뜨기(겉뜨기)를 한다.
줄이기 원형단 : 겉뜨기1, 왼코 겹쳐 2코 모아뜨기, 3코 남을 때까지 겉뜨기, 오른코 겹쳐 2코 모아뜨기, 겉뜨기1. 62(66, 70, 78, 88) (98, 104, 110)코.
줄이기단을 19(15, 13, 10, 7) (6, 5, 4)번째 단마다 5(7, 8, 6, 15) (6, 11, 26)회 더 반복한 뒤 -(-, -, 9, -) (5, 4, -)번째 단마다 -(-, -, 5, -) (14, 12, -)회 더 반복한다. 바늘에 52(52, 54, 56, 58) (58, 58, 58)코가 있다.
소매 길이가 겨드랑이부터 42cm 또는 원하는 길이 -4cm 될 때까지 메리야스뜨기(겉뜨기)를 반복한다.

고무뜨기

3.5mm(US 4) 바늘로 바꾼다.
다음 원형단 : *겉뜨기1, 안뜨기1*, 끝까지 *-*을 반복한다.
소매 길이가 겨드랑이부터 46cm 될 때까지 1×1 고무뜨기를 계속한다. 모든 코를 코막음한다.

목둘레 고무뜨기

※이 단계는 옵션이며, 샘플(→P.51·54)은 목둘레 고무뜨기를 하지 않았습니다.
바탕실과 3.5mm(US 4) 줄바늘(40cm)로 뒤중심에서 시작해 목둘레에서 100(104, 104, 108, 108) (112, 112, 112)코를 주워 겉뜨기한 뒤 원형단으로 연결하고 원형단 시작 마커를 끼운다.
다음 원형단 : *겉뜨기1, 안뜨기1*, 끝까지 *-*을 반복한다.
고무뜨기단이 2cm 될 때까지 1×1 고무뜨기를 계속한다. 모든 코를 코막음한다.

마무리하기

실 끝을 보이지 않게 정리한 다음 치수에 맞춰 습식 블로킹을 한다.

티나 아르포넨

08 일로이사 머플러 Iloisa

화려한 이 머플러는 두툼하지만 가벼운 울로 뜹니다. 따뜻하고 포근해 모험을 시도할 때 잘 어울리죠. 배색뜨기를 처음 하는 사람도 도전할 만합니다.

사이즈

단일 사이즈

완성 치수

폭 … 30cm
길이(폼폼 제외) … 220cm

재료

실 ① … 샌드네스 가른 코스 Kos by Sandnes Garn(울 9%. 베이비알파카 62%. 폴리아미드 29%. 150m/50g)
블루 6055 2스케인
실 ② … 샌드네스 가른 코스 Kos by Sandnes Garn(울 9%. 베이비알파카 62%. 폴리아미드 29%. 150m/50g)
옐로 2023 2스케인
실 ③ … 샌드네스 가른 코스 Kos by Sandnes Garn(울 9%. 베이비알파카 62%. 폴리아미드 29%. 150m/50g)
파우더리핑크 3511 2스케인
실 ④ … 샌드네스 가른 코스 Kos by Sandnes Garn(울 9%. 베이비알파카 62%. 폴리아미드 29%. 150m/50g)
라일락 4631 2스케인
실 ⑤ … 샌드네스 가른 코스 Kos by Sandnes Garn(울 9%. 베이비알파카 62%. 폴리아미드 29%. 150m/50g)
오렌지 2516 2스케인
실 ⑥ … 샌드네스 가른 코스 Kos by Sandnes Garn(울 9%. 베이비알파카 62%. 폴리아미드 29%. 150m/50g)
핑크 4614 2스케인
대체실 … 벌키 얀 약 1800m(색별로 300m×6)
바늘 … 6mm(US10) 줄바늘(60cm)
도구 … 스티치 마커

게이지

메리야스뜨기 16코×18단

POINT

이 패턴에 사용한 테크닉과 손뜨개 약어는 15~23페이지를 참고하세요.
뜨는 과정에서 스티치 마커를 만나면 걸러뜹니다. 도안은 아래에서 위로. 오른쪽에서 왼쪽으로 읽습니다.

한눈에 보는 구성

작품 8번은 스티치 패턴과 색깔에 대해 창의성을 발휘할 수 있습니다. 머플러의 크기가 크면 모든 패턴을 뜨는 법을 따라서 뜨는 일이 중요하지 않습니다.
배색뜨기를 할 때 사소한 실수를 해도 완성하면 별로 눈에 띄지 않습니다. 배색뜨기를 넣은 이 머플러는 한쪽 끝부터 원형뜨기로 뜨므로 유난히 두툼합니다. 양 끝에는 폼폼을 답니다.
먼저 코줄이기로 시작하고 삼각형을 뜬 뒤 코잡

기단에서 코를 주워 머플러의 반대쪽 끝까지 겉뜨기를 합니다. 마지막으로 반대쪽 끝에서 다시 삼각형을 뜹니다.

뜨는 법

메리야스뜨기(겉뜨기)를 한다.
실 ③(파우더리 핑크)으로 롱테일 코잡기 또는 선호하는 코잡기를 이용해 100코를 만든다. 단, 너무 팽팽하게 코를 만들지 않도록 주의한다. 나중에 코를 쉽게 주울 수 있도록 프로비저널 코잡기를 이용해도 된다. 방법은 인터넷에서 배울 수 있다. 원형단으로 연결하고, 시작을 표시하는 마커를 끼운다.

삼각형 시작하기

실 ③(파우더리 핑크)으로 메리야스뜨기(겉뜨기)를 두 단 뜬다.
다음과 같이 코줄이기를 한다.
줄이기 원형단 : 겉뜨기2. 오른코 겹쳐 2코 모아뜨기. 4코 남을 때까지 겉뜨기. 왼코 겹쳐 2코 모아뜨기. 겉뜨기2. (-2코).
바늘에 6코가 남을 때까지 줄이기단을 반복한다. 실을 자르고 남은 코들 사이로 잡아 빼서 살짝 당긴다.

중앙 섹션

수직 막대
실 ①(블루)로 코잡기단에서 100코를 주워 겉뜨기한다. 원형단으로 연결하고 시작을 표시하는 마커를 끼운다.
도안 1을 뜨고 나서 도안 2를 뜬다. 취향에 따라 실 ⑤(오렌지)로 바꿀 때까지 도안 2에서 도안 1의 노란색 막대를 계속 떠도 된다.

작은 방울
실 ⑤(오렌지)로 메리야스뜨기(겉뜨기)를 17cm 뜬다. 나중에 이 섹션에 작은 방울을 달 예정이다. ※마무리하기를 참고합니다.

체크 패턴
도안 3을 3회 뜬다.
도안 4를 1회 뜬다.

가로 스트라이프
3번째 단마다 색깔을 바꿔가며 스트라이프 무늬를 20cm 뜬다(스트라이프는 2단씩). 스트라이프는 서로 다른 색으로 떠도 된다.

구불구불한 선
도안 5를 계속 뜬다. 1~24단을 2회 뜨고 25~34단을 1회 뜬다.

불규칙적인 선
실 ①(블루)로 메리야스뜨기(겉뜨기)를 20cm 뜬다. 가끔 다른 색의 실(40cm)을 뜨던 실과 함께 잡는다. 이렇게 변칙적인 선을 만든다.

사선 스트라이프
이 섹션의 길이가 20cm 될 때까지 도안 6을 반복한다.

소시지
실 ④(라일락)로 메리야스뜨기를 세 단 뜬다.
도안 7을 뜬다.
실 ④(라일락)로 메리야스뜨기를 두 단 뜬다.
도안 8을 뜬다.

실 끝 정리하기
실 끝을 머플러 안쪽으로 보이지 않게 누벼 넣어 정리한다. 실 ①(블루)로 소시지에 얼굴을 수놓는다.

삼각형 정리하기
삼각형을 시작했을 때처럼 실 ①(블루)로 코줄이기를 한다.

마무리하기

작은 방울
오렌지 방울 섹션에 실 ④(라일락)로 방울을 만든다. 메리야스뜨기를 한 뜨개바탕에 위치를 정해 다음과 같이 방울을 만든다.
방울을 달고 싶은 위치에서 1코를 줍는다. *앞고리로 겉뜨기 후 뒷고리로 겉뜨기*. *-* 반복(+3코. 바늘에 4코). 메리야스뜨기(겉면단에서 겉뜨기. 안면단에서 안뜨기)로 4단을 뜬다. 다음과 같이 코막음한다. 왼코 겹쳐 2코 모아뜨기 2회. 다시

왼코 겹쳐 2코 모아뜨기 1회. 실을 자른 뒤 남은 코 사이로 부드럽게 잡아 뺀다. 실 끝을 방울 아래로 보이지 않게 정리하면서 모양을 매만진다.

폼폼
폼폼 2개를 만들어서 머플러 양 끝에 단다.

스티밍
치수에 맞춰 스팀 블로킹을 한다.

도안 1

도안 2

도안 3

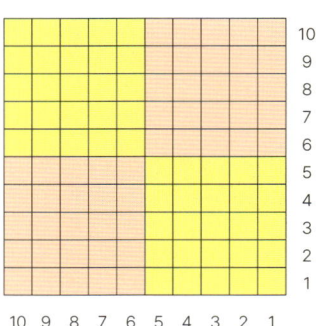

도안 4

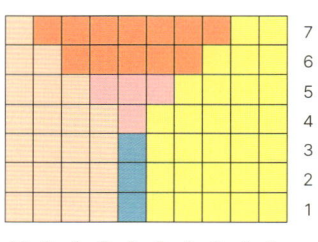

블루 = 실 ①

옐로 = 실 ②

파우더리핑크 = 실 ③

라일락 = 실 ④

오렌지 = 실 ⑤

핑크 = 실 ⑥

도안 5

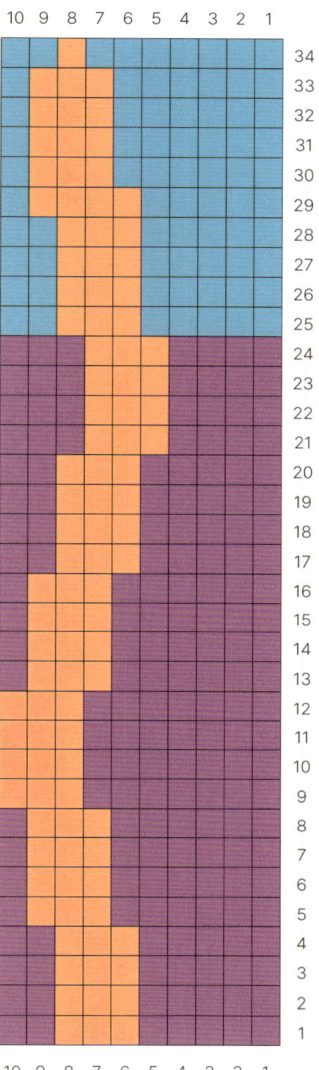

도안 6

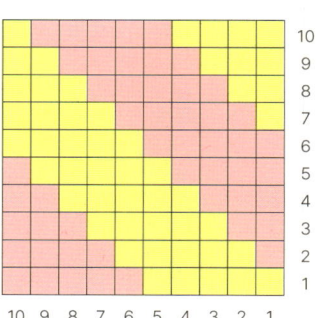

도안 7

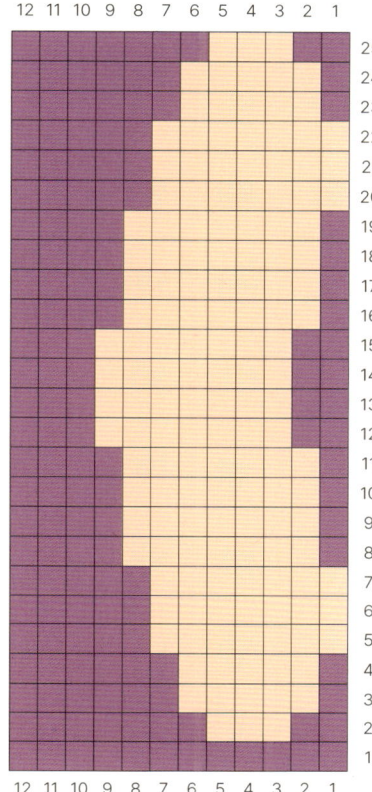

도안 8

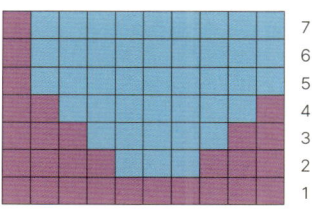

매디 모에

09 대보표 양말<small>Grand Staff</small>

찬바람이 불면 신을 수 있는 이 수면 양말은 참 포근합니다. 각 단에서 한 색으로만 뜨므로 배색뜨기도 복잡하지 않습니다.

사이즈

1(2. 3)
권장 여유분 ··· -0~1.5cm

완성 치수

발/다리 둘레 ··· 17(20.23)cm
발 길이(조절 가능) ··· 24cm
다리 길이(조절 가능) ··· 15.25cm

재료

바탕실 ··· 쿱 니츠 삭스 예!DKSocks, Yeah! DK by Coop Knits(SW 메리노 75%. 나일론 25%. 112m/50g) 205 Dionysus(→P.62) 또는 207 Chiron(→P.65) 2스케인

배색실 ··· 쿱 니츠 삭스 예!DKSocks, Yeah! DK by Coop Knits(SW 메리노 75%. 나일론 25%. 112m/50g) 206 Morpheus(→P.62) 또는 205 Dionysus(→P.65) 1스케인

대체실(바탕) ··· DK 약약 224(261.298)m
대체실(배색) ··· DK 약약 112(131.149)m

바늘 ··· 3mm(US 2.5) 줄바늘(120cm)
도구 ··· 스티치 마커. 돗바늘

게이지

메리야스뜨기 28코×40단

POINT

이 패턴에 사용한 테크닉과 손뜨개 약어는 15~23페이지를 참고하세요.
발 둘레를 측정할 때. 발목 아래에서 가장 두꺼운 부분을 측정합니다. 중간 사이즈라면 작은 사이즈를 뜨는 것을 추천합니다.
뜨는 법은 줄바늘로 뜨는 매즈루프에 맞춰져 있습니다. 장갑바늘로 뜬다면 다음의 과정을 따릅니다.
뜨다가 스티치 마커를 만나면 걸러뜹니다.
원형뜨기로 스트라이프를 번갈아 뜰 때. 단의 시작에서 떠야 할 실을 방금 뜬 실의 오른쪽에서 감습니다. 이렇게 하면 구멍이 생기지 않습니다.
양말 '앞'의 걸러뜬 코는 뜨개바탕을 위로 당겨서 앞을 짧아 보이게 합니다. 이런 특징은 블로킹 후에 편평해지지만. 측정할 때는 '뒤'쪽의 메리야스뜨기 섹션에서 측정해야 양말이 너무 길어지지 않습니다.
양쪽을 똑같이 뜨려면 2번째 양말을 뜰 때 스트라이프를 맞춥니다.
양말 블로커를 사용해 양말 모양을 잡아주면 모양이 예쁘고 깔끔하게 마무리할 수 있습니다.

한눈에 보는 구성

이 양말은 한쪽씩 차례로 뜨는데. 양말목에서 시작해 발가락에서 끝납니다. 양말목과 다리의 원형뜨기로 시작해 평면뜨기로 힐 플랩Heel flap으로 뒤꿈치를 뜬 뒤. 힐 플랩을 따라 코를 주워 원형뜨기로 발을 계속 뜹니다. 발을 뜬 후에는 코줄이기를 해 발가락 모양을 만들고. 마지막 몇 코를 함께 그래프팅합니다.

뜨는 법

바탕실로 롱테일 코잡기 또는 선호하는 코잡기를 이용해 48(56.64)코를 만든다. 코가 꼬이지

않도록 주의하면서 원형단으로 연결하고, 시작을 표시하는 스티치 마커를 끼운다.

양말목 & 다리

양말목
겉뜨기2, 안뜨기2, 끝까지 *-*을 반복한다.
양말목이 4cm(약 15단) 또는 원하는 길이가 될 때까지 2×2 고무뜨기를 계속한다.
양말 '앞'에 있는 고무뜨기 이랑이 중심에 있도록 코 배열을 바꾼다. 그러면 원형단 시작 마커의 위치가 바뀐다. 다음 단을 주의 깊게 읽자.
원형 시작단 : 원형단 시작 마커 빼기, 기존 고무뜨기로 1(3, 1)코 뜨기, 새 원형단 시작 표시 마커 끼우기, 기존 고무뜨기를 하면서 나머지 코들을 양말의 '앞'과 '뒤'에 각각 24(28, 32)코가 있도록 위치를 맞춘다.
다음 단에서 배색실을 연결한다. 양말의 다리 부분을 뜨는 동안에는 바탕실과 배색실 모두 자르지 않아도 된다. 그냥 양말 안쪽에 두고 필요할 때 잡고 뜬다.

다리
원형 1단(배색) : 겉뜨기3(5, 7), *걸러뜨기2(실뒤, 안뜨기 방향), 겉뜨기2*, *-* 5회 반복, 원형단 시작 마커까지 겉뜨기.
원형 2단(바탕색) : 끝까지 겉뜨기한다.
뜨개바탕 길이가 코잡기단부터 15cm 될 때까지(총 22회 반복) 또는 원하는 길이가 될 때까지 1·2단을 반복한다.
뒤꿈치 뜨는 법에서 뒤꿈치에 약 6.5cm를 더한다는 점에 주의한다.
마지막 반복 후, 뒤꿈치를 시작하기 전에 '다리 1단'을 1회 더 뜬다.

뒤꿈치
뒤꿈치는 힐 플랩을 써서 양말 뒤에 있는 24(28, 32)코로 평면뜨기를 해 만든다. 뒤꿈치는 바탕실로만 뜬다. 배색실은 자르지 말고 그대로 두었다가 나중에 뒤꿈치를 다 뜬 후에 다시 사용한다.
뜨개바탕을 돌려서 원형뜨기의 마지막에 뜬 코들을 뜨기 시작한다.
바탕실로 24(28, 32)코를 안뜨기한다. 바늘의 나머지 24(28, 32)코는 그대로 두어도 되고, 스티치 홀더로 옮겨도 된다.

힐 플랩
1단(겉면) : *걸러뜨기1(실뒤, 안뜨기 방향), 겉뜨기1*, 끝까지 *-*을 반복한다.
2단(안면) : *걸러뜨기1(실앞, 안뜨기 방향), 끝까지 안뜨기.
1·2단을 11회 더 뜬다. 힐 플랩은 총 25단이다. 이제 힐 턴을 뜨기 위해 몇 단을 더 뜬다. 이렇게 하면 뒤꿈치의 코가 발가락 쪽으로 향한다.

힐 턴
1단(겉면) : 걸러뜨기1(실뒤, 안뜨기 방향), 겉뜨기12(14, 16), 오른코 겹쳐 2코 모아뜨기, 겉뜨기1, 뜨개바탕 돌리기.
2단(안면) : 걸러뜨기1(실뒤, 안뜨기 방향), 안뜨기3, 왼코 겹쳐 2코 모아 안뜨기, 안뜨기1, 뜨개바탕 돌리기.
3단 : 걸러뜨기1(실뒤, 안뜨기 방향), 구멍 1코 전까지 겉뜨기, 오른코 겹쳐 2코 모아뜨기, 겉뜨기1, 뜨개바탕 돌리기.
4단 : 걸러뜨기1(실뒤, 안뜨기 방향), 구멍 1코 전까지 안뜨기, 왼코 겹쳐 2코 모아 안뜨기, 안뜨기1, 뜨개바탕 돌리기.
3·4단을 3(4, 5)회 다시 반복해 모든 코를 뜨고, 안면 단으로 끝낸다. 힐 플랩에서 남은 코 14(16, 18코).
다음 단에서 힐 플랩의 옆면에서 코를 주운 뒤 원형뜨기를 계속한다.

발
원형 시작단(바탕색) : 걸러뜨기1(실뒤, 안뜨기 방향), 힐 플랩의 남은 13(15, 17)코 겉뜨기, 힐 플랩의 걸러뜬 코 가장자리를 따라 12코를 주워 겉뜨기, 힐 플랩과 홀더에 걸어둔 코 사이의 구멍에서 다시 1코를 주워 겉뜨기, 마커 걸러뜨기, 홀더에 걸어둔 코 겉뜨기, 마커 끼우기, 걸어두었던 코들과 힐 플랩 사이의 구멍에서 1코를 주워 겉뜨기, 힐 플랩의 가장자리에서 추가로 12코를 주워 겉뜨기. 64(70, 76)코.

발 모양 만들기
원형 시작단 : 겉뜨기27(29, 31). 지금 발목 옆에 있는 마커에 도달했다. 배색실이 아직 달려 있는 곳 말이다. 이곳이 원형단 시작 위치다.
슬립 스티치 패턴이 있는 발 윗부분의 24(28, 32)코는 발등을, 뒤꿈치 바닥과 발 옆 주변의 40(42, 44)코는 거싯을 만든다. 바늘의 코들을 재배열하는 것이 도움이 된다. 발등의 24(28, 32)코는

그대로지만, 거싯에서는 줄이기를 한다.
원형 1단(배색) : 겉뜨기3(5, 7), *걸러뜨기 2(실뒤, 안뜨기 방향), 겉뜨기2*, *-* 5회 반복, 마커까지 겉뜨기, 마커 걸러뜨기, 오른코 겹쳐 2코 모아뜨기, 2코 남을 때까지 겉뜨기, 왼코 겹쳐 2코 모아뜨기. (-2코)
원형 2단(바탕색) : 끝까지 겉뜨기한다.
1·2단을 다시 7(6, 5)회 반복한다. 48(56, 64)코. 원형단 시작 마커 외의 마커는 모두 뺀다.

발
원형 1단(배색) : 겉뜨기3(5, 7), *걸러뜨기2(실뒤, 안뜨기 방향), 겉뜨기2*, *-* 5회 반복, 원형단 시작까지 겉뜨기.
원형 2단(바탕색) : 끝까지 겉뜨기한다.
양말 길이가 원하는 길이보다 -4(4, 4.5)cm 때까지 1·2단을 반복하고, 2단 후에 끝낸다. 배색실을 자른다.

발가락
발가락은 바탕실로만 뜬다.
원형 시작단 : 겉뜨기24(28, 32), 마커 끼우기, 끝까지 겉뜨기.
원형 1단 : *겉뜨기1, 오른코 겹쳐 2코 모아뜨기, 마커 3코 전까지 겉뜨기, 왼코 겹쳐 2코 모아뜨기, 겉뜨기1, 마커 걸러뜨기*, *-* 2회 반복한다. (-4코)
원형 2단 : 끝까지 겉뜨기한다.
1·2단을 다시 5회 반복한다. 24(32, 40)코.
1단을 2(3, 4)회 반복한다. 16(20, 24)코.
남은 코들을 모두 그래프팅하면서 발가락 끝에서 구멍을 막는다.
그래프팅을 하기 위해 뜨는 실을 약 51cm로 자른다. 다음에는 남은 16(20, 24)코를 바늘 2개에 8(10, 12)코씩 둔다. 뜨는 실은 뒤의 바늘에 있다. 코들을 합쳐서 그래프팅을 한다. 아니면 실을 자르고 실 끝을 남은 코들 사이로 잡아 뺀 뒤 단단히 잡아당긴다.

마무리하기
실 끝을 보이지 않게 정리한 다음 치수에 맞춰 습식 블로킹을 한다.
같은 방법으로 2번째 양말을 뜬다.

10 다이아몬드 트윌 베스트

Diamond Twill

따뜻하고 가벼운 이 베스트는 아이슬란드의 언스펀 얀 플뢰투로피로 뜹니다. 겉뜨기와 안뜨기만으로 다이아몬드 패턴을 만들 수 있습니다.

사이즈

1(2. 3. 4. 5) (6. 7. 8)

권장 여유분 ··· +10~18cm

완성 치수

가슴둘레 ··· 87.5(100. 112.5. 125. 137.5) (150. 162.5. 175)cm

길이(뒤판 밑단~진동 둘레) ··· 23.5(23.5. 23.5. 26. 26) (28. 28. 28)cm

길이(뒤판 밑단~뒤 목) ··· 49(50. 50. 54. 54) (57. 58.5. 60)cm

진동 둘레 ··· 25.5(26.5. 26.5. 28. 28) (29. 30.5. 32)cm

재료

실 ··· 이스텍스 플뢰투로피Plötulopi by Ístex(언스펀 아이슬란드 울 100%. 300m/100g) Ivory beige

2케이크

※스포트 얀 2가닥을 함께 잡고 패턴을 뜹니다. 스포트 얀 2가닥은 우스티드(또는 아란) 얀 1가닥과 같습니다.

대체실 ··· 우스티드(또는 아란) 얀 약 300(350. 400. 450. 500) (500. 550. 600)m

바늘 ··· 4mm(US 6) 줄바늘(60cm. 목둘레+진동 둘레 고무뜨기용). 4.5mm(US 7) 줄바늘(60cm. 몸판용)

도구 ··· 스티치 마커. 별실 또는 스티치 홀더

게이지

메리야스뜨기(4.5mm 줄바늘+2가닥) 16코×22단

POINT

이 패턴에 사용한 테크닉과 손뜨개 약어는 15~23페이지를 참고하세요.

뜨는 과정에서 스티치 마커를 만나면 걸러뜹니다. 도안은 아래부터. 오른쪽에서 왼쪽으로 읽습니다.

작품 10번은 언스펀Unspun 아이슬란드 실인 플뢰투로피 2가닥을 함께 잡고 뜹니다. 한 케이크에서 1가닥씩 가져와도 되고, 한 케이크를 다 쓴 후 다른 케이크를 써도 됩니다. 그때는 중간에서 1가닥. 바깥쪽에서 1가닥을 잡습니다.

플뢰투로피는 방적하지 않은 실이므로 잘 끊어집니다. 실이 끊어지면 양 끝을 겹친 다음 손바닥으로 비벼서 합칩니다. 잘 합쳐지지 않으면 물을 약간 더해 다시 비비면 해결할 수 있습니다.

한눈에 보는 구성

이 베스트는 바텀업으로 뜹니다. 먼저 평면뜨기로 고무뜨기를 하고 고무뜨기단 이후에는 원형뜨기를 하면서 다이아몬드뜨기 패턴을 뜹니다. 진동 둘레는 코들을 나누고 앞·뒤판을 평면뜨기합니다. 그런 다음 앞·뒤판의 어깨를 연결하고, 목과 진동 둘레 주변에서 코를 주워 고무뜨기를 합니다.

아란 얀이나 우스티드 얀은 1가닥으로만 떠도 됩니다. 단. 견본을 떠서 게이지부터 확인하고 진행합니다.

뜨는 법

앞판 밑단 고무뜨기

4.5mm(US 7) 바늘로 롱테일 코잡기 또는 선호하는 코잡기를 이용해 70(80. 90. 100. 110) (120. 130. 140)코를 만든다.

평면뜨기로 고무뜨기를 시작한다. 마지막 코는 언제나 안뜨기 방향으로 걸러떠야 가장자리가 깔끔하다.

다음 단(겉면) : *겉뜨기1. 안뜨기1*. 2코 남을 때까지 *-* 반복, 겉뜨기1. 걸러뜨기1(실앞. 안뜨기 방향).

다음 단(안면) : *겉뜨기1. 안뜨기1*. 2코 남을 때까지 *-* 반복, 겉뜨기1. 걸러뜨기1(실앞. 안뜨기 방향).

밑단이 6.5cm 될 때까지 1×1 고무뜨기를 계속한다.

실을 자르고 앞판 밑단의 코를 스티치 홀더나 별실에 걸어둔다.

뒤판 밑단 고무뜨기

앞판 밑단 고무뜨기와 같은 방법으로 만들되 7.5cm를 뜬다.

몸판

앞·뒤판을 연결해 원형뜨기를 할 차례다. 뒤판에 연결된 실로 앞판을 뜨고 옆선을 표시하는 마커를 끼운 뒤 코가 꼬이지 않도록 주의하면서 원형단으로 연결하고 뒤판을 뜬다.

원형단 시작을 표시하는 마커를 끼운다. 도안을 보고 뜨기 시작한다. 도안을 단마다 7(8. 9. 10. 11) (12. 13. 14)회 반복한다.

※도안을 반복할 때마다 마커를 끼우면 패턴에서 어디를 뜨고 있는지 파악하기 쉽습니다.

1·2·3사이즈
도안을 1회 뜬다.
1~17단을 1회 더 뜬다.

4·5사이즈
도안을 2회 뜬다.
1~5단을 1회 더 뜬다.

6·7·8사이즈
도안을 2회 뜬다.
1~9단을 1회 더 뜬다.

진동 둘레 코 분리와 진동 둘레 모양 만들기
뒤판 코들을 별실이나 바늘. 스티치 홀더에 걸어둔다.
앞판만 뜬다.

앞판

진동 둘레 모양 만들기
겉면단과 안면단을 시작할 때 3(3. 4. 4. 5) (5. 6. 6)코를 코막음한다.
총 -6(6. 8. 8. 10) (10. 12. 12)코.

다음, 2코 코막음 : 겉면단과 안면단을 시작할 때 1(2. 2. 2. 3) (3. 3. 3)회.

다음, 1코 코막음 : 겉면단과 안면단을 시작할 때 3(4. 4. 4. 5) (5. 6. 6)회.

다음 코들은 도안 패턴대로 뜬다. 총 -16(22. 24. 24. 32) (32. 36. 36)코.

지금 바늘에는 54(58. 66. 76. 78) (88. 94. 104)코가 있다.

겨드랑이 코막음부터 15(16.5. 16.5. 18. 18) (18. 19. 19)cm 될 때까지 도안대로 뜨고 안면단으로 끝낸다.

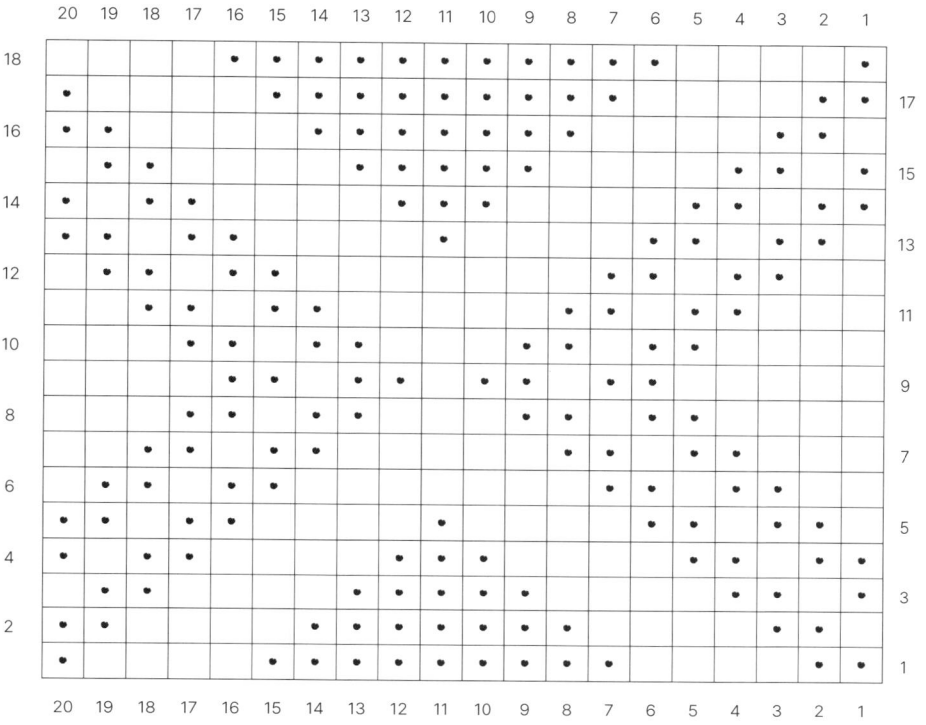

겉면 : 겉뜨기 / 안면 : 안뜨기

• 겉면 : 안뜨기 / 안면 : 겉뜨기

앞판 목둘레 모양 만들기

다음 단(겉면) : 겉뜨기21(23, 26, 30, 31) (35, 38, 43), 12(12, 14, 16, 16) (18, 18, 18)코 코막음. 끝까지 겉뜨기.
오른쪽 어깨와 왼쪽 어깨를 나눠서 뜬다.

오른쪽 어깨

도안을 따라 뜨는데. 모든 안면단에서 코줄이기를 하지 않는다. 겉면에서 코막음을 해 다음과 같이 목둘레를 만든다.
3코 코막음 : 1(1, 1, 2, 2), (2, 2, 3)회.
다음, 2코 코막음 : 3(3, 4, 4, 4) (6, 7, 7)회.
다음, 1코 코막음 : 0(0, 1, 0, 1) (1, 0, 1)회.
어깨 12(14, 14, 16, 16) (16, 18, 19)코가 있다.
겨드랑이 코막음부터 25.5(26.5, 26.5, 28, 28) (29, 29, 30)cm 될 때까지 도안대로 뜬다.
남은 코들을 코막음한다. 나중에 어깨를 연결할 수 있도록 실을 길게 남긴다.

왼쪽 어깨

왼쪽 어깨는 오른쪽 어깨와 같은 방법으로 뜨되 목둘레를 만들기 위한 코줄이기를 안면단에서 한다.

뒤판

앞판 진동 둘레와 마찬가지로 진동 둘레의 모양을 만든다.
겨드랑이 코막음부터 20.5(21.5, 21.5, 23, 23) (23, 24, 24)cm 될 때까지 도안대로 뜬다.

뒤판 목둘레 모양 만들기

겉뜨기19(20, 23, 27, 28) (32, 34, 38), 가운데 16(18, 20, 22, 22) (24, 26, 28)코 코막음, 끝까지 겉뜨기.
오른쪽 어깨와 왼쪽 어깨를 나눠서 뜬다.

왼쪽 어깨

모든 안면단에서 코줄이기를 하지 않고 도안 대로 뜬다.
겉면에서 모든 코를 코막음해 다음과 같이 목둘레를 만든다.
3코 막음 : 1(1, 1, 2, 2) (3, 3, 4)회.
다음, 2코 막음 : 1(1, 2, 2, 3) (3, 3, 4)회.
다음, 1코 막음 : 2(1, 2, 1, 0) (1, 1, 0)회.
지금 바늘에는 12(14, 14, 16, 16) (16, 18, 18)코가 있다.
겨드랑이 코막음부터 25.5(26.5, 26.5, 28, 28) (29, 30.5, 32)cm 될 때까지 도안대로 뜬다.
남은 코들을 코막음한다. 나중에 어깨를 연결할 수 있도록 실을 길게 남긴다.

오른쪽 어깨

겉면에서 시작해 도안대로 1단을 뜬다.
오른쪽 어깨는 왼쪽 어깨와 같은 방법으로 뜨되 목둘레를 만들기 위한 코줄이기를 안면단에서 한다. 모든 겉면단은 코줄이기를 하지 않고 도안대로 뜬다.
뒤판을 완성하고 앞·뒤판의 어깨를 메리야스 잇기 또는 선호하는 방법으로 연결한다.

목둘레 & 진동 둘레 고무뜨기

목둘레

4mm(US 6) 바늘로 겉면에서 목둘레를 따라 코를 주워 겉뜨기한다. 뒤 목의 코부터 시작해 1 : 1 비율로 코를 줍고 3번째 또는 4번째 코는 건너뛴다. 단, 고무뜨기를 위해 콧수는 짝수로 주워야 한다.
원형 시작단 : *겉뜨기1, 안뜨기1*, 끝까지 *~*을 반복한다.
1×1 고무뜨기로 총 6단을 뜬다.
모든 코를 코막음한다.
※코막음을 너무 느슨하게 하지 않아야 목둘레 모양을 유지할 수 있고 시간이 지나도 늘어나지 않습니다.

진동 둘레

목둘레 고무뜨기와 같은 방법으로 하는데. 겨드랑이 코부터 코를 줍기 시작한다.

마무리하기

실 끝을 보이지 않게 정리한 다음 치수에 맞춰 습식 블로킹을 한다.

사샤 히레

11 말리 카디건 Marley

사샤 히레가 모국인 자메이카를 향한 마음과 밥 말리의 레게 음악을 좋아하는 마음을 표현한 작품입니다. 레게가 여러 장르가 섞인 퓨전 음악인 만큼 이 카디건 역시 다양한 실을 이용해 여러 텍스처를 담았습니다.

사이즈

1(2. 3. 4. 5) (6. 7. 8)
권장 여유분 ··· +20.5~25.5cm

완성 치수

가슴둘레 ··· 104.5(115.5. 125.5. 134.5. 149) (160. 170. 179)cm
몸판 길이 ··· 56cm
요크 길이 ··· 21(23.5. 25. 26.5. 29.5) (31. 32.5. 33.5)cm
위팔 둘레 ··· 33.5(37.5. 37.5. 41. 42.5) (46.5. 48. 51)cm
손목 둘레 ··· 25.5(25.5. 27.5. 27.5. 28) (28. 29. 29)cm
소매 길이 ··· 45.5cm
뒤 목 너비 ··· 20(20. 21. 21. 22) (22. 22.5. 22.5)cm

재료

실 ① ··· 손더 얀 선데이 모닝 DK Sunday Morning DK by Sonder Yarn Co.(BFL 75%. 마삼 25%. 245m/100g) Natural 2(2. 3. 3) (4. 4. 4)스케인
실 ② ··· 줄리 아셀린 부클레 Bouclé by Julie Asselin (알파카 70%. 하이랜드 울 30%. 220m/100g) Mouton Noir 2(2. 2. 3) (4. 4. 4)스케인
실 ③ ··· 손더 얀 선데이 모닝 DK Sunday Morning DK by Sonder Yarn Co.(BFL 75%. 마삼 25%. 245m/100g) But First Coffee 2(2. 2. 2. 2) (2. 2. 2)스케인
대체실 ① ··· DK 얀 약 466(485. 521. 608. 668) (732. 832. 933)m
대체실 ② ··· 우스티드 부클레 얀 약 411(421. 430. 466. 526) (585. 658. 741)m
대체실 ③ ··· DK 얀 약 320(343. 361. 384. 411) (439. 466. 485)m
바늘 ··· 4.5mm(US 7) 줄바늘(80cm)
도구 ··· 스티치 마커. 별실 또는 스티치 홀더

게이지

메리야스뜨기(DK 얀) 22코×30단

POINT

이 패턴에 사용한 테크닉과 손뜨개 약어는 15~23페이지를 참고하세요.
뜨는 과정에서 스티치 마커를 만나면 걸러뜁니다.

인타르시아

인타르시아는 색 구역마다 별실 타래가 필요하다. 이 카디건은 앞판에서 3볼(실 ② 부클레 2볼+실 ① 1볼)로 뜬다. 뜨는 법은 몸판과 소매의 색깔 바꾸기에 설명해놓았다. 단, 인타르시아 구간은 색을 바꿀 때마다 안면에서 실을 꼬아야 구멍이 생기지 않는다.

대체실

이 작품의 부클레 얀은 텍스처가 있어서 이 실로 뜨면 뜨개바탕이 부드럽고 포근해진다. 부클레를 대체할 수 있는 실로는 수리 알파카(2겹)나 모헤어가 좋다. 대체실은 '폭신'해 보이는 실을 고른다. 브랜드로는 카마로즈CaMaRose, 로완Rowan, 드롭스Drops, 니트 픽스Knit Picks, 라나 글사Lana Grossa 등을 추천한다.

패턴에 사용한 또 다른 실은 거칠면서도 부드러운 DK 울 실이다. 대체실을 찾을 때 촉감이 비슷한 DK 얀을 찾아보자. 실크나 캐시미어가 섞인 실은 비슷한 느낌이 없으므로 원래 디자인에서 의도한 것보다 더 많이 늘어진다는 점에 유의한다.

한눈에 보는 구성

오버사이즈의 이 카디건은 이음매가 없는 래글런 구조로 톱다운 방식을 이용해 한 판으로 뜹니다. 목둘레에서 시작해 앞판, 어깨, 뒤판을 동시에 뜨는 한편 브이넥을 만듭니다. 소매 코들은 스티치 홀더에 따로 두었다가 몸판을 뜬 후에 완성합니다. 앞판에서 인타르시아로 역 'V'를 만듭니다. 단, 테두리도 없고 고무뜨기도 없으므로 블로킹을 꼭 해야 가장자리가 말리지 않습니다.

뜨는 법

실 ①로 54(54, 56, 56, 58) (58, 60, 60)코를 만든다.
다음 단 : 안뜨기3, 마커 끼우기(왼쪽 앞판), 안뜨기2, 마커 끼우기(왼쪽 어깨), 안뜨기44(44, 46, 46, 48) (48, 50, 50), 마커 끼우기(오른쪽 어깨), 안뜨기2, 마커 끼우기(오른쪽 앞판), 안뜨기3.
다음 단(겉면) : 겉뜨기1, 코늘리기, 오른코 만들기, 겉뜨기1, 마커 걸러뜨기, 왼코 만들기, 마커까지 겉뜨기, 오른코 만들기, 겉뜨기1, 왼코 만들기, 마커 1코 전까지 겉뜨기, 오른코 만들기, 겉뜨기1, 마커 걸러뜨기, 왼코 만들기, 마커까지 겉뜨기, 오른코 만들기, 겉뜨기1, 코늘리기, 왼코 만들기, 겉뜨기1. (+10코).
다음 단(안면) : 안뜨기.

목둘레 모양 만들기

이 섹션에서는 뒤판과 어깨, 래글런에서 늘리기를 하면서 목둘레 모양을 만든다.

1번째 늘리기 섹션
1단(겉면) : 마커 1코 전까지 겉뜨기, 오른코 만들기, 겉뜨기1, 마커 걸러뜨기, 왼코 만들기, 마커까지 겉뜨기, 오른코 만들기, 마커 걸러뜨기, 겉뜨기1, 왼코 만들기, 마커 1코 전까지 겉뜨기, 오른코 만들기, 겉뜨기1, 마커 걸러뜨기, 왼코 만들기, 마커까지 겉뜨기, 오른코 만들기, 마커 걸러뜨기, 겉뜨기1, 왼코 만들기, 끝까지 겉뜨기. (+8코).
2단(안면) : 안뜨기.
3단 : 겉뜨기2, 왼코 만들기, 마커 1코 전까지 겉뜨기, 오른코 만들기, 겉뜨기1, 마커 걸러뜨기, 왼코 만들기, 마커까지 겉뜨기, 오른코 만들기, 마커 걸러뜨기, 겉뜨기1, 왼코 만들기, 마커 1코 전까지 겉뜨기, 오른코 만들기, 겉뜨기1, 마

커 걸러뜨기, 왼코 만들기, 마커까지 겉뜨기, 오른코 만들기, 마커 걸러뜨기, 겉뜨기1, 왼코 만들기, 2코 남을 때까지 겉뜨기, 오른코 만들기, 겉뜨기2. (+10코).
4단 : 안뜨기.

1~4단을 총 13(15, 15, 15, 17) (17, 17, 17)회 뜬다.
총 298(334, 336, 336, 374) (374, 376, 376)코 중 앞판 양쪽 각 44(50, 50, 50, 56) (56, 56, 56)코, 어깨 양쪽 각각 56(64, 64, 64, 72) (72, 72, 72)코, 뒤판 98(106, 108, 108, 118) (118, 120, 120)코가 있다.

2번째 늘리기 섹션
앞판과 어깨, 뒤판에서 늘리기를 계속한다.
1번째 늘리기 섹션부터 3·4단을 총 4(3, 1, 3, -) (1, 1, 2)회 뜬다.
총 338(364, 346, 366, 374) (384, 386, 396)코 중 앞판 양쪽 각각 52(56, 52, 56, 56) (58, 58, 60)코, 어깨 양쪽 각각 64(70, 66, 70, 72) (74, 74, 76)코, 뒤판 106(112, 110, 114, 118) (120, 122, 124)코가 있다.
앞·뒤판에서만 늘리기를 계속한다.

5단 : 겉뜨기2, 왼코 만들기, 마커 1코 전까지 겉뜨기, 오른코 만들기, 겉뜨기1, 마커 걸러뜨기, 마커까지 겉뜨기, 마커 걸러뜨기, 겉뜨기1, 왼코 만들기, 마커 1코 전까지 겉뜨기, 오른코 만들기, 겉뜨기1, 마커 걸러뜨기, 마커까지 겉뜨기, 마커 걸러뜨기, 겉뜨기1, 왼코 만들기, 2코 남을 때까지 겉뜨기, 오른코 만들기, 겉뜨기2. (+6코).
6단 : 안뜨기.
5·6단을 총 -(1, 5, 5, 9) (10, 12, 13)회 뜬다.
총 338(370, 376, 396, 428) (444, 458, 474)코 중 앞판 양쪽 각각 52(58, 62, 66, 74) (78, 82, 86)코, 어깨 양쪽 각각 64(70, 66, 70, 72) (74, 74, 76)코, 뒤판 106(114, 120, 124, 136) (140, 146, 150)코가 있다.

몸판 & 어깨 나누기

실 ①로 계속 뜨면서 앞·뒤판을 연결해 몸판을 만들고, 어깨 코는 스티치 홀더나 별실에 걸고, 인타르시아 구간에 마커를 끼운다.
왼쪽 앞판 52(58, 62, 66, 74) (78, 82, 86)코 겉뜨기, 마커 빼기, 왼쪽 어깨 64(70, 66, 70, 72) (74, 74, 76)코 홀더에 걸어두기, 백워드 루프 코잡기 또는 선호하는 코잡기로 10(12, 16, 20, 22) (28, 32, 36)코 만들기(왼쪽 겨드랑이), 마커 빼기, 뒤판 106(114, 120, 124, 136) (140, 146, 150)코 겉뜨기, 마커 빼기, 오른쪽 어깨 64(70, 66, 70, 72) (74, 74, 76)코 홀더에 걸어두기. 백워드 루프 코잡기 또는 선호하는 코잡기로 10(12, 16, 20, 22) (28, 32,

36)코 만들기(오른쪽 겨드랑이). 마커 빼기. 오른쪽
앞판 52(58. 62. 66. 74) (78. 82. 86)코 겉뜨기.
총 230(254. 276. 296. 328) (352. 374. 394)코.
다음 단(안면) : 안뜨기60(68. 72. 76. 76) (80. 84. 88),
마커 끼우기(오른쪽 앞판). 안뜨기110(118. 132.
144. 176) (192. 206. 218), 마커 끼우기(왼쪽 앞판). 안
뜨기60(68. 72. 76. 76) (80. 84. 88).

몸판

실 ② 인타르시아 시작하기. 부클레 섹션

다음 단(겉면) : 실 ②(부클레) 1번째 타래를 연결하
고 겉뜨기2. 실 ①을 가져와 실 ②와 꼬기. 2코
남을 때까지 실 ①로 겉뜨기를 계속하면서 마커
가 나오면 걸러뜨기. 실 ②(부클레) 2번째 타래를
연결하고 실 꼬기. 겉뜨기2.
다음 단(안면) : 실 ②로 안뜨기2. 실 ①을 가져와
실 ②와 꼬기. 실 ①로 안뜨기. 4코 남을 때까지
실 ①로 안뜨기. 실 꼬기. 실 ②로 안뜨기4.
모든 겉면단과 안면단에서 마커까지 모든 코를
뜰 때까지 이전처럼 실 ②로 2코 뜨기를 한다.
바늘에는 60(68. 72. 76. 76) (80. 84. 88)코가 있다.
※색을 바꿀 때마다 안면단에서 실 꼬기를 해서
구멍이 생기지 않게 합니다.
실 ①과 실 ② 2번째 타래를 자른다. 실 ② 1번째
타래로 몸판이 겨드랑이에서 25.5cm 또는 원
하는 길이의 절반이 될 때까지 메리야스뜨기(겉
면단은 겉뜨기. 안면단은 안뜨기)를 한다.

실 ③ 인타르시아

다음 단(겉면) : 실 ③ 1번째 타래를 연결하고 겉뜨
기2. 실 ②를 가져와 실 ③과 꼬기. 2코 남을 때
까지 실 ②로 겉뜨기. 실 ③ 2번째 타래를 연결하
고 실 꼬기. 겉뜨기2.
다음 단(안면) : 실 ③으로 안뜨기2. 실 ②를 가져
와 실 ③과 꼬기. 실 ③으로 안뜨기2. 4코 남을
때까지 실 ②로 안뜨기. 실 꼬기. 실 ③으로 안뜨
기4.
모든 겉면단과 안면단에서 마커까지 모든 코를
뜰 때까지 이전처럼 실 ③으로 2코 뜨기를 한다.
지금 바늘에는 60(68. 72. 76. 76) (80. 84. 88)코가
있다.
※색을 바꿀 때마다 안면단에서 실 꼬기를 해서
구멍이 생기지 않게 합니다.
실 ②와 실 ③ 2번째 타래를 자른다. 실 ③ 1번째
타래로 몸판이 겨드랑이에서 51cm 또는 원하
는 길이가 될 때까지 메리야스뜨기(겉면단은 겉뜨
기. 안면단은 안뜨기)를 한다.

테두리 & 코막음

다음 단(겉면) : *돌려뜨기. 안뜨기1*. 끝까지 *-*
을 반복한다.
다음 단(안면) : 패턴대로 코막음한다.

소매

소매는 원형뜨기로 뜬다.
스티치 홀더 또는 별실에 걸어둔 64(70. 66. 70.
72) (74. 74. 76)코를 바늘로 옮긴다.
실 ①로 몸판 겨드랑이 코의 중간부터 시작해
5(6. 8. 10. 11) (14. 16. 18)코를 주워 겉뜨기. 어깨부
터 64(70. 66. 70. 72) (74. 74. 76)코 겉뜨기. 몸판에
서 5(6. 8. 10. 11) (14. 16. 18)코를 주워 겉뜨기. 마
커 끼우기(원형단 시작). 총 74(82. 82. 90. 94) (102.
106. 112)코.
겉뜨기로 4단을 뜬다.
줄이기 원형단 : 겉뜨기1. 왼코 겹쳐 2코 모아뜨
기. 마커 3코 전까지 겉뜨기. 오른코 겹쳐 2코 모
아뜨기. 겉뜨기1. (-2코).
줄이기단을 12(8. 10. 7. 7) (5. 5. 4)번째 단마다 총
9(13. 11. 15. 16) (20. 21. 24)회 반복한다.
총 56(56. 60. 60. 62) (62. 64. 64)코.
이와 같이 줄이기단을 포함해 소매를 뜨는 동시
에 몸판의 색과 줄을 맞추는데. 소매의 1번째 부
분은 실 ①로 뜨고 실 ②(부클레)로 바꾼 다음 실
③으로 끝낸다.
실 ①로 11.5(12.5. 13.5. 14. 14) (14.5. 16. 16.5)cm
를 메리야스뜨기(겉뜨기). 실 ①을 자른다.
실 ②로 소매 길이가 겨드랑이부터 32(34.5.
35.5. 37. 37) (38. 40. 41.5)cm 될 때까지 메리야스
뜨기(겉뜨기)한다. 실 ②를 자른다.
실 ③으로 소매 길이가 45.5cm 또는 원하는 길
이가 될 때까지 다른 소매를 메리야스뜨기(겉뜨
기)한다.

테두리 & 코막음

다음 단 : *돌려뜨기. 안뜨기1*. 끝까지 *-* 반복
한다.
다음 단 : 뜨는 법을 따라서 코막음한다.
같은 방법으로 2번째 소매도 뜬다.

마무리하기

진동 둘레의 모든 구멍을 막으면서 실 끝을 보
이지 않게 정리한다. 치수에 맞춰 습식 블로킹
을 한다.

SUPER EASY!

12 듀오 장갑 Duo

여러 색깔로 나만의 장갑을 간단하게 뜰 수 있으니 코트에 어울리는 색으로 한번 만들어보세요!

사이즈

1(2. 3)
손둘레 … 약 16.5(20.5, 25.5)cm

완성 치수

장갑 둘레 … 17(21.5, 25.5)cm
길이(손목을 접은 상태) … 23.5(24.5, 25.5)cm

재료

실 ① … 마노스 델 우루과이 카르도 Manos del Uruguay Cardo(코리데일 울 100%. 100m/100g) North Sea 1스케인
실 ② … 마노스 델 우루과이 카르도 Manos del Uruguay Cardo(코리데일 울 100%. 100m/100g) Goldenrod 1스케인

대체실 … 벌키 얀 색별로 약 55(69, 83)m
바늘 … 5mm(US 8) 장갑바늘 또는 줄바늘 (40cm 또는 80cm, 매직루프)
도구 … 스티치 홀더 또는 별실, 스티치 마커

게이지

메리야스뜨기 14코 × 22단

POINT

이 패턴에 사용한 테크닉과 손뜨개 약어는 15~23페이지를 참고하세요.
뜨는 과정에서 스티치 마커를 만나면 걸러뜹니다.
고무뜨기단을 더 떠서 손목 길이를 조절할 수 있습니다. 손가락 부분의 길이를 늘이고 싶으면 줄이기를 하기 전에 메리야스뜨기를 더합니다.
2번째 장갑을 뜰 때 색을 서로 바꿉니다. 즉, 실

①로 뜨는 곳은 실 ②로, 실 ②로 뜨는 곳은 실 ①로 뜹니다.

한눈에 보는 구성

이 장갑은 손목 부분부터 원형뜨기로 뜹니다. 손목 부분을 접어서 착용하므로 고무뜨기를 길게 한 뒤 손 부분을 메리야스뜨기로 뜹니다. 엄지손가락 코를 분리한 뒤 색을 바꾸고 메리야스뜨기를 계속합니다. 손끝을 만들기 위한 코줄이기는 장갑의 양옆에서 합니다.

뜨는 법

실 ①로 롱테일 코잡기 또는 선호하는 신축성 있는 코잡기를 이용해 24(30, 36)코를 만든다. 원형단으로 연결하고, 시작을 표시하는 마커를 끼운다. 단, 코가 꼬이지 않도록 주의한다.

손목 고무뜨기

다음과 같이 1×1 고무뜨기를 시작한다.
고무뜨기 원형단 : *겉뜨기1, 안뜨기1*, 원형단 시작 마커까지 *-*을 반복한다.
손목이 14cm 또는 원하는 길이가 될 때까지 고무뜨기를 한다.

손

메리야스뜨기(겉뜨기)로 5.5cm를 뜬다.

오른쪽 장갑
엄지 원형단 : 겉뜨기3(4, 4), 다음 4코(엄지용)를 스티치 홀더나 별실로 옮긴다. 백워드 루프 또는 니티드 코잡기로 4코를 만들고, 원형단 시작 마커까지 겉뜨기를 계속한다.

왼쪽 장갑
엄지 원형단 : 겉뜨기5(7, 10), 다음 4코(엄지용)를 스티치 홀더나 별실로 옮긴다. 백워드 루프 또는 니티드 코잡기로 4코를 만들고, 원형단 시작 마커까지 겉뜨기를 계속한다.

오른쪽 장갑+왼쪽 장갑
실 ①로 1단 더 겉뜨기를 한다.
실 ②로 바꾸고 메리야스뜨기를 계속한다.
※색이 바뀌는 곳이 울퉁불퉁하게 보이는 것을 가리고 싶으면 실 ②로 뜨는 2번째 단에서 첫 코는 걸러뜨고(실뒤, 안뜨기 방향) 메리야스뜨기를 계속합니다.
색이 바뀐 곳부터 6.5cm 또는 원하는 길이로부터 4.5(5.5, 6.5)cm 될 때까지 메리야스뜨기(겉뜨기)를 한다.

코줄이기

손끝의 코줄이기를 시작한다.
원형 시작단 : *겉뜨기1, 오른코 겹쳐 2코 모아뜨기, 겉뜨기6(9, 12), 왼코 겹쳐 2코 모아뜨기, 겉뜨기1*, 마커 끼우기, 끝까지 *-*을 반복한다.
원형 1단 : 겉뜨기.
원형 2단 : *겉뜨기1, 오른코 겹쳐 2코 모아뜨기, 마커 3코 전까지 겉뜨기, 왼코 겹쳐 2코 모아뜨기, 겉뜨기1*, 마커 걸러뜨기, 끝까지 *-*을 반복한다.
1·2단을 3(4, 5)회 더 반복한다. 8(10, 12)코.
1단을 1회 더 뜬다.

실을 자르고 남은 코들 사이로 잡아 빼서 손끝을 막는다.

엄지

스티치 홀더 또는 별실에 걸어두었던 4코를 바늘로 옮긴다. 실 ①로 엄지 구멍 주변에서 8코를 주워 겉뜨기한다. (12코).
원형단 시작 마커를 끼우고 코들을 원형으로 연결한다.
엄지를 모두 감쌀 정도가 될 때까지 메리야스뜨기(겉뜨기)를 한다.
줄이기 원형단 : *왼코 겹쳐 2코 모아뜨기*, 원형단 시작 마커까지 줄이기를 반복한다. (6코).
실을 자르고 남은 코들 사이로 잡아 뺀다.
같은 방법으로 2번째 장갑도 뜨는데(엄지 위치를 제대로 뜬다). 두 색의 위치를 서로 바꾼다. 즉, 실 ①로 뜨는 곳은 실 ②로, 실 ②로 뜨는 곳은 실 ①로 뜬다.

마무리하기

실 끝을 보이지 않게 정리한 다음 치수에 맞춰 습식 블로킹을 한다.

13 트루 스트라이프 스웨터
True Stripes

여러 색을 조합해보는 재미가 있는 이 작품은 기본 테크닉만 알면 됩니다. 솔기 잇기도 겁먹지 마세요.

사이즈

1(2. 3. 4. 5) (6. 7. 8)
권장 여유분 ··· +13.5~18cm

완성 치수

가슴둘레 ··· 93.5(106.5. 115.5. 124.5. 142) (151. 160. 169)cm
길이(밑단~어깨) ··· 56(57. 58.5. 59.5. 62) (63.5. 65. 66)cm
진동 둘레 ··· 19.5(20.5. 22. 23. 25.5) (27. 28. 29.5)cm
앞판 목 파임 ··· 10cm
뒤판 목 파임 ··· 2.5cm
소매 길이 ··· 48.5(47.5. 47.5. 47.5. 45.5) (45.5. 44.5. 44.5)cm
위팔 둘레 ··· 38(40. 42. 45.5. 50) (52. 55.5. 58.5)cm
손목 둘레 ··· 22(24.5. 24.5. 24.5. 26.5) (26.5. 29. 29)cm

재료

바탕실 ··· 캐스케이드 얀즈 220 슈퍼워시 메리노Cascade Yarns 220 Superwash Merino(메리노 100%. 200m/100g) Pastel Turquoise 090 2(3. 3. 3. 4) (4. 4. 4)스케인
배색실 ① ··· 캐스케이드 얀즈 220 슈퍼워시 메리노Cascade Yarns 220 Superwash Merino(메리노 100%. 200m/100g) Camelia 098 1스케인
배색실 ② ··· 캐스케이드 얀즈 220 슈퍼워시 메리노Cascade Yarns 220 Superwash Merino(메리노 100%. 200m/100g) Dark Teal 034 2(2. 2. 2. 3) (3. 3. 3)스케인
배색실 ③ ··· 캐스케이드 얀즈 220 슈퍼워시 메리노Cascade Yarns 220 Superwash Merino(메리노 100%. 200m/100g) Lime 013 2(2. 2. 2. 3) (3. 3. 3)스케인
배색실 ④ ··· 캐스케이드 얀즈 220 슈퍼워시 메리노Cascade Yarns 220 Superwash Merino(메리노 100%. 200m/100g) Artisan Gold 008 1(1. 1. 2. 2) (2. 2. 2)스케인
대체실(바탕) ··· DK 얀 약 399(447. 488. 529. 606) (650. 689. 734)m
대체실(배색 ①) ··· DK 얀 약 107(115. 121. 125. 141) (147. 154. 159)m
대체실(배색 ②) ··· DK 얀 약 288(322. 352. 382. 437) (469. 497. 529)m
대체실(배색 ③) ··· DK 얀 약 278(310. 338. 369. 421) (451. 479. 509)m
대체실(배색 ④) ··· DK 얀 약 154(171. 188. 204. 234) (250. 264. 282)m
바늘 ··· 4mm(US 6) 줄바늘(60cm, 고무뜨기용), 5mm(US 8) 줄바늘(60cm, 몸판+소매용)
도구 ··· 잠금 스티치 마커 4개 또는 별실, 스티치 홀더

게이지

가터뜨기(5mm 줄바늘) 18코×38단

스트라이프 패턴

1단(겉면) : 배색실 ②로 겉뜨기.

2~4단 : 겉뜨기.

5단(겉면) : 배색실 ③으로 겉뜨기.

6단(안면) : 겉뜨기.

7단(겉면) : 배색실 ④로 겉뜨.기

8단(안면) : 겉뜨기.

9·10단 : 5·6단을 반복한다

11단(겉면) : 바탕실로 겉뜨기.

12~16단 : 겉뜨기.

이 같은 16단이 뜨기 패턴을 이룬다.

POINT

이 패턴에 사용한 테크닉과 손뜨개 약어는 15~23페이지를 참고하세요.

이 작품은 가터뜨기로 단순한 4색 스트라이프 패턴 뜨기를 해 만듭니다. 정리해야 할 실 끝이 많아지는 것을 방지하기 위해 4색 실을 자르지 않고 뜨개바탕의 가장자리로 가져갑니다. 그러려면 겉면단을 시작할 때 사용하지 않는 3색 실이 뜨는 실을 감싸도록 4색 실을 꼽니다. 사용하지 않는 실을 가장자리로 가져갈 때 길게 늘어지는 것을 방지할 수 있습니다.

한눈에 보는 구성

가터뜨기로 만든 작품 13번은 앞·뒤판, 소매를 뜬 뒤 메리야스 잇기로 연결합니다. 이 부분들은 아래부터 평면뜨기를 합니다. 목둘레단은 앞·뒤판을 어깨에서 연결한 뒤 목둘레에서 코를 주워 원형뜨기로 뜹니다. 주머니 2개를 각각 떠서 앞판에 꿰매어 붙입니다.

목 모양 만들기를 시작하기 전에 스웨터 길이를 조절할 수 있습니다.

뜨는 법

뒤판

배색실 ①과 4mm(US 6) 바늘로 롱테일 코잡기 또는 선호하는 코잡기를 이용해 84(96, 104, 112, 128) (136, 144, 152)코를 만든다.

다음과 같이 2×2 고무뜨기를 시작한다.

1단(겉면) : *겉뜨기2, 안뜨기2*, 끝까지 *-*을 반복한다.

※잠금 스티치 마커를 끼워 겉면을 표시합니다.

2단(안면) : *겉뜨기2, 안뜨기2*, 끝까지 *-*을 반복한다.

밑단이 4.5cm 될 때까지 2×2 고무뜨기를 계속하고, 안면단으로 끝낸다.

5mm(US 8) 바늘로 바꾼다.

패턴 뜨기

스트라이프 패턴을 유지하면서 뜬다. 뒤판이 코잡기단부터 53.5(54.5, 56, 57, 59.5) (61, 62, 63.5) cm 될 때까지 색을 바꿔가며 스트라이프 패턴을 계속 뜨고, 안면단으로 끝낸다.

※뜨개바탕이 코잡기단부터 35cm가 되면 양 끝에 잠금 스티치 마커를 끼워 진동 둘레가 시작하는 곳을 표시합니다.

목 & 어깨 모양 만들기

다음 단(겉면) : 겉뜨기25(30, 34, 38, 44) (47, 51, 54), 34(36, 36, 36, 40) (42, 42, 44)코 코막음, 끝까지 겉뜨기.

코막음하기 전에 떴던 코들을 스티치 홀더에 걸어두고, 코막음한 후의 25(30, 34, 38, 44) (47, 51, 54)코(왼쪽 코)만 뜬다. 이때 기존의 스트라이프 패턴 뜨기를 유지한다.

왼쪽 목 & 어깨

안면단을 뜬다(겉뜨기).

다음 단(겉면) : 겉뜨기1, 왼코 겹쳐 2코 모아뜨기, 끝까지 겉뜨기. (-1코).

이제 바늘에는 24(29, 33, 37, 43) (46, 50, 53)코가 있다.

다음과 같이 어깨 가장자리를 코막음한다.

안면단을 시작할 때 8(10, 11, 13, 15) (16, 17, 18)코 코막음을 3(2, 3, 1, 1) (1, 2, 2)회 반복하고 이어지는 안면단에서 -(9, -, 12, 14) (15, 16, 17)코 코막음을 -(1, -, 2, 2) (2, 1, 1)회 반복한다.

스티치 홀더에 걸어둔 코들을 5mm(US 8) 바늘로 옮기고, 실을 다시 연결해 오른쪽을 안면단으로 시작한다.

오른쪽 목 & 어깨

안면단을 뜬다(겉뜨기).

다음 단(겉면) : 3코 남을 때까지 겉뜨기, 왼코 겹쳐 2코 모아뜨기, 겉뜨기1. (-1코).

이제 바늘에는 24(29, 33, 37, 43) (46, 50, 53)코가 있다.

안면단을 뜬다(겉뜨기).

다음과 같이 어깨 가장자리를 코막음한다.

다음 겉면단을 시작할 때 8(10, 11, 13, 15) (16, 17, 18)코 코막음을 3(2, 3, 1, 1) (1, 2, 2)회 반복하고 이어지는 겉면단에서 -(9, -, 12, 14) (15, 16, 17)코 코막음을 -(1, -, 2, 2) (2, 1, 1)회 반복한다.

앞판

앞판을 뜬다.

앞판 길이가 45.5(47, 48.5, 49.5, 52) (53.5, 54.5, 56) cm 될 때까지 뒤판과 같은 방법으로 뜨고, 안면단으로 끝낸다. 바늘에 84(96, 104, 112, 128) (136, 144, 152)코가 있다.

목 모양 만들기

다음 단(겉면) : 겉뜨기33(38, 42, 46, 53) (57, 61, 65), 18(20, 20, 20, 22) (22, 22, 22)코 코막음. 끝까지 겉뜨기. 코막음 구간 양쪽에 각각 33(38, 42, 46, 53) (57, 61, 65)코가 있다.

코막음하기 전에 떴던 코들을 스티치 홀더에 걸어두고, 코막음 후의 코들만 뜬다(오른쪽 목).

오른쪽 목

안면단을 뜬다(겉뜨기).

다음 단(겉면, 줄이기) : 겉뜨기1, 왼코 겹쳐 2코 모아뜨기, 끝까지 겉뜨기. (-1코).

다음 단(안면) : 겉뜨기.

마지막 2단을 8(8, 8, 8, 9) (10, 10, 11)회 더 반복한다.

앞판 진동 둘레가 뒤판 진동 둘레에 맞춰질 때까지 계속 뜨고 겉면단으로 끝낸다.

어깨 모양 만들기

다음 안면단을 시작할 때 8(10, 11, 13, 15) (16, 17, 18)코 코막음을 3(2, 3, 1, 1) (1, 2, 2)회 반복하고 이어지는 안면단에서 -(9, -, 12, 14) (15, 16, 17)코 코막음을 -(1, -, 2, 2) (2, 1, 1)회 반복한다.

왼쪽 목

스티치 홀더에 걸어둔 33(38, 42, 46, 53) (57, 61, 65)코를 다시 5mm(US 8) 바늘로 옮기고, 실을 다시 연결해 왼쪽 목을 안면단으로 시작한다.

안면단을 뜬다(겉뜨기).

다음 단(겉면, 줄이기) : 3코 남을 때까지 겉뜨기, 왼코 겹쳐 2코 모아뜨기, 겉뜨기1. (-1코).

다음 단(안면) : 끝까지 겉뜨기.

마지막 2단을 8(8, 8, 8, 9) (10, 10, 11)회 더 반복한다.

앞판 진동 둘레가 뒤판 진동 둘레에 맞춰질 때까지 계속 뜨고 안면단으로 끝낸다.

어깨 모양 만들기

다음 겉면단을 시작할 때 8(10. 11. 13. 15) (16. 17. 18)코 코막음을 3(2. 3. 1. 1) (1. 2. 2)회 반복한 뒤 이어지는 겉면단에서 -(9. -. 12. 14) (15. 16. 17)코 코막음을 -(1. -. 2. 2) (2. 1. 1)회 반복한다.

소매

배색실 ①과 4mm(US 6) 바늘로 롱테일 코잡기 또는 선호하는 코잡기를 이용해 40(44. 44. 44. 48) (48. 52. 52)코를 만든다.
1단(겉면) : *겉뜨기2, 안뜨기2*, 끝까지 *-*을 반복한다.
※잠금 스티치 마커를 끼워 겉면을 표시합니다.
2단(안면) : *겉뜨기2, 안뜨기2*, 끝까지 *-*을 반복한다.
소매 길이가 5cm 될 때까지 2×2 고무뜨기를 계속한다.
5mm(US 8) 바늘로 바꾼다.

패턴 뜨기

스트라이프 패턴을 유지하면서 뜬다.
정해진 대로 실을 바꾸면서 기존 패턴뜨기를 계속해 다음과 같이 소매 모양 만들기를 시작한다. 스트라이프 패턴의 1~10단을 뜬다.
다음 단(겉면. 늘리기) : 겉뜨기1, 오른코 만들기, 1코 남을 때까지 겉뜨기, 왼코 만들기, 겉뜨기1. (+2코).
패턴대로 9(9. 7. 5. 5) (3. 3. 3)단을 계속 뜬다.
마지막 10(10. 8. 6. 6) (4. 4. 4)단을 12(12. 9. 5. 17) (2. 7. 13)회 더 반복한다.
이제 바늘에는 66(70. 64. 56. 84) (54. 68. 80)코가 있다.
늘리기단을 뜨고 패턴대로 11(9. 9. 7. 7) (5. 5. 5)단을 뜬다. 마지막 -(-. 10. 8. 8) (6. 6. 6)단을 -(-. 5. 12. 12) (19. 15. 11)회 더 반복한다. 이제 바늘에는 68(72. 76. 82. 90) (94. 100. 104)코가 있다.
늘리기를 더는 하지 않고. 소매 길이가 코잡기단부터 48.5(47.5. 47.5. 45.5) (45.5. 44.5. 44.5)cm 될 때까지 패턴 뜨기를 계속하고 안면단으로 끝낸다. 모든 코를 코막음한다.
같은 방법으로 2번째 소매도 만든다.

주머니

배색실 ②와 5mm(US 8) 바늘로 롱테일 코잡기 또는 선호하는 코잡기를 이용해 26코를 만든다. 정해진 대로 실을 바꾸면서 스트라이프 패턴으로 48(48. 48. 48. 56) (56. 56. 56)단을 뜬다. 모든 코를 코막음한다.
겉면을 앞에 놓은 주머니를 옆으로 돌리고, 배색실 ①과 4mm(US 6) 바늘로 옆선 가장자리를 따라 24(24. 24. 24. 28) (28. 28. 28)코를 주워 겉뜨기한다.
다음 단(안면) : 걸러뜨기1, *안뜨기2, 겉뜨기2*, 3코 남을 때까지 *-* 반복, 안뜨기2, 겉뜨기1.
다음 단(겉면) : 걸러뜨기1, *겉뜨기2, 안뜨기2*, 3코 남을 때까지 *-* 반복, 겉뜨기3.
마지막 2단을 2회 더 반복한다.
모든 코를 코막음한다.

블로킹하기 & 어깨 연결하기

모든 실 끝을 보이지 않게 정리하고, 치수에 맞춰 습식 블로킹을 한 뒤 완전히 건조한다. 메리야스 잇기로 어깨에서 앞·뒤판을 연결한다.

목둘레단

겉면을 앞에 놓고. 둘레 길이가 짧은 원형뜨기에 적합한 4mm(US 6) 바늘과 배색실 ①로 왼쪽 어깨솔기에서 시작해 왼쪽 앞판 목으로 내려가며 25(25. 25. 25. 26) (27. 27. 28)코를 주워 겉뜨기, 앞판 목에서 18(20. 20. 20. 22) (22. 22. 22)코를 주워 겉뜨기, 오른쪽 앞판 목으로 올라가며 25(25. 25. 25. 26) (27. 27. 28)코를 주워 겉뜨기, 뒤판 오른쪽 목으로 내려가며 5코를 주워 겉뜨기, 뒤 목에서 34(36. 36. 36. 40) (42. 42. 44)코를 주워 겉뜨기, 뒤판 오른쪽 목으로 올라가며 5코를 주워 겉뜨기한다. 원형단으로 연결하고, 시작을 표시하는 마커를 끼운다. 이제 바늘에는 112(116. 116. 124) (128. 128. 132)코가 있다.
원형 1단 : *겉뜨기2, 안뜨기2*, 끝까지 *-*을 반복한다.
목둘레단이 3cm 될 때까지 2×2 고무뜨기를 계속한다. 모든 코를 코막음한다.
소매를 스웨터 몸판에 연결하는데. 소매 중심을 어깨솔기 중심에 맞추고 소매 끝을 앞·뒤판에 끼워둔 잠금 스티치 마커에 맞춘다. 옆선과 소매

를 연결한다. 주머니는 스웨터 앞판에서 고무뜨기 상단 위 2.5cm, 옆선에서 2.5(4. 5. 6.5. 9) (11. 11.5. 12.5)cm 안쪽에 꿰매어 붙인다.

마무리하기

남은 모든 실 끝을 보이지 않게 정리한 다음 솔기와 목둘레단을 블로킹한다.

14

26

욘나 히에탈라 — 에브게니야 두플리 — 메이주 K-P — 마이야 캉가슬로마 — 시드셀 그라우 페테르센 —
티나 후흐타니에미 — 시니 크라머 — 린지 파울러 — 파울라 페레이라 —
파울리나 쿤솔라 — 버니스 림 — 엘리제 담스트라

욘나 히에탈라

SUPER EASY!

14 룰라비 카디건 Lullaby

굵은 바늘로 가터뜨기만 할 줄 알면 이 작품에 도전할 수 있습니다. 정말이에요!
착용감이 편안한 이 카디건은 톱다운으로 뜨고, 소매가 짧아 경쾌해 보여요.

사이즈

1(2. 3. 4. 5) (6. 7. 8)
권장 여유분 … +10~20cm

완성 치수

가슴둘레 … 102(110.5. 119. 129.5. 143.5) (155.5.
166. 176.5)cm
칼라 둘레 … 53(53. 53. 56.5. 60) (60. 60. 63.5)cm
위팔 둘레 … 38(38. 42. 43.5. 45) (49. 50.5. 54)cm
요크 길이 … 18(18. 20. 21. 22) (24. 25. 27)cm
총 길이 … 30cm
소맷부리 둘레 … 31(31. 33. 33. 35) (36.5. 36.5.
36.5)cm

재료

실 … 힌터랜드 워터셰드Watershed by Hinterland
(캐나다 랑부예 50%. 토종 알파카 50%. 137m/112g)
Maple 5(5. 6. 6. 7) (7. 8. 9)스케인
대체실 … 벌키 얀 약 606(643. 717. 783. 867) (966.

1039. 1137)m
바늘 … 10mm(US 15) 줄바늘(100cm), 8mm(US
11) 줄바늘(100cm. 고무뜨기용)
도구 … 스티치 마커, 단추 6개(지름 2cm)

게이지

가터뜨기(10mm 바늘) 11.5코×20단

POINT

이 패턴에 사용한 테크닉과 손뜨개 약어는
15~23페이지를 참고하세요.
중간에 스티치 마커가 나오면 걸러뜹니다.

한눈에 보는 구성

작품 14번은 대부분 한 판으로 평면뜨기를 하
며, 소매만 원형뜨기합니다. 고무뜨기와 소매.
단추 달기를 제외하고는 겉뜨기로만 뜹니다.

뜨는 법

요크

37(37. 37. 41. 45) (45. 45. 49)코를 만든다.
시작단 : 겉뜨기2(2. 2. 3. 4) (4. 4. 5) 마커 끼우기, 겉
뜨기8, 마커 끼우기, 겉뜨기17(17. 17. 19. 21) (21.
21. 23), 마커 끼우기, 겉뜨기8, 마커 끼우기, 겉뜨
기2(2. 2. 3. 4) (4. 4. 5).
1단(겉면) : 코늘리기, 마커 1코 전까지 겉뜨기, 오
른코 만들기, 겉뜨기1, 마커 걸러뜨기, 겉뜨기1,
왼코 만들기, *마커 1코 전까지 겉뜨기, 오른코
만들기, 겉뜨기1, 마커 걸러뜨기, 겉뜨기1, 왼코
만들기*, *-* 1회 더 반복, 마커 1코 전까지 겉뜨
기, 오른코 만들기, 겉뜨기1, 마커 걸러뜨기, 왼
코 만들기, 코늘리기. (+10코).
2단(안면) : 겉뜨기.
3단 : 코늘리기, *마커 1코 전까지 겉뜨기, 오른
코 만들기, 겉뜨기1, 마커 걸러뜨기, 겉뜨기1, 왼
코 만들기*, *-* 3회 더 반복, 1코 남을 때까지 겉
뜨기, 코늘리기. (+10코).
4단 : 겉뜨기.
5단 : 코늘리기, *마커 1코 전까지 겉뜨기, 오른
코 만들기, 겉뜨기1, 마커 걸러뜨기, 겉뜨기1, 왼

코 만들기*. *-* 3회 더 반복. 1코 남을 때까지 겉뜨기. 코늘리기. (+10).

6단 : 겉뜨기.

7단 : *마커 1코 전까지 겉뜨기. 오른코 만들기. 겉뜨기1. 마커 걸러뜨기. 겉뜨기1. 왼코 만들기*. *-* 3회 더 반복. 1코 남을 때까지 겉뜨기. 백워드 루프 코잡기로 1코 만들기. (+9코).

8단 : 끝까지 겉뜨기. 백워드 루프 코잡기로 1코 만들기. (+1코).

9단 : *마커 1코 전까지 겉뜨기. 오른코 만들기. 겉뜨기1. 마커 걸러뜨기. 겉뜨기1. 왼코 만들기*. *-* 3회 더 반복. 끝까지 겉뜨기. 백워드 루프 코잡기로 3코 만들기. (+11코).

10단 : 끝까지 겉뜨기. 백워드 루프 코잡기로 3코 만들기. (+3코).

91(91. 91. 95. 99) (99. 99. 103)코 중 앞판 양쪽에 각각 14(14. 14. 15. 16) (16. 16. 17)코, 양쪽 소매에 각각 18(18. 18. 18. 18) (18. 18. 18)코, 뒤판에 27(27. 27. 29. 31) (31. 31. 33)코가 있다.

11단 : *마커 1코 전까지 겉뜨기. 오른코 만들기. 겉뜨기1. 마커 걸러뜨기. 겉뜨기1. 왼코 만들기*. *-* 3회 더 반복. 끝까지 겉뜨기. (+8코).

12단 : 겉뜨기.

11·12단을 12(12. 14. 15. 16) (18. 19. 21)회 더 반복한다.

195(195. 211. 223. 235) (251. 259. 279)코 중 앞판 양쪽에 각각 27(27. 29. 31. 33) (35. 36. 39)코, 양쪽 소매에 각각 44(44. 48. 50. 52) (56. 58. 62)코. 뒤판에 53(53. 57. 61. 65) (69. 71. 77)코가 있다.

몸판 & 소매 나누기

1번째 마커까지 겉뜨기. 마커 빼기. 그 지점부터 2번째 마커까지의 모든 코를 별실에 걸기. 2번째 마커 빼기. 백워드 루프 코잡기로 겨드랑이용 5(10. 11. 13. 17) (20. 24. 24)코 만들기. 3번째 마커까지 뒤판용 코 겉뜨기. 3번째 마커 빼기. 그 지점부터 마지막 마커까지의 모든 코를 별실에 걸기. 마지막 마커 빼기. 백워드 루프 코잡기로 겨드랑이용 5(10. 11. 13. 17) (20. 24. 24)코 만들기. 끝까지 겉뜨기.

몸판 117(127. 137. 149. 165) (179. 191. 203)코.

몸판 & 밑단

가터뜨기(모든 단이 겉뜨기단)를 계속해 약 44단을 뜬다(가터뜨기의 산 22개). 지금은 카디건이 짧아 보일 수 있지만, 가터뜨기를 하면 블로킹 후

에 많이 늘어난다는 점에 주의한다. 물론 취향에 따라 카디건 길이를 더 길게 또는 짧게 만들 수 있다.

고무뜨기

가는 바늘로 바꿔서 다음과 같이 고무뜨기를 시작한다.

안뜨기1. 돌려뜨기. 1코 남을 때까지 *-* 반복. 안뜨기1.

이와 같은 고무뜨기로 9단을 더 뜬다. 또는 고무뜨기단이 6cm 될 때까지 뜬다. 느슨하게 코막음한다.

소매

별실에 두었던 44(44. 48. 50. 52) (56. 58. 62)코를 굵은 줄바늘로 옮긴다. 이때 장갑바늘을 사용해도 된다.

※겨드랑이코를 잡은 곳에서는 코를 줍지 않도록 주의하세요.

원형단으로 연결하고 시작을 표시하는 마커를 끼운다.

※원형으로 가터뜨기를 합니다. 겉뜨기단과 안뜨기단을 번갈아 뜹니다.

원형 1단 : 겉뜨기.

원형 2단 : 안뜨기.

1·2단을 반복해 28단을 뜬다(가터뜨기의 산 14개).

※샘플 카디건(→P.89)은 소매가 짧지만, 몸판과 마찬가지로 소매 길이도 원하는 대로 짧게 또는 길게 만들 수 있습니다.

다음 원형단 : 겉뜨기.

다음 원형단 :

1·2사이즈

다음과 같이 8코를 줄인다. *안뜨기3. 왼코 겹쳐 2코 모아 안뜨기* 2회. *안뜨기4. 왼코 겹쳐 2코 모아 안뜨기* 4회. *안뜨기3. 왼코 겹쳐 2코 모아 안뜨기* 2회. (36코).

3사이즈

다음과 같이 10코를 줄인다. 안뜨기2. 왼코 겹쳐 2코 모아 안뜨기. 안뜨기2. *왼코 겹쳐 2코 모아 안뜨기. 안뜨기3* 7회. 왼코 겹쳐 2코 모아 안뜨기. 안뜨기2. 왼코 겹쳐 2코 모아 안뜨기. 안뜨기1. (38코).

4사이즈

다음과 같이 12코를 줄인다. 안뜨기2. *왼코 겹쳐 2코 모아 안뜨기. 안뜨기2* 5회. 안뜨기3. *왼코 겹쳐 2코 모아 안뜨기. 안뜨기2* 5회. 왼코 겹쳐 2코 모아 안뜨

기. 안뜨기1. (38코).

5사이즈

다음과 같이 12코를 줄인다. 안뜨기2. *왼코 겹쳐 2코 모아 안뜨기. 안뜨기2* 4회. *왼코 겹쳐 2코 모아 안뜨기. 안뜨기3* 3회. *왼코 겹쳐 2코 모아 안뜨기. 안뜨기2* 4회. 왼코 겹쳐 2코 모아 안뜨기. 안뜨기1. (40코).

6사이즈

다음과 같이 14코를 줄인다. 안뜨기1. *왼코 겹쳐 2코 모아 안뜨기. 안뜨기2* 13회. 왼코 겹쳐 2코 모아 안뜨기. 안뜨기1. (40코).

7사이즈

다음과 같이 16코를 줄인다. 안뜨기1. *왼코 겹쳐 2코 모아 안뜨기. 안뜨기2* 5회. *왼코 겹쳐 2코 모아 안뜨기. 안뜨기1* 5회. *왼코 겹쳐 2코 모아 안뜨기. 안뜨기2* 5회. 왼코 겹쳐 2코 모아 안뜨기. (42코).

8사이즈

다음과 같이 20코를 줄인다. 안뜨기1. 왼코 겹쳐 2코 모아 안뜨기. 안뜨기2. *왼코 겹쳐 2코 모아 안뜨기. 안뜨기1* 17회. 왼코 겹쳐 2코 모아 안뜨기. 안뜨기2. 왼코 겹쳐 2코 모아 안뜨기. (42코).

고무뜨기

가는 바늘로 바꿔서 다음과 같이 고무뜨기를 시작한다. *돌려뜨기. 안뜨기1*. 끝까지 *-*을 반복한다. 이와 같은 고무뜨기로 9단을 더 뜬다. 또는 고무뜨기단이 6cm 될 때까지 뜨면 된다. 느슨하게 코막음한다.

목둘레

겉면을 앞에 놓고, 가는 바늘로 목둘레에서 약 61(61. 61. 65. 69) (69. 69. 73)코를 주워 겉뜨기한다. 이때 콧수는 똑같지 않아도 되지만 홀수여야 한다.

고무뜨기를 시작한다. *안뜨기1. 돌려뜨기*. 1코 남을 때까지 *-* 반복. 안뜨기1.

이와 같은 고무뜨기로 5단을 더 뜬다. 느슨하게 코막음한다.

단춧단

겉면을 앞에 놓고. 가는 바늘로 왼쪽 앞판의 목 가장자리에서 63(63. 67. 67. 69) (71. 73. 73)코를 주워 겉뜨기한다. 이때 콧수는 똑같지 않아도 되지만 홀수여야 한다.

1단(안면) : 안뜨기1. *돌려 안뜨기. 겉뜨기1*. 2

코 남을 때까지 *-* 반복, 돌려 안뜨기, 안뜨기1.
2단(겉면) : 겉뜨기1, *돌려뜨기, 안뜨기1*, 2코 남을 때까지 *-* 반복, 돌려뜨기, 겉뜨기1.
이와 같은 고무뜨기로 3단을 더 뜬다. 느슨하게 코막음한다.

단춧구멍단

겉면을 앞에 놓고, 가는 바늘로 오른쪽 앞판의 목 가장자리에서 단춧단에서와 같은 수의 코를 주워 겉뜨기한다.

1단(안면) : 안뜨기1, *돌려 안뜨기, 겉뜨기1*, 2코 남을 때까지 *-* 반복, 돌려 안뜨기, 안뜨기1.
2단(겉면) : 겉뜨기1, *돌려뜨기, 안뜨기1*, 2코 남을 때까지 *-* 반복, 돌려뜨기, 겉뜨기1.
3단 : 다음과 같이 고른 간격으로 단춧구멍 6개를 만든다. *단춧구멍 위치까지 기존 고무뜨기를 하다가 바늘비우기, 왼코 겹쳐 2코 모아뜨기*, 단 전체에서 *-*을 반복한다.
이와 같은 고무뜨기로 2단을 더 뜬다. 느슨하게 코막음한다.

마무리하기

겨드랑이 구멍을 꿰맨다. 실 끝을 보이지 않게 정리한 다음 치수에 맞춰 블로킹을 한다. 단추를 단다.

에브게니야 두플리

15 둥근 머플러_{Abgerundet}

색다른 모양의 이 머플러는 가운데는 가터고무뜨기로, 양 끝의 둥근 모양은 가터 뜨기로 뜨므로 코줄이기에 집중합니다.

사이즈

단일 사이즈

완성 치수

길이 ··· 172.5cm
폭 ··· 27cm

재료

실 ··· 게파르드 간 푸노Puno by Gepard Garn
(베이비 알파카 68%, 메리노 10%, 폴리아미드 22%,
110m/50g) 145 4볼
대체실 ··· 벌키 얀약 420m
바늘 ··· 6.5mm(US 10.5) 줄바늘(80~100cm)

게이지

가터뜨기 14코×26단

POINT

이 패턴에 사용한 테크닉과 손뜨개 약어는
15~23페이지를 참고하세요.

한눈에 보는 구성

작품 15번은 평면뜨기로 뜨는데, 단순한 롱테일 코잡기로 시작해 2×2 가터고무뜨기로 가운데 섹션을 뜨고 끝부분에서 코줄이기로 둥글게 만듭니다. 그 후 코잡기단에서 코를 줍고 반대쪽 끝부분을 뜹니다. 양쪽의 둥근 끝부분은 가터뜨기로 뜨는데, 가터뜨기는 과정이 단순하므로 초보자가 코줄이기에 집중할 수 있어서 좋습니다.

뜨는 법

롱테일 코잡기 또는 선호하는 코잡기로 38코를 만든다.

섹션 1(가운데 부분) 2×2 가터고무뜨기
가터뜨기(겉뜨기)로 6단을 뜬다. 가터뜨기의 산

이 3개 생긴다.
7단(안면): 겉뜨기4, *안뜨기2, 겉뜨기2*, 2코 남을 때까지 *-* 반복, 겉뜨기2.
8단(겉면): 겉뜨기.
머플러 길이가 90cm 될 때까지 7·8단을 반복한다. 이쯤 되면 뜨개실 220m(또는 2스케인)를 모두 소비했을 것이다.

섹션 2(첫 둥근 끝부분) 가터뜨기
가터뜨기(겉뜨기)로 84단을 뜬다. 가터뜨기의 산이 42개 생긴다.
다음과 같이 코줄이기를 해 끝부분을 둥글게 만든다.
1단(겉면): 겉뜨기1, 오른코 겹쳐 2코 모아뜨기, 3코 남을 때까지 겉뜨기, 왼코 겹쳐 2코 모아뜨기, 겉뜨기1. (-2코).
2단(안면): 겉뜨기.
3단: 겉뜨기.
4단: 겉뜨기.
1~4단을 1회 더 반복한다. (34코).
1·2단을 5회 반복한다. (24코).
1단을 7회 반복한다. (10코).
다음 단(안면): 모든 코를 코막음한다. 가장자리 폭이 머플러 폭보다 짧으므로 느슨하지 않아도

된다. 이 머플러는 가장자리가 탄탄해야 착용감이 좋다.

섹션 3(2번째 둥근 끝부분) 가터뜨기

겉면을 앞에 놓고, 코잡기단에서 38코를 줍는다. 이어서 안면단에서 다음과 같이 뜬다.
섹션 1의 가터뜨기 6단에 추가로 가터뜨기(겉뜨기) 78단을 더 뜬다. 가터뜨기의 산이 42개 생긴다.

섹션 2에서처럼 코줄이기를 해 끝부분을 둥근 모양으로 만들고 코막음한다.

마무리하기

실 끝을 보이지 않게 정리한 다음 치수에 맞춰 블로킹을 한다. 끝부분을 둥근 모양으로 예쁘게 만들려면 블로킹이 중요하다.

메이주 K-P

16 엔켈 크롭 스웨터Enkel

질감이 톡톡한 스트라이프를 넣은 이 스웨터는 짧은 밑단과 퍼프 반소매가 특징입니다. 가볍고 레이어드 룩을 연출하기에 좋습니다.

사이즈

1(2. 3. 4. 5) (6. 7. 8)
권장 여유분 … +5~10cm

완성 치수

가슴둘레 … 90(94.5. 104.5. 115.5. 134.5) (138.5. 143. 160)cm
위팔 둘레 … 37(38.5. 43. 47. 55.5) (57. 58.5. 60)cm
앞판 요크 길이(목둘레 고무뜨기 제외) … 22(22. 23. 25.5. 30.5) (32. 34.5. 34.5)cm 또는 원하는 길이
몸판 길이(겨드랑이~밑단) … 25.5cm 또는 원하는 길이
소매 길이 … 25.5cm 또는 원하는 길이
목둘레(게이지 기준. 늘어남) … 40(43. 44.5. 48.5. 51.5) (53. 55.5. 60)cm

재료

실 … 이사거 에코 소프트 Eco Soft by Isager(알파카 56%. 유기농 면 44%. 125m/50g) E4S 5(5. 6. 6. 8) (9. 9. 10)스케인
대체실 … DK 얀 약 592(618. 689. 743. 988) (1045. 1104. 1210)m
※샘플(→P97)은 가벼운 블로 얀Blow yarn이라서 보드랍고 폭신한 느낌을 줍니다. 모양과 느낌이 비슷한 실을 사용하고 싶다면 비슷한 유의 DK 얀을 찾으면 됩니다.
바늘 … 5.5mm(US 9) 줄바늘(60cm. 80cm. 몸판+소매 메리야스뜨기용). 4.5mm(US 7) 줄바늘(60cm. 80cm. 목둘레단+밑단 고무뜨기용). 4mm(US 6) 줄바늘(60cm. 80cm. 소맷부리 고무뜨기용).
※소매는 줄바늘 또는 장갑바늘로 떠도 됩니다.
도구 … 잠그거나 뺄 수 있는 스티치 마커. 별실 또는 스티치 홀더

게이지

메리야스뜨기(5.5mm 바늘) 14코×20단

POINT

이 패턴에 사용한 테크닉과 손뜨개 약어는 15~23페이지를 참고하세요.
뜨는 과정에서 스티치 마커를 만나면 걸러뜹니다.

한눈에 보는 구성

16번 작품은 톱다운으로 솔기 없이 뜨는 오버사이즈 요크 스웨터입니다. 11번째 단마다 다른 색으로 안뜨기를 해 스트라이프와 함께 색다른 질감을 표현합니다. 시작은 목둘레 고무뜨기를 한 뒤 늘리기로 요크 모양을 만듭니다. 선택사항으로 경사뜨기를 하면 뒤 목이 앞 목둘레보다 약간 높아집니다. 요크를 스웨터 길이만큼 뜨고 몸판과 소매를 분리한 다음 밑단을 완성합니다. 마지막으로 소매를 원형뜨기합니다.

뜨는 법

요크

4.5mm(US 7)바늘로 선호하는 코잡기를 이용해 56(60. 62. 68. 72) (74. 78. 84)코를 만든다. 튜블러 코잡기로 만들면 가장자리가 아주 깔끔하다. 방법은 온라인에서 배울 수 있다. 원형단으로 연결하고 시작을 표시하는 마커를 끼운다. 원형단 시작 마커는 뒤판 오른쪽 어깨에 있다.

목둘레 고무뜨기
원형 1단(겉면) : *겉뜨기1, 안뜨기1*, 끝까지 *~*을 반복한다.
고무뜨기단이 4cm 될 때까지 1×1 고무뜨기를 계속한다.

요크 모양 만들기
5.5mm(US 9) 바늘로 바꾼다.

1·3·4·6사이즈
원형 시작단 : 왼코 만들기, 끝까지 겉뜨기. (+1코).

2·5·7·8사이즈
원형 시작단 : 겉뜨기.
지금 바늘에 57(60.63.69.72) (75.78.84)코가 있다.
늘리기 원형 1단 : *겉뜨기3, 왼코 늘리기*, 끝까지 *~*을 반복한다. +19(20. 21. 23. 24) (25. 26. 28)코.
지금 바늘에 76(80.84.92.96) (100. 104. 112)코가 있다.
겉뜨기로 1단을 뜬다.
늘리기 원형 2단 : *겉뜨기4, 왼코 늘리기*, 끝까지 *~*을 반복한다. +19(20. 21. 23. 24) (25. 26. 28)코.
지금 바늘에 95(100. 105. 115. 120) (125. 130. 140)코가 있다.
겉뜨기로 1단을 뜬다.
늘리기 원형 3단 : *겉뜨기5, 왼코 늘리기*, 끝까지 *~*을 반복한다. +19(20. 21. 23. 24) (25. 26. 28)코.
지금 바늘에 114(120. 126. 138. 144) (150. 156. 168)코가 있다.

옵션 : 경사뜨기 구간
이 구간은 3색 마커(마커 A·B·C)를 사용해 구분한다. 경사뜨기는 몸에 더 잘 맞도록 뒤 목을 앞 목둘레보다 높게 끌어올리려고 뜬다. 옵션으로 독일식 경사뜨기를 제시했는데, 다른 방법을 사용한다면 필요에 따라 패턴을 조정한다. 경사뜨기를 하고 싶지 않으면 이 구간을 건너뛴다.

다음 단에서 경사뜨기 모양을 만들기 위해 다음과 같이 마커를 끼운다.
원형 시작단 : 겉뜨기30(30. 30. 36. 36) (36. 36. 42), 마커A 끼우기, 겉뜨기30(30. 36. 36. 36) (42. 42. 42), 마커B 끼우기, 겉뜨기30(30. 36. 36. 36) (36. 36. 42), 마커C 끼우기, 원형단 시작 마커까지 겉뜨기24(30. 30. 30. 36) (36. 42. 42), 마커 걸러뜨기.
코늘리기를 하지 않으므로 구간 내내 콧수는 동일하다. 경사뜨기는 평면뜨기다.
경사뜨기 1단(겉면) : 마커A까지 겉뜨기, 마커 걸러뜨기, 겉뜨기2, 뜨개바탕 돌리기.
경사뜨기 2단(안면) : 더블스티치 만들기, 마커A까지 안뜨기, 마커 걸러뜨기, 원형단 시작 마커까지 안뜨기, 마커 걸러뜨기, 마커C까지 안뜨기, 마커 걸러뜨기, 마커B까지 안뜨기, 마커 걸러뜨기, 안뜨기2, 뜨개바탕 돌리기.
경사뜨기 3단(겉면) : 더블스티치 만들기, 마커B까지 겉뜨기, 마커 걸러뜨기, 마커C까지 겉뜨기, 마커 걸러뜨기, 원형단 시작 마커까지 겉뜨기, 마커 걸러뜨기, 마커A까지 겉뜨기, 마커 걸러뜨기, 마지막 더블스티치까지 겉뜨기, 더블스티치 겉뜨기, 겉뜨기1, 뜨개바탕 돌리기.
경사뜨기 4단(안면) : 더블스티치 만들기, 마커A까지 안뜨기, 마커 걸러뜨기, 원형단 시작 마커까지 안뜨기, 마커 걸러뜨기, 마커C까지 안뜨기, 마커 걸러뜨기, 마커B까지 안뜨기, 마커 걸러뜨기, 마지막 더블스티치까지 안뜨기, 더블스티치 안뜨기, 안뜨기1, 뜨개바탕 돌리기.
경사뜨기 3·4단을 3회 더 반복한다.
다음 단(겉면) : 원형단 시작 마커까지 겉뜨기.
이어서 원형뜨기를 한다.
다음 원형단(겉면) : 겉뜨기.
다음 원형단 : 안뜨기.
다음 원형단 : 겉뜨기.
선택사항인 경사뜨기 구간은 여기에서 끝난다. 원형단 시작 마커를 제외한 모든 마커를 빼도 된다.

늘리기 원형 4단 : *겉뜨기6, 왼코 늘리기*, 끝까지 *~*을 반복한다. +19(20. 21. 23. 24) (25. 26. 28)코.
지금 바늘에 133(140. 147. 161. 168) (175. 182. 196)코가 있다.
겉뜨기로 6단을 뜬다.
늘리기 원형 5단 : *겉뜨기7, 왼코 늘리기*, 끝까지 *~*을 반복한다. +19(20. 21. 23. 24) (25. 26. 28)코.
지금 바늘에 152(160. 168. 184. 192) (200. 208. 224)코가 있다.
겉뜨기로 1단을 뜬다.

안뜨기로 1단을 뜬다.

겉뜨기로 4단을 뜬다.

늘리기 원형 6단 : *겉뜨기8, 왼코 늘리기*, 끝까지 *-*을 반복한다. +19(20. 21. 23. 24) (25. 26. 28)코.

지금 바늘에 171(180. 189. 207. 216) (225. 234. 252)코가 있다.

겉뜨기로 5단을 뜬다.

안뜨기로 1단을 뜬다.

겉뜨기로 2단을 뜬다.

늘리기 원형 7단 : *겉뜨기9, 왼코 늘리기*, 끝까지 *-*을 반복한다. +19(20. 21. 23. 24) (25. 26. 28)코.

지금 바늘에 190(200. 210. 230. 240) (250. 260. 280)코가 있다.

11번째 단마다 안뜨기를 하는 패턴을 완성했다. 이 패턴을 따라 스웨터를 계속 뜬다.

다음 단에서 원형단 시작 마커를 왼쪽으로 5(1. 5. 8. 4) (4. 0. 5)코 이동하고, 경사뜨기한 목의 중심을 앞중심에 맞춘다.

※경사뜨기를 하지 않았으면 이 단계는 생략합니다.

필요하면 앞판 요크가 목 고무뜨기 아래부터 22(22. 23. 25.5. 30.5) (32. 34.5. 34.5)cm 될 때까지 단을 추가로 더 뜬다. 이때도 11번째 단마다 안뜨기를 해야 한다. 다음 단이 겉뜨기단이면 몸판과 소매를 분리할 때 안뜨기를 하지 않아도 된다.

몸판 & 소매 분리하기

원형단 시작 마커 빼기. *소매 42(44. 46. 50. 52) (54. 56. 56)코를 별실에 걸기, 백워드 루프 코잡기 또는 선호하는 코잡기로 겨드랑이 10(10. 14. 16. 26) (26. 26. 28)코 만들기*. 방금 만든 코들 중간에 원형단 시작 마커 끼우기. 앞판 53(56. 59. 65. 68) (71. 74. 84)코 뜨기, *-* 반복(2번째 소매 만들기). 원형단 시작 마커까지 뜨기. 원형단 시작 마커는 오른팔 아래에 있다.

몸판 126(132. 146. 162. 188) (194. 200. 224)코, 양쪽 소매 각각 42(44. 46. 50. 52) (54. 56. 56)코. 따로 걸어둔다.

몸판

11번째 안뜨기단과 나머지 겉뜨기단을 패턴대로 계속 뜬다. 몸판 길이가 겨드랑이부터 20.5cm 또는 원하는 길이 -5cm 될 때까지 계속 뜬다.

4.5mm(US 7) 바늘로 바꾼다.

밑단 고무뜨기 1단(겉면) : *겉뜨기1, 안뜨기1*, 끝까지 *-*을 반복한다.

고무뜨기단이 5cm 될 때까지 1×1 고무뜨기를 계속한다.

고무뜨기로 느슨하게 코막음한다.

소매

5.5mm(US 9) 바늘로 뜬다.

몸판과 마찬가지로 11번째 안뜨기단과 나머지 겉뜨기단의 패턴대로 계속 뜬다. 소매는 원형뜨기를 한다.

소매 42(44. 46. 50. 52) (54. 56. 56)코를 줄바늘 또는 장갑바늘로 옮긴다.

진동 둘레 중간에서 실 연결하기, 6(6. 8. 9. 14) (14. 14. 15)코를 주워 겉뜨기, 겉뜨기42(44. 46. 50. 52) (54. 56. 56) (소매), 6(6. 8. 9. 14) (14. 14. 15)코를 주워 겉뜨기, 겨드랑이 중간에 마커 끼우기(원형단 시작표시). 54(56. 62. 68. 80) (82. 84. 86)코.

소매 줄이기 원형단 : 겉뜨기5(5. 7. 8. 13) (13. 13. 14), 왼코 겹쳐 2코 모아뜨기, 7(7. 9. 10. 15) (15. 15. 16)코 남을 때까지 겉뜨기, 오른코 겹쳐 2코 모아뜨기, 끝까지 겉뜨기. (-2코).

지금 바늘에 52(54. 60. 66. 78) (80. 82. 84)코가 있다.

소매 길이가 겨드랑이(주운 코)부터 20.5cm 될 때까지 11번째 안뜨기단과 나머지 겉뜨기단을 패턴대로 뜬다.

4mm(US 6) 바늘로 바꾸고 고무뜨기를 시작한다.

소맷부리 고무뜨기 원형 1단 : *겉뜨기1, 안뜨기 1*, 끝까지 *-*을 반복한다.

고무뜨기단이 5cm 될 때까지 1×1 고무뜨기를 계속한다.

고무뜨기로 코막음한다. 코막음을 하면 소매 끝이 좀 더 당겨져서 소매 모양이 예쁘게 봉긋해진다.

같은 방법으로 2번째 소매도 만든다.

마무리하기

실 끝을 보이지 않게 정리한 다음 치수에 맞춰 습식 블로킹을 한다.

욘나 히에탈라

17 자작나무 숄Birke

SUPER EASY!

자작나무를 연상시키는 이 숄은 비대칭 모양이며 복잡하지 않습니다. 얼시 톤Earthy tones으로 떴지만, 대비되는 2색이든 실크 모헤어 자투리 실이든 상관없습니다.

사이즈

단일 사이즈

완성 치수

폭 ··· 144cm
높이 ··· 52cm

재료

바탕실 ··· 해리스빌 디자인 시어Shear by Harrisville Designs(CVM+롬데일 100%, 293m/100g) Shear 2 스케인
배색실 ① ··· 이토 센사이Sensai by Ito(모헤어 60%, 실크 40%, 240m/20g) 364 Top Dark Grey 2볼
배색실 ② ··· 니팅 포 올리브 소프트 실크 모헤어 Soft Silk Mohair by Knitting for Olive(모헤어 70%, 실크 30%, 225m/25g) Linen 2볼
※이 3가닥을 함께 잡고 뜹니다.
대체실(바탕) ··· DK 얀 약 580m
대체실(배색) ··· 레이스 얀 각각 약 430m
바늘 ··· 7mm(US 10.5 또는 11) 줄바늘(80~100cm)

게이지

가터뜨기 14코×24단

POINT

이 패턴에 사용한 테크닉과 손뜨개 약어는 15~23페이지를 참고하세요.
단수를 줄이거나 늘리면 숄 크기를 쉽게 조정할 수 있습니다. 따라서 원하는 실은 무엇이든 사용할 수 있습니다.
단. 무게가 다른 실은 필요량과 숄 크기가 달라진다는 점에 주의하세요.

한눈에 보는 구성

비대칭 삼각형의 작품 17번은 좁은 끝부분부터 뜨기 시작하며, 평면 가터뜨기로 뜹니다. 2단에 한 번씩 단을 끝낼 때 바늘비우기로 코를 늘립니다.
맞은편 가장자리에서는 아이코드 코막음으로 코막음을 한 다음 숄의 모든 끝부분에 태슬을 달아서 마무리합니다.

뜨는 법

바탕실과 배색실 2종을 1가닥씩(총 3가닥) 함께 잡고 3코를 만든다.
1단(안면) : 걸러뜨기1(실뒤. 안뜨기 방향). 끝까지 겉뜨기.
2단(겉면) : 걸러뜨기1(실뒤. 안뜨기 방향). 1코 남을 때까지 겉뜨기. 바늘비우기. 겉뜨기1. (+1코).
3단 : 겉뜨기1. 바늘비우기 뒷고리로 겉뜨기(뜨개바탕에 구멍이 생기지 않는다). 끝까지 겉뜨기.
총 콧수가 107코가 될 때까지 2·3단을 반복하고 3단에서 끝낸다.

아이코드 코막음

다음과 같이 아이코드 코막음한다.
케이블 코잡기로 왼바늘 앞에 3코 만들기. *겉뜨기2, 걸러뜨기1(실뒤. 안뜨기 방향). 겉뜨기1. 걸러뜬 코로 덮어씌우기. 3코를 왼바늘로 다시 보내기*. 끝까지 *-* 반복한다.

마무리하기

실 끝을 보이지 않게 정리한 다음 치수에 맞춰 습식 블로킹을 한다. 선호하는 방법으로 태슬 3개를 만들어서 각 모서리에 단다.

마이야 캉가슬로마

18 공기 방울 스웨터 Kupla

박시한 스웨터 전체를 수놓은 구슬뜨기는 어려워 보일 수 있지만, 스트라이프 패턴만큼 쉬우니 걱정하지 마세요!

사이즈

1(2, 3. 4. 5) (6. 7. 8)
권장 여유분 … +20~25cm

완성 치수

가슴둘레 … 102(114. 123. 132.5. 142) (154. 163. 172.5)cm
길이(어깨~밑단) … 53.5(54.5. 55.5. 56.5. 58.5) (60.5. 61.5. 63.5)cm
소매 길이 … 41.5(41.5. 41.5. 41.5. 39.5) (39.5. 39.5. 39.5)cm
위팔 둘레 … 32.5(35. 37. 39.5. 42) (45.5. 49. 52.5)cm

재료

바탕실 … 라나 가토 VIP VIP by Lana Gatto(메리노 80%. 캐시미어 20%. 200m/50g) Muschio 5(5. 6. 7) (7. 8. 8)볼
배색실 … 라나 가토 VIP VIP by Lana Gatto(메리노 80%. 캐시미어 20%. 200m/50g) Rosa Carne 4(5. 5. 6) (7. 7. 8)볼
대체실(바탕) … 핑거링 얀 약 845(948. 1028. 1117. 1206) (1339. 1440. 1564)m
대체실(배색) … 핑거링 얀 약 764(853. 925. 1006. 1086) (1205. 1296. 1407)m
바늘 … 3mm(US 2.5) 대바늘. 3.5mm(US 4) 대바늘 또는 줄바늘(80cm)
도구 … 스티치 홀더 또는 별실. 시침핀. 블로킹 도구

게이지

구슬뜨기(3.5mm 대바늘) 26코×48단

구슬뜨기(평면뜨기)

콧수 = 4배수+3코.

1~6단(배색) : 겉면단으로 시작한다. 메리야스뜨기(겉면단은 겉뜨기, 안면단은 안뜨기). 첫 코는 항상 걸러뜬다. 겉면단은 실뒤, 겉뜨기 방향. 안면단은 실앞, 안뜨기 방향.

7단(겉면, 바탕색) : ※이 단에서는 첫 코를 걸러뜨지 않습니다. 겉뜨기1. *왼바늘 코의 4단 아래 코(2번째 배색단에 있는 배색 코)를 오른바늘 끝으로 겉뜨기. 왼바늘의 첫 코 떨구기(떨군 코는 뜬 코에서 서서히 풀린다). 겉뜨기3*. 2코 남을 때까지 *-*을 반복한다. 떨군 코 1회 더 뜨기, 겉뜨기1.

8~12단(바탕색) : 메리야스뜨기(겉면단은 겉뜨기, 안면단은 안뜨기). 첫 코는 항상 걸러뜬다.

13단(겉면, 배색) : ※이 단에서는 첫 코를 걸러뜨지 않습니다. 겉뜨기3. *왼바늘 코의 4단 아래 코(2번째 바탕색단에 있는 바탕색 코)를 오른바늘 끝으로 겉뜨기. 왼바늘의 첫 코 떨구기(떨군 코는 뜬 코에서 서서히 풀린다). 겉뜨기3*. 끝까지 *-*을 반복한다.

14~18단(배색) : 메리야스뜨기(겉면단은 겉뜨기, 안면단은 안뜨기). 첫 코는 항상 걸러뜬다. 7~18단을 반복해 패턴을 만든다.

POINT

이 패턴에 사용한 테크닉과 손뜨개 약어는 15~23페이지를 참고하세요.
구간과 구간 사이에서 실을 자르지 않아도 되며, 뜨개바탕 가장자리를 따라 가져가면 됩니다.

한눈에 보는 구성

넉넉한 핏의 작품 18번은 어깨가 편안하게 늘어집니다. 각 부분을 바텀업의 평면뜨기로 떠서 백스티치로 연결합니다. 솔기가 있어서 스웨터가 좀 더 입체적입니다.
2×2 고무뜨기로 앞·뒤판, 소매를 시작합니다. 목둘레를 완성한 다음 어깨를 꿰매고, 소매를 달며, 소매와 옆선을 꿰맵니다.
이 스웨터는 남은 실을 사용하기에 아주 좋은 작품입니다. 바탕색으로 회색이나 흰색을 고르고, 같은 무게의 대비색을 골라서 배열합니다.
앞·뒤판은 허리나 가슴 모양을 잡지 않으므로 사이즈 변경 작업이 수월합니다. 길이를 더 길게 또는 짧게 할 수 있고, 소매도 더 넉넉하게 뜰 수 있습니다.

뜨는 법

뒤판

바탕실과 3mm(US 2.5) 바늘로 롱테일 코잡기 또는 선호하는 코잡기를 이용해 135(151, 163, 175, 187) (203, 215, 227)코를 만든다. 다음과 같이 2×2 고무뜨기로 밑단을 뜬다.
1단(안면) : *겉뜨기2, 안뜨기2*, 3코 남을 때까지 *-* 반복, 겉뜨기2, 안뜨기1.
2단(겉면) : 겉뜨기 코는 겉뜨기, 안뜨기 코는 안뜨기를 한다.
고무뜨기 밑단이 3.5cm 될 때까지 2단을 반복하고, 안면단으로 끝낸다.
3.5mm(US 4) 바늘로 바꾸고, 겉면단부터 구슬뜨기를 시작한다. 뜨개바탕 길이가 52(53, 54, 55, 57) (59, 60, 62)cm 될 때까지 구슬뜨기를 하는데, 8단 또는 14단으로 끝낸다.

목둘레 & 어깨

겉면단부터 계속 뜬다. 구슬뜨기로 39(46, 51, 56, 62) (69, 74, 79)코, 다음 57(59, 61, 63, 63) (65, 67, 69)코를 스티치 홀더나 별실에 걸어두기(목둘레). 다음 39(46, 51, 56, 62) (69, 74, 79)코를 다른 스티치 홀더나 별실에 걸어둔다(왼쪽 어깨).
뒤판 오른쪽 어깨부터 뜬다. 오른쪽 어깨 코로 구슬뜨기를 하는데, 목둘레를 만들기 위해 안면단을 시작할 때 2코 코막음을 해 코줄이기를 한다. 다음 안면단에서 1회 더 한다. 35(42, 47, 52, 58) (65, 70, 75)코가 남아 있다.

뒤판 길이가 총 54(55, 56, 57, 59) (61, 62, 64)cm 될 때까지 구슬뜨기를 계속한다. 느슨하게 코막음한다.
이어서 뒤판 왼쪽 어깨를 뜬다. 겉면단(목 가장자리에서)으로 시작하는데, 실을 연결하고 구슬뜨기를 계속한다. 겉면단을 시작할 때 2코 코막음을 해 목둘레 코줄이기를 시작한다. 다음 겉뜨기단에서 1회 더 한다. 35(42, 47, 52, 58) (65, 70, 75)코가 남아 있다. 구슬뜨기를 계속해 오른쪽 어깨와 길이를 맞춘다. 느슨하게 코막음한다.

앞판

앞판 길이가 50(51, 52, 53, 55) (57, 58, 60)cm 될 때까지 뒤판과 같은 방법으로 뜨는데, 8단 또는 14단으로 끝낸다.
※앞판 목둘레를 더 깊게 파고 싶으면 코줄이기를 더 일찍 시작합니다.

목둘레 & 어깨

겉면단으로 계속 뜬다. 겉뜨기46(53, 58, 63, 69) (76, 81, 86). 다음 43(45, 47, 49, 49) (51, 53, 55)코를 스티치 홀더 또는 별실에 걸기(목둘레). 다음 46(53, 58, 63, 69) (76, 81, 86)코를 다른 스티치 홀더 또는 별실에 걸기(오른쪽 어깨).
앞판 왼쪽 어깨(오른쪽 앞판 부분)를 뜬다. 구슬뜨기를 계속하면서 동시에 목둘레를 만들기 위해 모든 안면단을 시작할 때(목 가장자리에서) 다음과 같이 코줄이기를 한다.
줄이기 1단(안면) : 4코 코막음.
줄이기 2·3단(안면) : 2코 코막음.
줄이기 4~6단(안면) : 1코 코막음.
35(42, 47, 52, 58) (65, 70, 75)코가 남아 있다.
뒤판과 마찬가지로 앞판 길이가 54(55, 56, 57, 59) (61, 62, 64)cm 될 때까지 구슬뜨기를 계속한다. 느슨하게 코막음한다.
이어서 앞판 오른쪽 어깨를 뜬다. 겉면단(목 가장자리에서)으로 시작하는데, 실을 연결해 구슬뜨기를 계속한다. 다음 겉면단부터 코줄이기를 시작하는데, 모든 겉면단을 시작할 때(목 가장자리에서) 다음과 같이 코줄이기를 한다.
줄이기 1단(겉면) : 4코 코막음.
줄이기 2·3단(겉면) : 2코 코막음.
줄이기 4~6단(겉면) : 1코 코막음.
※색을 바꿀 때마다 실을 잘라야 합니다. 이제 바늘에는 35(42, 47, 52, 58) (65, 70, 75)코가 남아 있습니다.
구슬뜨기를 계속해 왼쪽 어깨와 길이를 맞춘다. 느슨하게 코막음한다.

소매

바탕실과 3mm(US 2.5) 바늘로 롱테일 코잡기 또는 선호하는 코잡기를 이용해 59(59. 63. 6.3 67) (67. 71. 71)코를 만든다. 다음과 같이 2×2 고무뜨기로 소맷부리를 만든다.

1단(안면) : *겉뜨기2, 안뜨기2*, 3코 남을 때까지 *-* 반복, 겉뜨기2, 안뜨기1.

2단 : 겉뜨기 코는 겉뜨기, 안뜨기 코는 안뜨기를 한다.

소맷부리 고무뜨기단이 4.5cm 될 때까지 2단을 반복하고, 안면단으로 끝낸다.

3.5mm(US 4) 바늘로 바꾸고, 겉면단으로 시작하는 구슬뜨기를 시작한다. 소매 길이가 9(9. 9. 8. 8) (7. 6. 6)cm 되면, 겉면단에서 다음과 같이 코늘리기를 시작한다.

늘리기단(겉면) : 구슬뜨기를 계속하면서, 첫 코와 마지막 코에서 코늘리기를 한다. (+2코).

늘리기단을 10(9. 8. 7. 7) (6. 6. 5)번째 단마다 12(15. 16. 19. 20) (25. 27. 32)회 더 반복한다. 총 +26(32. 34. 40. 42) (52. 56. 66)코. 소매에 총 85(91. 97. 103. 109) (119. 127. 137)코가 있다.

※양옆에서 새로 코가 만들어졌으므로 기존 단을 따라 구슬뜨기를 합니다. 지금쯤은 구슬뜨기에 익숙해졌으니 코를 떨궈야 하는 위치를 알므로 가능하면 가장자리 코에서 구슬뜨기를 시작합니다. 단, 단의 첫 코나 마지막 코는 늘어난 코이므로 그 코에서는 떨군 코를 뜨지 마세요.

소매 길이가 42(42. 42. 42. 40) (40. 40. 40)cm 되면 느슨하게 코막음한다

같은 방법으로 2번째 소매도 만든다.

블로킹하기

실 끝을 보이지 않게 정리한다. 치수에 맞춰 습식 블로킹을 하고 완전히 건조한다. 뜨개바탕 치수는 '완성 치수+솔기 0.5cm'여야 한다.

목둘레 고무뜨기

앞·뒤판을 겉면끼리 맞대놓고, 가장자리 안쪽 0.5cm에서 백 스티치로 1번째 어깨를 연결한다. 바탕실과 겉면을 앞에 놓고, 오른쪽 목둘레 가장자리부터 코를 주워 겉뜨기한다. 약 1 : 1의 고른 간격으로 코를 줍고, 목둘레에서 3번째 또는 4번째 코는 건너뛴다. 스티치 홀더나 별실에 두었던 코에 이르면, 그 코들을 바늘로 옮기고 겉뜨기를 한다. 목둘레 전체에서 코를 주워 겉뜨

기한다. 이제 바늘에 158(162. 166. 170. 170) (174. 178. 182)코가 있다. 단, 앞판 목둘레를 더 깊게 팠으면 코가 더 많다. 코들을 원형으로 연결하지 않는다.

※목둘레 고무뜨기를 평면으로 떠서 반대쪽 어깨는 나중에 꿰매어 연결하므로 콧수는 정확하지 않아도 됩니다. 양쪽 어깨를 먼저 연결하고 목둘레 고무뜨기를 원형으로 뜨고 싶으면 콧수가 4의 배수여야 합니다.

목둘레단이 2cm 정도 될 때까지 2×2 고무뜨기를 한다. 다음 겉면단에서 느슨하게 코막음한다.

연결하고 마무리하기

가장자리 안쪽 0.5cm에서 백 스티치로 반대쪽 어깨를 연결한다. 소매산 중심이 어깨솔기와 만나고, 소매가 앞·뒤판에 대칭이 되도록 연결한다. 옆선과 소매 솔기를 꿰맨 다음 남은 실 끝을 보이지 않게 정리한다.

19 마르타 베스트_{Marta}

가터뜨기로만 구성한 베스트로, 옆으로 뜨는 재미있는 구조입니다. 자수 스트라이프로 솜씨를 발휘해보세요!

사이즈

1 (2. 3. 4. 5) (6. 7. 8)

권장 여유분 … +15~20.5cm

완성 치수

가슴둘레 … 97 (111.5. 123. 134.5. 145.5) (157. 168.5. 180)cm

총 길이(뒤 목~밑단) … 57.5 (61.5. 63. 63. 66) (66.5. 70. 73)cm

몸판 길이(진동 둘레~밑단) … 25 (27.5. 29. 27.5. 29) (30. 30. 33.5)cm

재료

실 … 샌드니스 간 프리티즈간Fritidsgarn by Sandnes Garn(울 100%. 70m/50g) Naturmelert 2641 8(8. 10. 11. 12) (13. 15. 17) 스케인

자수실 … DMC 6가닥 자수실(면 100%. 8m/2g) 7(9. 11. 11. 12) (15. 15. 17)개

※샘플(→P.109)은 핑크(3779), 브라운(3031), 그린(934. 2배)을 사용했습니다. 여러 색을 사용한다면 색별로 2(3. 3. 3. 3) (4. 4. 5)개가 필요합니다.

대체실(베스트용) … 벌키 얀 약 560(560. 700. 770. 840) (910. 1050. 1189)m

대체실(자수용) … 약 48(64. 80. 80. 92) (112. 112. 128)m

바늘 … 5.5mm(US 9) 줄바늘(80cm), 6mm(US 10) 줄바늘(80m)

도구 … 스티치 마커, 돗바늘(자수용), 코바늘(잇기용)

게이지

가터뜨기(6mm 바늘) 12코×28단

POINT

이 패턴에 사용한 테크닉과 손뜨개 약어는 15~23페이지를 참고하세요.

뜨는 과정에 스티치 마커가 나오면 걸러뜹니다. 뺄 수 있는 스티치 마커를 사용하면 단수를 세는 데 도움이 됩니다. 가터뜨기의 산은 2단에 1개씩입니다.

한눈에 보는 구성

작품 19번은 단순한 가터뜨기를 옆으로 뜬 베스트입다. 평면뜨기로 앞판부터 뜨고 뒤판을 뜬뒤, 어깨와 양 옆선을 꿰매어 앞·뒤판을 연결합니다. 그 후에 스트라이프를 수놓아 완성합니다. 마지막으로 진동 둘레과 목둘레. 밑단에 고무뜨기를 합니다.

이 베스트는 자수가 없어도 멋지지만, 겁내지 말고 익혀보세요. 민무늬 베스트를 원한다면 자

수는 생략하고 고무뜨기를 하면 됩니다. 자수
실로 손염색실이나 특수 가공한 실을 써도 좋
습니다.

뜨는 법

앞판

오른쪽 어깨에서 시작해 왼쪽 어깨에서 끝낸다.
6mm(US 10) 바늘로 롱테일 코잡기 또는 선호
하는 코잡기를 이용해 58(62. 64. 64. 66) (68. 72.
76)코를 만든다.
가터뜨기(겉뜨기단)로 9(9. 11. 13. 15) (17. 19. 21)단
을 뜨는데, 첫 단과 마지막 단은 안면단이어야
한다.
다음 단(늘리기단. 겉면) : 1코 남을 때까지 겉뜨기,
왼코 만들기, 겉뜨기1. (+1코).
가터뜨기(겉뜨기단)를 계속하면서 늘리기단을
10(10. 12. 14. 16) (18. 20. 22)번째 단마다 총 3(4.
4. 4. 4) (4. 4. 4)회 반복한다. 지금 바늘에 61(66. 68.
68. 70) (72. 76. 80)코가 있다.
겉뜨기로 2단을 뜬다.
다음과 같이 코줄이기를 시작해 오른쪽 브이넥
을 만든다.
다음 단(안면) : 2코 코막음. 끝까지 겉뜨기. (-2코).
다음 단(겉면) : 겉뜨기.
이전의 두 단을 17회 더 반복한다. 지금 바늘에
25(30. 32. 32. 34) (36. 40. 44)코가 있다.
겉뜨기로 2단을 뜬다.
다음과 같이 코늘리기를 시작해 왼쪽 브이넥을
만든다.
다음 단(안면) : 니티드 코잡기 또는 선호하는 코
잡기로 2코 만들기, 끝까지 겉뜨기. (+2코).
다음 단(겉면) : 겉뜨기.
이전의 두 단을 17회 반복한다. 지금 바늘에 61(66.
68. 68. 70) (72. 76. 80)코가 있다.
겉뜨기로 2단을 뜬다.
다음 단(줄이기단. 안면) : 겉뜨기1, 왼코 겹쳐 2코
아뜨기, 끝까지 겉뜨기. (-1코).
가터뜨기(겉뜨기단)를 계속하면서 코줄이기를
10(10. 12. 14. 16) (18. 20. 22)번째 단마다 총 3(4. 4.
4) (4. 4. 4)회 반복한다. 지금 바늘에 58(62. 64.
64. 66) (68. 72. 76)코가 있다.
겉뜨기로 9(9. 11. 13. 15) (17. 19. 21)단을 뜬다.
모든 코를 느슨하게 코막음한다.

뒤판

오른쪽 어깨에서 시작해 왼쪽 어깨에서 끝낸다.
6mm(US 10) 바늘로 롱테일 코잡기 또는 선호
하는 코잡기를 이용해 58(62. 64. 64. 66) (68. 72.
76)코를 만든다.
가터뜨기(겉뜨기단)로 9(9. 11. 13. 15) (17. 19. 21)단을
뜬다. 첫 단과 마지막 단은 겉면단이어야 한다.
다음 단(늘리기단. 안면) : 1코 남을 때까지 겉뜨기,
왼코 만들기, 겉뜨기1. (+1코).
가터뜨기(겉뜨기단)를 계속하면서 코늘리기를
10(10. 12. 14. 16) (18. 20. 22)번째 단마다 총 3(4.
4. 4. 4) (4. 4. 4)회 반복한다. 지금 바늘에 61(66. 68.
68. 70) (72. 76. 80)코가 있다.
가터뜨기(겉뜨기단)로 78단을 뜬다.
다음 단(줄이기단. 겉면) : 왼코 겹쳐 2코 모아뜨기,
끝까지 겉뜨기.
가터뜨기(겉뜨기단)를 계속하면서 코줄이기를
10(10. 12. 14. 16) (18. 20. 22)번째 단마다 총 3(4.
4. 4. 4) (4. 4. 4)회 반복한다. -3(4. 4. 4. 4) (4. 4. 4)코.
지금 바늘에 58(62. 64. 64. 66) (68. 72. 76)코가 있다.
가터뜨기(겉뜨기단)로 9(9. 11. 13. 15) (17. 19. 21)단
을 뜬다.
모든 코를 느슨하게 코막음한다.

연결하기

※앞·뒤판을 블로킹부터 하면 쉽게 연결할 수 있
습니다.
다음과 같이 앞·뒤판을 연결한다. 코바늘이나
다닝 바늘Darning needle을 이용해 메리야스 잇
기로 어깨를 연결한다. 이어서 약 25.5(26.5.
26.5. 28. 28) (29. 32. 32)cm의 진동 둘레를 남기고
양 옆선을 연결한다.
앞·뒤판을 모두 연결해 베스트를 완성했으면 스
트라이프 자수를 놓는다.

자수 놓기

모든 스트라이프는 4줄인데 색 조합은 니터의
마음에 달렸다. 모든 선은 수평선이며 겉뜨기 코
아래, 안뜨기 코 위에서 러닝스티치를 한다. 스
트라이프와 스트라이프 사이에는 8코가 있다.
밑단 위 4cm, 옆선에서 자수를 시작하는데 처
음에는 안면에서 몇 코를 꿰맨다. 몇 땀씩 수놓
을 때마다 뜨개바탕을 조금씩 당겨야 자수를 곱
게 놓을 수 있다.
밑단 위 4cm, 왼쪽이나 오른쪽 옆선에서 첫 자

수를 시작한다. 처음에는 안면의 같은 자리에서 서너 번 수놓아 실을 준비한다. 안뜨기 코 위, 겉뜨기 코 아래에서 수놓는다. 단, 수놓기는 아주 느슨하게 한다. 실을 너무 세게 당기면 뜨개바탕이 약간 당겨지고 실이 뜨개바탕에 깊숙이 파고들게 된다.

실을 거의 사용하면 안면의 같은 곳 같은 자리에서 서너 번 수놓고, 새 실로 이전처럼 시작한다. 스트라이프 1개는 라인 4개로 이뤄져 있다. 1번째 라인을 완성하면 그 위에 다음 라인을 시작한다. 라인 4개를 완성하면 그 위로 8코를 센 뒤 9번째 코에서 새 라인을 시작한다. 위로 올라가며 라인을 계속 만든다. 목둘레에 이르면 대칭이 되도록 콧수를 센 다음 양쪽에서 스트라이프를 수놓는다.

고무뜨기

5.5mm (US 9) 바늘로 바꾼다.
다음과 같이 진동 둘레를 따라 고무뜨기를 한다.
48(54, 58, 60, 64) (66, 70, 72)코를 주워 겉뜨기하고, 스티치 마커(원형단 시작)를 끼운다.
다음 원형단 : *겉뜨기1, 안뜨기1*, 끝까지 *-*을 반복한다.
1×1 고무뜨기로 총 6단을 뜬다.
모든 코를 코막음한다.
다음과 같이 앞판 밑단에서 고무뜨기를 한다.
밑단의 고무뜨기는 앞·뒤판이 갈라져 있다.
70(76, 84, 92, 100) (106, 114, 126)코를 주워 겉뜨기한다.
다음 단(겉면) : *겉뜨기1, 안뜨기1*, 끝까지 *-*을 반복한다.
1×1 고무뜨기로 총 6단을 뜬다.
모든 코를 코막음한다.
뒤판 밑단도 똑같이 반복한다.
다음과 같이 목둘레 고무뜨기를 한다.
앞판 목 중심에서 시작해 98(102, 104, 106, 106) (108, 108, 110)코를 주워 겉뜨기하고, 스티치 마커(원형단 시작)를 끼운다.
원형 1단 : 안뜨기.
원형 2단 : 겉뜨기.
원형 3단 : 안뜨기.
원형 4단 : *겉뜨기1, 안뜨기1*, 끝까지 *-*을 반복한다.
원형 5단(줄이기단) : 겉뜨기1, 왼코 겹쳐 2코 모아 안뜨기, 안뜨기1, *겉뜨기1, 안뜨기1*, 2코 남을 때까지 *-* 반복, 왼코 겹쳐 2코 모아 안뜨기. (-2코).
원형 6단 : 겉뜨기1, 안뜨기2, *겉뜨기1, 안뜨기

1*, 1코 남을 때까지 *-* 반복, 안뜨기1.
원형 7단(줄이기단) : 겉뜨기1, 왼코 겹쳐 2코 모아 안뜨기, *겉뜨기1, 안뜨기1*, 2코 남을 때까지 *-* 반복, 왼코 겹쳐 2코 모아 안뜨기. (-2코).
원형 8단 : *겉뜨기1, 안뜨기1*, 끝까지 *-*을 반복한다.
5~8단을 1회 더 반복한다.
모든 코를 코막음한다.

마무리하기

실 끝을 보이지 않게 정리한 다음 치수에 맞춰 습식 블로킹을 한다.

티나 후흐타니에미

20 마시멜로 모자Marshmallow

발라클라바는 겨울 패션의 궁극적인 아이템입니다. 머리에 딱 맞아 움직이지 않으며 머리와 목까지 따뜻합니다. 이 작품은 2가닥의 실을 함께 잡고 뜹니다.

사이즈

1(2, 3)
머리둘레 ⋯ 51~53(53~58.5, 58.5~63.5)cm
※여유분이 없도록 머리둘레보다 약간 작게 뜹니다.

완성 치수

너비(편평하게 펼쳐놓고 측정) ⋯ 19.5(22.5, 25)cm

재료

실 ⋯ 투쿠울 투쿠울 DK Tukuwool DK by Tukuwool
(핀란드 울 100%. 250m/100g) Valo(→P.114) 또는
Sake(→P.113) 1스케인
실 ⋯ 이사거 실크 모헤어 Silk Mohair by Isager
(키드 모헤어 75%. 실크 25%. 212m/25g) 22 Yellow

(→P.114) 또는 19 Pink(→P.113) 1스케인
※두 실을 함께 잡고 뜹니다.
대체실 ⋯ DK 얀 약 150(203, 250)m, 레이스 얀
약 144(178, 212)m
바늘 ⋯ 4.5mm(US 7) 줄바늘(고무뜨기용), 5mm
(US 8) 줄바늘(가터뜨기용)
※매직루프를 사용하지 않으면 같은 호수의 장
갑바늘을 써도 됩니다.
도구 ⋯ 스티치 마커

게이지

가터뜨기(5mm 바늘) 15코×30단

POINT

이 패턴에 사용한 테크닉과 손뜨개 약어는
15~23페이지를 참고하세요.

뜨는 과정에 스티치 마커가 나오면 걸러뜹니다.
경사뜨기로 뒤통수 모양을 만듭니다. 작품 20
번은 경사뜨기를 할 때 랩을 하지 않지만, 다른
경사뜨기를 해도 상관없습니다.

한눈에 보는 구성

이 발라클라바는 톱다운으로 이음매 없이 뜹니다. 정수리(톱)에서 시작하고 경사뜨기로 뒤통수 모양을 잡습니다. 그다음 정수리의 옆과 뒤에서 코를 주워 겉뜨기하고 본체를 뜹니다. 목부분의 고무뜨기를 한 후 전면 가장자리에서 코를 주워 고무뜨기를 합니다.

뜨는 법

정수리

5mm(US 8) 바늘과 2가닥 실로 롱테일 코잡기 또는 선호하는 코잡기를 이용해 22코를 만든다. 평면뜨기를 계속한다.

가터뜨기(겉뜨기단)로 12.5(15, 16.5)cm를 뜬다.

선회점 모양을 만들기 위해 경사뜨기로 작은 삼각형을 뜬다.

가터뜨기는 경사뜨기를 하기 쉽다. 랩을 하지 않고 뜨개바탕만 돌리면 된다. 돌릴 때 코와 코 사이의 구멍이 보이지 않는다.

1단(겉면) : 겉뜨기14, 오른코 겹쳐 2코 모아뜨기, 겉뜨기1, 뜨개바탕 돌리기. (-1코).

2단(안면) : 걸러뜨기1(실앞, 안뜨기 방향), 겉뜨기7, 왼코 겹쳐 2코 모아뜨기, 겉뜨기1, 뜨개바탕 돌리기. (-1코).

3단 : 걸러뜨기1(실뒤, 안뜨기 방향), 앞단의 구멍 1코 전까지 겉뜨기, 오른코 겹쳐 2코 모아뜨기, 겉뜨기1, 뜨개바탕 돌리기. (-1코).

4단 : 걸러뜨기1(실앞, 안뜨기 방향), 앞단의 구멍 1코 전까지 겉뜨기, 왼코 겹쳐 2코 모아뜨기, 겉뜨기1, 뜨개바탕 돌리기. (-1코).

3·4단을 1회 더 반복한다.

7단 : 걸러뜨기1(실뒤, 안뜨기 방향), 앞단의 구멍 1코 전까지 겉뜨기, 오른코 겹쳐 2코 모아뜨기, 뜨개바탕 돌리기. (-1코).

8단 : 걸러뜨기1(실앞, 안뜨기 방향), 앞단의 구멍 1코 전까지 겉뜨기, 왼코 겹쳐 2코 모아뜨기. (-1코). 총 14코가 되었다. 실을 자르고, 뜨개바탕을 돌린 다음 겉면에서 코줍기를 시작한다.

모자 옆면

다음 단(겉면) : 오른쪽 가장자리에서 20(24, 28)코를 주워 겉뜨기, 겉뜨기14, 왼쪽 가장자리에서 20(24, 28)코를 주워 겉뜨기. 총 54(62, 70)코. 모자 옆면이 코줍기단부터 18(20.5, 21.5)cm 될 때까지 가터뜨기를 계속하고, 안면단으로 끝낸다. 겉면단을 시작하고 끝낼 때 다음과 같이 코늘리기를 한다.

1단(겉면) : 겉뜨기1, 왼코 만들기, 1코 남을 때까지 겉뜨기, 오른코 만들기, 겉뜨기1. (+2코).

2단(안면) : 겉뜨기.

1·2단을 4회 더 반복한다.

1단을 1회 더 반복하고 단이 끝날 때 백워드 루프 코잡기나 니티드 코잡기로 2코를 만든다. 총 68(76, 84)코.

4.5mm(US 7) 바늘로 바꾸고, 원형뜨기를 시작한다. 원형단 시작 마커를 끼운다.

목 고무뜨기

2×2 고무뜨기를 시작한다.

원형 1단 : *겉뜨기2, 안뜨기2*, 끝까지 *-*을 반복한다.

고무뜨기단이 총 14단 또는 원하는 길이가 될 때까지 고무뜨기를 계속한다.

패턴대로 코를 느슨하게 코막음하고, 실을 자른다.

전면 고무뜨기

전면 가장자리에서 고무뜨기를 한다.

4.5mm(US 7) 바늘로 발라클라바 전면에서 고른 간격으로 88(96, 104)코를 주워 겉뜨기한다. 코줍기를 가터뜨기의 산에서 하면 가장 보기 좋다. 원형단 시작 마커를 끼운다.

원형 1단 : *겉뜨기2, 안뜨기2*, 끝까지 *-*을 반복한다.

고무뜨기단이 총 5단이 될 때까지 2×2 고무뜨기를 계속한다.

패턴대로 코를 코막음하고, 실을 자른다.

마무리하기

실 끝을 보이지 않게 정리한 다음 치수에 맞춰 습식 블로킹을 한다.

21 레모네이드 Lemonade

SUPER EASY!

이 양말 패턴은 핑거링 얀으로 뜨면 신발을 신을 수 있어서 좋습니다. 양말 뜨기는 한 번 익히고 나면 앞으로 얼마든지 뜰 수 있답니다!

사이즈

1(2. 3)
권장 여유분 … -0~1.5cm

완성 치수

둘레 … 18(20. 22)cm
길이 … 조절 가능

재료

바탕실 … 캐스케이드 얀즈 헤리티지Heritage by Cascade Yarns(슈퍼워시 메리노 75%. 나일론 25%. 400m/100g) 5737 Orange 1스케인
배색실 … 캐스케이드 얀즈 헤리티지Heritage by Cascade Yarns(슈퍼워시 메리노 75%. 나일론 25%. 400m/100g) 5646 Pink 1스케인

대체실(바탕) … 핑거링 얀 약 200(225. 250)m
대체실(배색) … 핑거링 얀 약 115(130. 144)m
바늘 … 2.25(US 1) 줄바늘(80~120cm)
도구 … 스티치 마커

게이지

메리야스뜨기 36코×46단

POINT

이 패턴에 사용한 테크닉과 손뜨개 약어는 15~23페이지를 참고하세요.
발 둘레는 가장 두꺼운 부분을 측정합니다. 중간 사이즈는 작은 사이즈를 뜨는 것이 좋습니다. 뜨는 법은 줄바늘로 뜨는 매직루프에 맞춰져 있지만 장갑바늘로도 뜰 수 있습니다. 장갑바늘로 뜬다면 뜨는 과정에서 스티치 마커를 만나면 걸러뜹니다. 배색은 1색 또는 최대 3색을 넘지 않는 게 좋습니다.

한눈에 보는 구성

작품 21번은 발목부터 발가락까지 한 번에 뜹니다. 발목과 다리를 원형뜨기로 만들고 뒤꿈치는 힐 플랩으로 평면뜨기를 합니다. 발을 뜬 후에는 코줄이기로 발가락 모양을 만듭니다. 발목과 뒤꿈치, 발가락 부분은 배색실로 뜹니다. 실 색을 바꿀 때는 조그리스 스트라이프Jogless stripe method를 사용합니다.

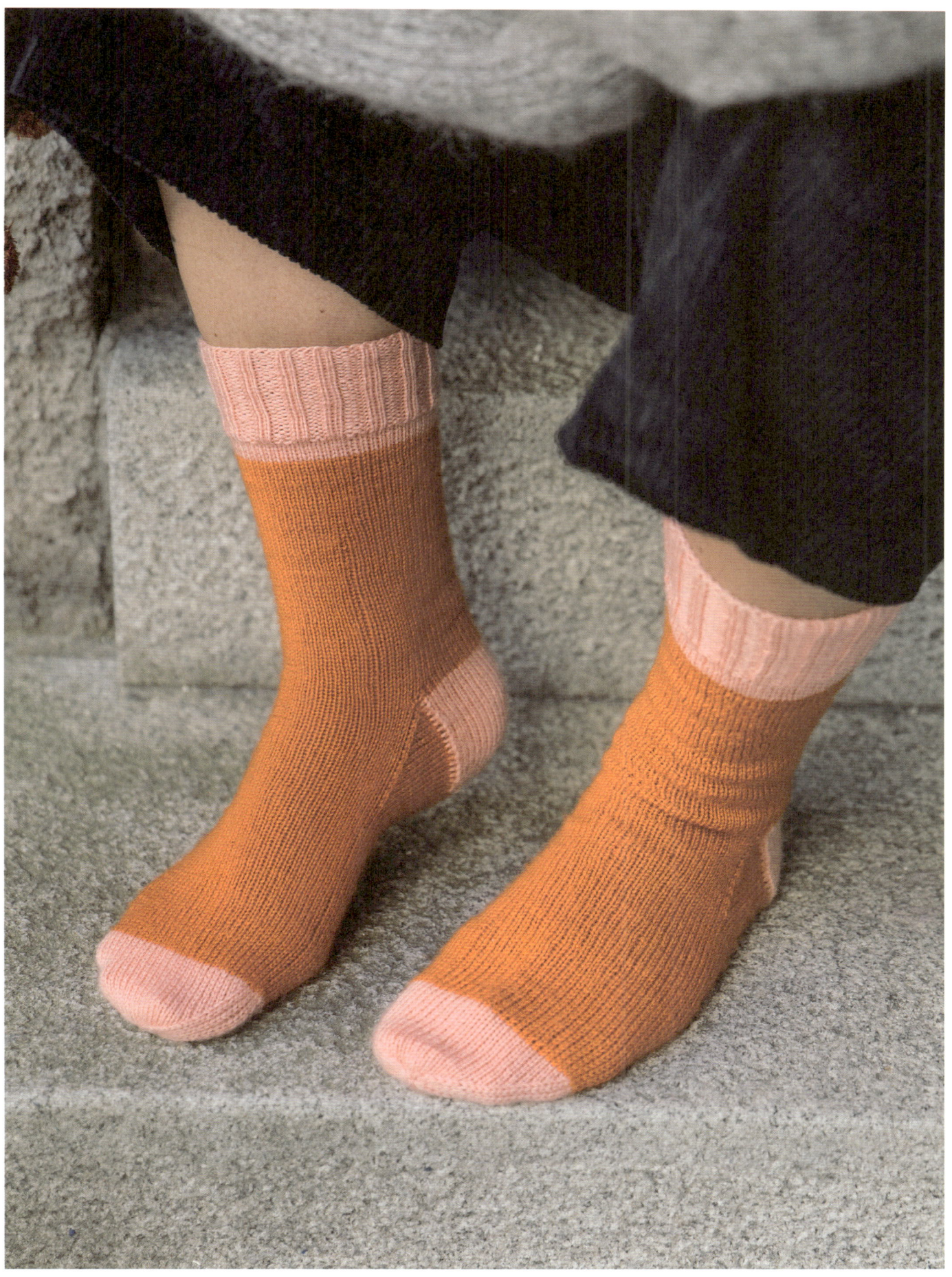

뜨는 법

발목 & 다리

배색실로 64(72. 80)코를 만든다. 이때 독일식 트위스티드 코잡기를 사용하면 가장자리의 신축성이 좋아 양말을 뜰 때 좋다. 방법은 온라인에서 배울 수 있다. 코가 꼬이지 않도록 주의하면서 원형으로 연결한다.

2×2 고무뜨기로 26단 또는 6cm를 뜬다.

이어서 메리야스뜨기(겉뜨기)로 5단을 뜬다. 배색실을 자른다.

바탕실을 연결하고 겉뜨기로 1단을 뜬다. 구멍이 생기지 않도록 배색실 끝 위로 바탕실을 가져와 꼰다. 실을 뒤에 두고 안뜨기 방향으로 1코를 걸러뜬다. 이렇게 하면 조그리스 스트라이프가 생긴다. 메리야스뜨기로 13cm를 계속 뜬다. 이쯤 되면 뜨개바탕 길이가 코잡기단부터 19cm 정도 된다. 바탕실을 자른다.

뒤꿈치

힐 플랩

배색실을 연결한다. 뜨개바탕을 돌리고. 발등용 32(36. 40)코를 스티치 홀더나 대바늘에 걸어둔다.

32(36. 40)코로 다음과 같이 힐 플랩을 뜨기 시작한다.

1단(안면) : 걸러뜨기1(실뒤. 안뜨기 방향). 끝까지 안뜨기.

2단(겉면) : 걸러뜨기1(실뒤. 안뜨기 방향). 끝까지 겉뜨기.

1·2단을 16(18. 20)회 또는 힐 플랩이 7(7.5. 8.5)cm 될 때까지 반복하고(힐 플랩 너비의 ¾ 정도). 안면단인 1단으로 끝낸다.

힐 턴

1단(겉면) : 걸러뜨기1(실뒤. 안뜨기 방향). 겉뜨기18(20. 22). 뜨개바탕 돌리기. (-1코).

2단(안면) : 걸러뜨기1(실앞. 안뜨기 방향). 안뜨기7(7.7). 왼코 겹쳐 2코 모아 안뜨기. 안뜨기1. 뜨개바탕 돌리기. (-1코).

3단 : 걸러뜨기1(실뒤. 안뜨기 방향). 구멍 1코 전까지 겉뜨기. 오른코 겹쳐 2코 모아뜨기. 겉뜨기1. 뜨개바탕 돌리기. (-1코).

4단 : 걸러뜨기1(실앞. 안뜨기 방향). 구멍 1코 전까지 안뜨기. 왼코 겹쳐 2코 모아 안뜨기. 안뜨기1. 뜨개바탕 돌리기. (-1코).

코를 모두 뜰 때까지 3·4단을 반복한다.

뒤꿈치 20(22. 24)코가 있다. 배색실을 자른다.

거싯

바탕실을 연결한다.

힐 플랩의 양옆에서 코를 줍고. 원형단 시작을 표시하는 마커를 끼운다. 원형뜨기를 계속한다.

다음 단(겉면) : 뒤꿈치 20(22. 24)코 겉뜨기. 힐 플랩 옆에서 16(18. 20)코를 주워 겉뜨기. 발을 뜨기 위한 코와 힐 플랩 사이의 공간에서 추가로 1코를 주워 겉뜨기(구멍 방지용). 마커 끼우기. 겉뜨기32(36. 40) (발). 마커 끼우기. 발을 뜨기 위한 코와 힐 플랩 사이의 공간에서 추가로 1코를 주워 겉뜨기(구멍 방지용). 힐 플랩 옆에서 16(18. 20)코를 주워 겉뜨기. 겉뜨기10(11. 12). 원형단 시작을 표시하는 마커 끼우기.

총 86(96. 106)코.

원형 1단 : 마커 3코 전까지 겉뜨기. 왼코 겹쳐 2코 모아뜨기. 겉뜨기1. 마커 걸러뜨기. 마커까지 겉뜨기. 마커 걸러뜨기. 겉뜨기1. 오른코 겹쳐 2코 모아뜨기. 끝까지 겉뜨기. (-2코).

원형 2단 : 겉뜨기.

64(72. 80)코가 남을 때까지 1·2단을 반복하면서 2번째 단마다 코줄이기를 한다.

새끼발가락이 덮일 때까지 또는 원하는 길이-5(6. 6.5)cm 될 때까지 메리야스뜨기를 계속한다. 마지막 단에서 원형단 시작 마커를 뺀다. 다음 마커(새 원형단 시작 마커로 바늘 1의 시작. 발등 코 전)까지 겉뜨기를 하고. 바탕실을 자른다.

발가락

배색실을 연결하고 겉뜨기로 1단을 뜬다. 구멍이 생기지 않도록 바탕실 끝 위로 배색실을 가져와 꼰다. 실을 뒤에 두고 안뜨기 방향으로 1코를 걸러뜬다. 이렇게 하면 이음매 없는 스트라이프가 생긴다. 단의 끝까지 겉뜨기한다.

발가락 코줄이기를 한다. 코들을 바늘 2개에 똑같이 나눈다.

처음 32(36. 40)코를 바늘 1(발등)로. 다음 32(36. 40)코는 바늘 2(발바닥)로 옮긴다.

원형 1단(바늘 1) : 겉뜨기1. 오른코 겹쳐 2코 모아뜨기. 3코 남을 때까지 겉뜨기. 왼코 겹쳐 2코 모아뜨기. 겉뜨기1.

원형 1단(바늘 2) : 겉뜨기1. 오른코 겹쳐 2코 모아뜨기. 3코 남을 때까지 겉뜨기. 왼코 겹쳐 2코 모아뜨기. 겉뜨기1. (-4코).

원형 2단 : 겉뜨기.

1·2단을 총 7(9. 11)회 반복한다. 각 바늘에 18(18. 18)코가 있다.

1단을 5회 더 반복한다. 각 바늘에 8코가 있다.

마무리하기

실을 자르고 실 끝을 남은 코들 사이로 잡아 뺀다. 원한다면 그래프팅으로 발가락을 막아도 된다. 실 끝을 보이지 않게 정리한 다음 치수에 맞춰 블로킹한다.

컬레를 이루는 2번째 양말을 뜬다.

린지 파울러

22 애송이 머플러 Fledgling

넓은 스트라이프와 좁은 스트라이프가 함께 들어가며, 전통적인 머플러와 넓은 랩 사이즈가 있습니다. 안감으로 플란넬을 덧댈 수도 있습니다. 쉽지만 테크닉을 익힐 수 있는 작품입니다.

사이즈

머플러(랩)

완성 치수

길이 … 180(151)cm
너비 … 16(43)cm

재료

실 ① … 라 비앙 에메 코리 우스티드Corrie Worsted by La Bien Aimée(포클랜드 코리데일 75%. 고틀란드 25%. 230m/100g) Winterfell 1(3)스케인
실 ② … 라 비앙 에메 코리 우스티드Corrie Worsted by La Bien Aimée(포클랜드 코리데일 75%. 고틀란드 25%. 230m/100g) Coquelicot 1(3)스케인
대체실(실 ①) … 우스티드 약 약 229(686)m

대체실(실 ②) … 우스티드 약 약 229(686)m
※랩(→P.123)은 니팅 포 올리브 헤비 메리노 Knitting for Olive Heavy Merino(뮬싱 프리 메리노울 100%. 125m/50g) Dusty Artichoke(실 ①)와 Hazel(실 ②)로 떴습니다. 뮬싱Mulesing은 깨끗한 양모를 얻으려고 어린 양의 엉덩이살을 도려내 배설물 오염을 방지하는 처리법입니다.
바늘 … 5mm(US 8) 대바늘 또는 줄바늘(40cm/ 60cm)
도구 … 스티치 마커. 코바늘(프린지용). 돗바늘. 바느질바늘. 안감용 플란넬(19×91.5cm. 48.5×78.5cm. 옵션). 안감과 같은 색의 재봉실(옵션)

게이지

메리야스뜨기 18코×25단

POINT

이 패턴에 사용한 테크닉과 손뜨개 약어는 15~23페이지를 참고하세요.
뜨는 과정에 스티치 마커가 나오면 걸러뜁니다. 모양을 깔끔하게 만들고 짜임새와 보온 효과를 높이기 위해 안감을 덧대면 액세서리로서의 머플러 가치가 올라갑니다. 블로킹 후에도 여전히 둥글게 말리는 가장자리에 안감을 대면 모양새가 좋습니다. 안감을 대는 방법은 마무리하기(→P.121)에 설명해놓았습니다.
안감을 대고 싶지 않으면 머플러의 양 끝에서 가터뜨기 테두리를 뜁니다. 양 끝에서 '겉뜨기 3. 걸러뜨기3(실앞. 안뜨기 방향)'을 하는 대신 겉면단과 안면단의 시작과 끝에서 3코를 겉뜨기합니다. 이렇게 하면 가장자리가 깔끔합니다. 랩(→P.123)이 가터뜨기 테두리로 뜬 완성품입니다. 몸판을 완성한 후에는 실 ①로 양 끝에 프린지나 태슬. 폼폼 등을 답니다. 프린지 다는 법(→P.122)을 참고하세요.

한눈에 보는 구성

이 머플러는 한 판으로 평면뜨기를 합니다. 넓은 스트라이프와 좁은 스트라이프가 함께 들어가고, 걸러뜨기 줄이 길게 뻗어 있으며, 가장자리는 아이코드로 떠서 간결합니다. 블로킹 후에 손바느질로 안감을 덧대면 특히 좁은 머플러의 끝이 돌돌 말리는 것을 방지할 수 있습니다.

뜨는 법

코잡기 & 시작하기

실 ①로 롱테일 코잡기 또는 선호하는 코잡기를 이용해 29(77)코를 만든다.
이 패턴은 다음과 같은 약어를 사용했다.
걸러뜨기1(실뒤, 겉뜨기 방향) : 실을 뒤에 두고 겉뜨기 방향으로 걸러뜨기1.
걸러뜨기3(실앞, 안뜨기 방향) : 실을 앞에 두고 안뜨기 방향으로 걸러뜨기3.

시작단(안면) : 안뜨기3, *마커 끼우기, 안뜨기5(11), 마커 끼우기, 안뜨기1*, *-* 총 3(5)회 반복, 마커 끼우기, 안뜨기5(11), 마커 끼우기, 걸러뜨기3(실앞, 안뜨기 방향).
스티치 마커는 다음과 같이 끼워져 있다.
머플러 : 3/5/1/5/1/5/1/5/3.
랩 : 3/11/1/11/1/11/1/11/1/11/3.

넓은 스트라이프

1단(겉면) : 겉뜨기3, *마커 빼기, 겉뜨기5(11), 마커 빼기, 걸러뜨기1(실뒤, 겉뜨기 방향)*, *-* 총 3(5)회 반복, 마커 빼기, 겉뜨기5(11), 마커 빼기, 걸러뜨기3(실앞, 안뜨기 방향).
2단(안면) : 겉뜨기3, 마지막 마커까지 안뜨기, 마커 빼기, 걸러뜨기3(실앞, 안뜨기 방향).
실 ①로 스트라이프 길이가 코잡기단부터 18(15)cm 될 때까지 1·2단을 반복하고, 2단으로 끝낸다. 실 ①을 자른다.
실 ②로 2번째 스트라이프 길이가 색이 바뀐 곳부터 18(15)cm 될 때까지 1·2단을 반복한다.
실 ①과 실 ②를 번갈아 뜨면서 스트라이프를 총 5개(실 ① 3개+실 ② 2개) 만들고 실 ① 2단으로 끝낸다.
뜨개바탕의 총 길이는 90(75)cm 정도다.

좁은 스트라이프

실 ②로 시작한다.
모든 겉면에서 색 바꾸기를 하면서 1·2단을 반복한다. 이렇게 하면 색마다 2단을 뜨게 된다. 이 구간에서는 색 바꾸기를 할 때 실을 자르지 않아도 된다. 쓰지 않는 실은 옆으로 가져가면 되는데, 색 바꾸는 단을 시작할 때 너무 세게 당기지 않도록 주의한다.
뜨개바탕이 좁은 스트라이프 구간의 시작부터 89(76)cm 될 때까지 반복하면서 실 ①로 끝낸다. 뜨개바탕의 총 길이는 180(151)cm 정도다.

마무리하기

실 ①로 코막음한다.
물에 적신 뒤 완성 치수에 맞춰 블로킹한다.

옵션 : 안감 덧대기

크기 19×91.5(48.5×78.5)cm 플란넬 또는 선택한 직물 2장을 자른다. 재봉틀 또는 손바느질로 2장의 짧은 쪽끼리 연결한다. 솔기를 펼친 뒤 직물에 맞는 온도로 설정한 다리미로 누른다. 밑단을 안으로 1.5cm 접어 넣고 사방에서 다리미로 압력을 가한다. 안감은 안면의 아이코드 테두리 바로 안쪽에 꼭 맞아야 한다. 테두리가 너무 좁으면 밑단 폭을 조절하고 다시 다리미로 누른다.
넓은 스트라이프가 좁은 스트라이프로 바뀌는 곳에 안감의 중앙 솔기를 맞추고, 시침핀이나 클립을 이용해 안감을 뜨개바탕 안면에 고정한다. 이때 뜨개바탕의 짧은 쪽 양 끝에는 프린지를 달 수 있도록 1.5cm를 남긴다.
한쪽 옆 가운데에서 시작해. 머플러를 접은 곳에 안감의 가장자리를 대고 아이코드 테두리 안쪽에 고정하면서 손바느질로 안감을 머플러에 붙인다. 그래야 머플러 겉면에서 바늘땀이 보이지 않는다. 사방을 돌아가며 손바느질로 안감을 머플러에 붙이면서 시침핀이나 클립을 뺀다. 바느질을 마쳤으면 매듭을 짓고 안감 안쪽에 숨긴 뒤 실을 자른다. 필요하면 다시 살짝 스팀 또는 습식 블로킹을 하면 머플러가 빳빳해진다.

프린지 달기

실 ①을 30.5cm씩 7(12)가닥으로 잘라 프린지 다발을 만든다. 머플러 양 끝에 각각 18(26)개 다발을 고른 간격으로 단다.

23 콤피 스웨터 Comfy

슬립 스티치 고무뜨기로 뜨는 편한 스웨터로 소맷부리와 밑단에 색을 넣으면 좀 더 특별해집니다. 뜨개 도안에는 걸러뜨기와 겉뜨기, 안뜨기만 있습니다.

사이즈

1(2. 3. 4. 5) (6. 7. 8)
권장 여유분 ··· +7.5~13.5cm

완성 치수

가슴둘레 ··· 92.5(102.5. 113.5. 123.5. 138.5) (147.5. 158.5. 167.5)cm
길이(겨드랑이~밑단) ··· 31(31. 31. 31. 33.5) (33.5. 33.5. 33.5)cm
요크 길이 ··· 19.5(21. 22. 23. 24) (25.5. 27.5. 28.5)cm
위팔 둘레 ··· 28.5(30. 33.5. 36. 40) (43.5. 47.5. 52.5)cm
소매 길이(겨드랑이부터) ··· 44(44.5. 45.5. 46. 45.5) (46. 45.5. 47)cm
소맷부리 둘레 ··· 22.5(23.5. 25. 26.5. 27.5) (30. 31.5. 32.5)cm
총 길이 ··· 50.5(52. 53. 54. 57.5) (59. 61. 62)cm

재료

바탕실 ··· 말라브리고 우스티드 Worsted by Malabrigo(메리노 100%. 192m/100g) Frank Ochre 6(7. 7. 8. 9) (10. 11. 12)스케인
배색실 ··· 말라브리고 우스티드 Worsted by Malabrigo(메리노 100%. 192m/100g) Cactus Flower 1스케인
대체실(바탕) ··· 우스티드 얀 약 1053(1183. 1332. 1456. 1708) (1857. 2052. 2252)m
대체실(배색) ··· 우스티드 얀 약 22(24. 27. 29. 35) (37. 42. 46)m
바늘 ··· 5mm(US 8) 줄바늘(40cm/60cm/80cm. 몸판+소매용). 4mm(US 6) 줄바늘(40cm/80cm. 고무뜨기용)
도구 ··· 색깔이나 모양이 다른 스티치 마커. 스티치 홀더나 별실

게이지

슬립 스티치 고무뜨기(5mm 줄바늘) 24코×32단
메리야스뜨기(5mm 줄바늘) 18코×24단

슬립 스티치 패턴

원형뜨기
원형 1단 : *걸러뜨기(실뒤. 안뜨기 방향). 안뜨기1*. 끝까지 *-*을 반복한다.
원형 2단 : *겉뜨기1, 안뜨기1*, 끝까지 *-*을 반복한다.
1·2단을 반복해 패턴을 만든다.

평면뜨기
1단(겉면) : *걸러뜨기(실뒤. 안뜨기 방향). 안뜨기1*. 끝까지 *-*을 반복한다.
2단(안면) : *겉뜨기1, 안뜨기1*, 끝까지 *-*을 반복한다.
1·2단을 반복해 패턴을 만든다.

안면에서 케이블 코잡기

뜨개바탕을 돌린다. 안면에서 *왼바늘의 첫 2코 사이에 오른바늘을 뒤에서 앞으로 넣기. 안뜨기할 때처럼 실을 감아 잡아 빼서 코 만들기. 새로 만든 이 코를 왼바늘로 걸러뜨기*. *-*을 반복한다.

요크 뜨기(→P.130)

모든 걸러뜨기는 실을 뒤에 두고 안뜨기 방향으로 한다.

원형 1단(늘리기) : 걸러뜨기1, 안뜨기1, 1코에서 3코 뜨기, 안뜨기1, 걸러뜨기1, 안뜨기1. (+2코) (총 8코).

원형 2단 : *겉뜨기1, 안뜨기1*, *-* 4회 반복한다.

원형 3단 : *걸러뜨기1, 안뜨기1*, *-* 4회 반복한다.

원형 4단 : *겉뜨기1, 안뜨기1*, *-* 4회 반복한다.

원형 5단 : *걸러뜨기1, 안뜨기1*, *-* 4회 반복한다.

원형 6단 : *겉뜨기1, 안뜨기1*, *-* 4회 반복한다.

원형 7단(늘리기) : 걸러뜨기1, 안뜨기1, 걸러뜨기1, 1코에서 3코 뜨기, *걸러뜨기1, 안뜨기1*, *-* 2회 반복한다. (+2코) (총 10코).

원형 8단 : *겉뜨기1, 안뜨기1*, *-* 5회 반복한다.

원형 9단 : *걸러뜨기1, 안뜨기1*, *-* 5회 반복한다.

원형 10단 : *겉뜨기1, 안뜨기1*, *-* 5회 반복한다.

원형 11단 : *걸러뜨기1, 안뜨기1*, *-* 5회 반복한다.

원형 12단 : *겉뜨기1, 안뜨기1*, *-* 5회 반복한다.

원형 13단(늘리기) : *걸러뜨기1, 안뜨기1*, *-* 2회 반복. 1코에서 3코 뜨기, *안뜨기1, 걸러뜨기1*, *-* 2회 반복, 안뜨기1. (+2코) (총 12코).

원형 14단 : *겉뜨기1, 안뜨기1*, *-* 6회 반복한다.

원형 15단 : *걸러뜨기1, 안뜨기1*, *-* 6회 반복한다.

원형 16단 : *겉뜨기1, 안뜨기1*, *-* 6회 반복한다.

원형 17단 : *걸러뜨기1, 안뜨기1*, *-* 6회 반복한다.

원형 18단 : *겉뜨기1, 안뜨기1*, *-* 6회 반복한다.

원형 19단(늘리기) : *걸러뜨기1, 안뜨기1*, *-* 2회 반복. 걸러뜨기1, 1코에서 3코 뜨기, *걸러뜨기1, 안뜨기1*, *-* 3회 반복한다. (+2코) (총 14코).

원형 20단 : *겉뜨기1, 안뜨기1*, *-* 7회 반복한다.

원형 21단 : *걸러뜨기1, 안뜨기1*, *-* 7회 반복한다.

원형 22단 : *겉뜨기1, 안뜨기1*, *-* 7회 반복한다.

원형 23단 : *걸러뜨기1, 안뜨기1*, *-* 7회 반복한다.

원형 24단 : *겉뜨기1, 안뜨기1*, *-* 7회 반복한다.

원형 25단(늘리기) : *걸러뜨기1, 안뜨기1*, *-* 3회 반복. 1코에서 3코 뜨기, *안뜨기1, 걸러뜨기1*, *-* 3회 반복, 안뜨기1. (+2코) (총 16코).

원형 26단 : *겉뜨기1, 안뜨기1*, *-* 8회 반복한다.

원형 27단 : *걸러뜨기1, 안뜨기1*, *-* 8회 반복한다.

원형 28단 : *겉뜨기1, 안뜨기1*, *-* 8회 반복한다.

원형 29단 : *걸러뜨기1, 안뜨기1*, *-* 8회 반복한다.

원형 30단 : *겉뜨기1, 안뜨기1*, *-* 8회 반복한다.

원형 31단(늘리기) : *걸러뜨기1, 안뜨기1*, *-* 3회 반복. 걸러뜨기1, 1코에서 3코 뜨기, *걸러뜨기1, 안뜨기1*, *-* 4회 반복한다. (+2코) (총 18코).

원형 32단 : *겉뜨기1, 안뜨기1*, *-* 9회 반복한다.

원형 33단 : *걸러뜨기1, 안뜨기1*, *-* 9회 반복한다.

원형 34단 : *겉뜨기1, 안뜨기1*, *-* 9회 반복한다.

원형 35단 : *걸러뜨기1, 안뜨기1*, *-* 9회 반복한다.

원형 36단 : *겉뜨기1, 안뜨기1*, *-* 9회 반복한다.

원형 37단(늘리기) : *걸러뜨기1, 안뜨기1*, *-* 4회 반복. 1코에서 3코 뜨기, *안뜨기1, 겉뜨기1*, *-* 4회 반복, 안뜨기1. (+2코) (총 20코).

원형 38단 : *겉뜨기1, 안뜨기1*, *-* 10회 반복한다.

원형 39단 : *걸러뜨기1, 안뜨기1*, *-* 10회 반복한다.

원형 40단 : *겉뜨기1, 안뜨기1*, *-* 10회 반복한다.

원형 41단 : *걸러뜨기1, 안뜨기1*, *-* 10회 반복한다.

원형 42단 : *겉뜨기1, 안뜨기1*, *-* 10회 반복한다.

원형 43단(늘리기) : *걸러뜨기1, 안뜨기1*, *-* 4회 반복. 걸러뜨기1, 1코에서 3코 뜨기, *걸러뜨기1, 안뜨기1*, *-* 5회 반복한다. (+2코) (총 22코).

원형 44단 : *겉뜨기1, 안뜨기1*, *-* 11회 반복한다.

원형 45단 : *걸러뜨기1, 안뜨기1*, *-* 11회 반복한다.

원형 46단 : *겉뜨기1, 안뜨기1*, *-* 11회 반복한다.

원형 47단 : *걸러뜨기1, 안뜨기1*, *-* 11회 반복한다.

원형 48단 : *겉뜨기1, 안뜨기1*, *-* 11회 반복한다.

원형 49단(늘리기) : *걸러뜨기1, 안뜨기1*, *-* 5회 반복. 1코에서 3코 뜨기, *안뜨기1, 겉뜨기1*, *-* 5회 반복, 안뜨기1. (+2코) (총 24코).

원형 50단 : *겉뜨기1, 안뜨기1*, *-* 12회 반복한다.

원형 51단 : *걸러뜨기1, 안뜨기1*, *-* 12회 반복한다.

원형 52단 : *겉뜨기1, 안뜨기1*, *-* 12회 반복한다.

원형 53단 : *걸러뜨기1, 안뜨기1*, *-* 12회 반복한다.

원형 54단 : *겉뜨기1, 안뜨기1*, *-* 12회 반복한다.

원형 55단(늘리기) : *걸러뜨기1, 안뜨기1*, *-* 5회 반복. 걸러뜨기1, 1코에서 3코 뜨기, *걸러뜨기1, 안뜨기1*, *-* 6회 반복한다. (+2코) (총 26코).

원형 56단 : *겉뜨기1, 안뜨기1*, *-* 총 13회 반복한다.

POINT

이 패턴에 사용한 테크닉과 손뜨개 약어는 15~23페이지를 참고하세요.

뜨는 과정에 스티치 마커가 나오면 걸러뜹니다. 도안은 아래에서 위로, 오른쪽에서 왼쪽으로 읽습니다.

요크를 뜰 때 필요하면 긴 줄바늘로 바꿉니다. 스티치 마커는 뒤중심에 놓습니다. 도안의 반복 구간과 구간 사이에도 스티치 마커를 끼우면 현재 뜨는 위치를 아는 데 도움이 됩니다.

뒤 목은 경사뜨기로 뜨면 몸에 더 잘 맞습니다. 랩앤턴을 권하지만, 다른 방법도 괜찮습니다. 겨드랑이를 각지지 않게 하고 구멍이 생기지 않게 하려면 스티치 홀더에 걸어둔 소매 코와 겨드랑이 코잡기단 사이의 사선 아랫단에서 1코를 주워 겉뜨기합니다.

한눈에 보는 구성

작품 23번은 톱다운으로 이음매 없이 원형뜨기를 합니다. 소매도 톱다운으로 원형뜨기를 합니다. 칼라와 뒤 목 모양 만들기, 소맷부리, 밑단은 1×1 고무뜨기를 합니다. 요크와 몸판, 소매는 1×1 슬립 스티치 고무뜨기를 합니다. 요크 늘리기를 하면 브리오슈 늘리기처럼 보이는 모티프가 생깁니다.

이 스웨터를 더 길게 뜨고 싶다면 몸판의 단수를 더 늘리는데, 실이 더 많이 필요합니다.

뜨는 법

칼라

바탕실과 4mm(US 6) 바늘로 롱테일 코잡기를 이용해 114(114. 120. 126. 132) (138. 138. 138)코를 만든다. 원형단으로 연결하고 시작을 표시하는 마커를 끼운다.

시작단 : *돌려뜨기, 걸러뜨기1(실앞, 안뜨기 방향)*, 끝까지 *-*을 반복한다.

시작단을 1회 더 반복한다.

다음과 같이 1×1 고무뜨기를 시작한다.

원형 1단 : *겉뜨기1, 안뜨기1*, 끝까지 *-*을 반복한다.

칼라가 코잡기단부터 5cm 될 때까지 1×1 고무뜨기를 계속한다.

5mm(US 8) 바늘로 바꾼다.

뒤 목 모양 만들기

뒤 목을 좀 더 높게 만들기 위해 경사뜨기를 한다. 이렇게 하면 몸에 더 잘 맞는다. 랩앤턴을 권하지만, 선호하는 다른 방법도 가능하다. 이 구간에서는 평면뜨기를 한다.

※뒤 목 경사뜨기를 할 때 제시한 콧수를 겉뜨기 또는 안뜨기한 후에는 다음 코 주위에 랩이 있습니다. 깔끔한 모양을 원한다면 랩을 주변 코와 함께 뜹니다.

경사뜨기 1단(겉면) : 슬립 스티치 패턴대로 18코 뜨기. 랩앤턴.

경사뜨기 2단(안면) : 마커까지 슬립 스티치 패턴대로 뜨기. 마커 걸러뜨기. 슬립 스티치 패턴대로 18코 뜨기. 랩앤턴.

경사뜨기 3단 : 마커까지 슬립 스티치 패턴대로 뜨기. 마커 걸러뜨기. 슬립 스티치 패턴대로 24코 뜨기. 랩앤턴.

경사뜨기 4단 : 마커까지 슬립 스티치 패턴대로 뜨기. 마커 걸러뜨기. 슬립 스티치 패턴대로 24코 뜨기. 랩앤턴.

경사뜨기 5단 : 마커까지 슬립 스티치 패턴대로 뜨기. 마커 걸러뜨기. 슬립 스티치 패턴대로 32코 뜨기. 랩앤턴.

경사뜨기 6단 : 마커까지 슬립 스티치 패턴대로 뜨기. 마커 걸러뜨기. 슬립 스티치 패턴대로 32코 뜨기. 랩앤턴.

경사뜨기 7단 : 마커까지 슬립 스티치 패턴대로 뜨기. 마커 걸러뜨기. 슬립 스티치 패턴대로 42코 뜨기. 랩앤턴.

경사뜨기 8단 : 마커까지 슬립 스티치 패턴대로 뜨기. 마커 걸러뜨기. 슬립 스티치 패턴대로 42코 뜨기. 랩앤턴.

경사뜨기 9단 : 마커까지 슬립 스티치 패턴대로 뜨기.

다음 원형단 : 끝까지 슬립 스티치 패턴대로 뜨기. 마지막 랩을 주워 주변 코와 함께 뜬다.

6코마다 마커를 끼우면 현재 요크의 위치를 파악하기 쉽다.

요크

요크 뜨기를 계속한다(원형뜨기).

요크 도안의 1~32(32. 38. 38. 44) (44. 50. 56)을 뜬다. 또는 요크 뜨기(→P.126)를 따른다. 요크 도안을 끝내면 342(342. 400. 420. 484) (506. 552. 598)코가 있어야 한다.

다음 원형단 : *걸러뜨기1(실뒤, 안뜨기 방향), 안뜨기1*, 끝까지 *-*을 반복한다.

다음 원형단 : *겉뜨기1, 안뜨기1*, 끝까지 *-*을 반복한다.

마지막 두 단을 14(16. 14. 16. 14) (17. 17. 15)회 더 반복한다. 요크 도안 이후 총 30(34. 30. 34. 30) (36. 36. 32)단 또는 요크 길이 19.5(21. 22. 23. 24) (25.5. 27.5. 28.5)cm를 떴다.

다음 원형단 : *걸러뜨기1(실뒤, 안뜨기 방향), 안뜨기1*, 끝까지 *-*을 반복한다.

몸판 & 소매 나누기

다음 원형단 : 슬립 스티치 패턴의 2번째 단을 따라 53(55. 64. 68. 78) (81. 88. 93)코 뜨기(뒤판 오른 코), 64(60. 72. 74. 86) (90. 100. 112)코를 스티치 홀더 또는 별실에 걸어두기(오른쪽 소매 코), 안면에서 케이블 코잡기로 4(12. 8. 12. 10) (14. 14. 14)코 만들기(겨드랑이 코), 107(111. 128. 136. 156) (163. 176. 187)코 뜨기(앞판 코), 64(60. 72. 74. 86) (90. 100. 112)코를 스티치 홀더 또는 별실에 걸어두기(왼쪽 소매 코), 안면에서 케이블 코잡기로 4(12. 8. 12. 10) (14. 14. 14)코 만들기(겨드랑이 코), 54(56. 64. 68. 78) (82. 88. 94)코 뜨기(뒤판 왼코). 몸판 222(246. 272. 296. 332) (354. 380. 402)코, 스티치 홀더에 각 소매 64(60. 72. 74. 86) (90. 100. 112)코가 걸려 있다.

몸판

몸판만 뜬다.

다음 원형단 : *걸러뜨기1(실뒤, 안뜨기 방향), 안뜨기1*, 끝까지 *-*을 반복한다.

다음 원형단 : *겉뜨기1, 안뜨기1*, 끝까지 *-*을 반복한다.

이전 두 단을 39(39. 39. 39. 43) (43. 43. 43)회 더 또는 몸판 길이가 겨드랑이 코잡기부터 25.5(25.5. 25.5. 25.5. 28) (28. 28. 28)cm 될 때까지 반복한다. 총 80(80. 80. 80. 88) (88. 88. 88)단.

4mm(US 6) 바늘로 바꾼다.

다음과 같이 밑단에서 1×1 고무뜨기를 시작한다.

원형 1단 : *겉뜨기1, 안뜨기1*, 끝까지 *-*을 반복한다.

고무뜨기단이 4.5cm 될 때까지 1단을 반복한다.

배색실로 바꾸고 1×1 고무뜨기로 3단을 더 떠서 배색 가장자리를 만든다.

배색실로 모든 코를 느슨하게 코막음한다.

소매

스티치 홀더에 걸어둔 64(60. 72. 74. 86) (90. 100. 112)코를 5mm(US 8) 바늘로 옮긴다.

1·2·3·4사이즈

겉면을 앞에 놓고, 겨드랑이 중심부터 시작해 겨드랑이에서 1(5. 3. 5. -) (-. -. -)코를 주워 겉뜨기. 코잡기한 몸판 코와 홀더에 걸어둔 소매 코 사이에 만들어진 사선 아랫단에서 1코를 주워 겉뜨기, *걸러뜨기1(실뒤. 안뜨기 방향). 안뜨기1*. *-* 반복하며 소매 64(60. 72. 74. -) (-. -. -)코 뜨기, 코잡기한 몸판 코와 홀더에 걸어둔 소매 코 사이에 만들어진 사선 아랫단에서 1코를 주워 겉뜨기, 1(5. 3. 5. 4) (6. 6. 6)코를 주워 겉뜨기. 바늘에 68(72. 80. 86. -) (-. -. -)코가 있다.
원형단으로 연결하고, 시작을 표시하는 마커를 끼운다.
다음 원형단 : *겉뜨기1, 안뜨기1*. 끝까지 *-*을 반복한다.
다음 원형단 : *걸러뜨기1(실뒤. 안뜨기 방향). 안뜨기1*. 끝까지 *-*을 반복한다.

5·6·7·8사이즈

겉면을 앞에 놓고, 겨드랑이 중심부터 시작해 겨드랑이에서 -(-. -. -. 4) (6. 6. 6)코를 주워 겉뜨기, 코잡기한 몸판 코와 홀더에 걸어둔 소매 코 사이에 만들어진 사선 아랫단에서 1코를 주워 겉뜨기, 안뜨기1, 걸러뜨기1(실뒤. 안뜨기 방향). 안뜨기1*. *-* 반복하며 소매 -(-. -. -. 86) (90. 100. 112)코 뜨기, 코잡기한 몸판 코와 홀더에 걸어둔 소매 코 사이에 만들어진 사선 아랫단에서 1코를 주워 겉뜨기. -(-. -. -. 4) (6. 6. 6)코를 주워 겉뜨기. 바늘에 -(-. -. -. 96) (104. 114. 126)코가 있다.
원형단으로 연결하고, 시작을 표시하는 마커를 끼운다.
다음 원형단 : *안뜨기1, 겉뜨기1*. 끝까지 *-*을 반복한다.
다음 원형단 : *안뜨기1, 걸러뜨기1(실뒤. 안뜨기 방향)*. 끝까지 *-*을 반복한다.

모든 사이즈

이전 두 단을 1(1. 3. 3. 3) (0. 6. 5)회 더 반복한다. 총 4(4. 8. 8. 8) (2. 14. 12)단.
줄이기 원형단 : 겉뜨기1, 왼코 겹쳐 2코 모아뜨기, 마커 3코 전까지 패턴대로 뜨기, 오른코 겹쳐 2코 모아뜨기, 겉뜨기1. (-2코) 이제 바늘에 66(70. 78. 84. 94) (102. 112. 124)코가 있다.

패턴대로 16(14. 11. 10. 7) (7. 5. 4)단을 뜬다.
마지막 17(15. 12. 11. 8) (8. 6. 5)단(줄이기단과 그 후 단)을 6(7. 9. 10. 14) (15. 18. 23)회 더 반복한다. 54(56. 60. 64. 66) (72. 76. 78)코. 소매 길이는 겨드랑이부터 38.5(39. 40. 40.5. 40) (40.5. 40. 41.5) cm다.

소맷부리

4mm(US 6) 바늘로 바꾼다.
다음과 같이 소맷부리에서 1×1 고무뜨기를 한다.

1·2·3·4사이즈

원형 1단 : *겉뜨기1, 안뜨기1*. 끝까지 *-*을 반복한다.
고무뜨기단이 4.5cm 될 때까지 1단을 반복한다.
배색실로 바꾸고 1×1 고무뜨기로 3단을 더 뜬다.
배색실로 패턴을 따라 모든 코를 코막음한다.

5·6·7·8사이즈

원형 1단 : *안뜨기1, 겉뜨기1*. 끝까지 *-*을 반복한다.
고무뜨기단이 4.5cm 될 때까지 1단을 반복한다.
배색실로 바꾸고 1×1 고무뜨기로 3단을 더 뜬다.
배색실로 패턴을 따라 모든 코를 코막음한다.
같은 방법으로 2번째 소매도 만든다.

마무리하기

안면에서 실 끝을 보이지 않게 정리한다. 필요하면 겨드랑이 구멍을 꿰맨다. 치수에 맞춰 스팀 또는 습식 블로킹을 한다.

요크 도안

겔뜨기
걸러뜨기1(실뒤)
안뜨기
코 없음
1코에서 (안뜨기1, 겉뜨기1, 안뜨기1)
1코에서 (겉뜨기1, 안뜨기1, 겉뜨기1)
반복한다

파울리나 쿤솔라

24 피사마 모자_{Pisama}

SUPER EASY!

빨리, 재미있게 완성할 수 있는 모자 디자인입니다. 배색 스트라이프는 그동안 모아놓은 자투리 실들을 처분하기에 좋습니다.

사이즈

1(2.3)
※머리둘레 47(52.5.57)cm에 꼭 맞춥니다.

완성 치수

모자 둘레 … 34.5(40.44.5)cm
높이(브림을 접은 상태) … 약23.5cm
※모자가 신축성이 좋으므로 모자 둘레가 실제 머리둘레보다 많이 작아야 합니다.

재료

바탕실 … 크렘케 소울 울 리본 울 리사이클드Reborn Wool Recycled by Kremke Soul Wool(울 65%. 아크릴 25%. 나일론 10%. 200m/100g) Dark Green Melange(12) 1스케인

배색실 … 크렘케 소울 울 리본 울 리사이클드 Reborn Wool Recycled by Kremke Soul Wool(울 65%. 아크릴 25%. 나일론 10%. 200m/100g) Pastel Pink(03) 약 6(6.5.8)m
대체실(바탕) … 아란 얀 약 200m
대체실(배색 1색 이상) … 아란 얀 약 6(6.5.8)m
바늘 … 4.5mm(US 7) 줄바늘(40cm) 또는 장갑 바늘
※장갑바늘은 둘레가 작은 작품을 뜰 때 좋습니다.
도구 … 스티치 마커

게이지

뜨기 패턴 18코×29단

POINT

이 패턴에 사용한 테크닉과 손뜨개 약어는 15~23페이지를 참고하세요.
뜨는 과정에 스티치 마커가 나오면 걸러뜹니다. 배색의 세로 스트라이프는 약 80cm 길이의 배색실로 뜹니다. 이때 배색실은 8가닥을 준비합니다. 단을 뜨는 내내 배색실을 가져가지 않습니다. 이후 단에서 배색 코를 뜰 때는 몇 단 아래에서 배색실을 주워서 뜹니다. 뜨고 있는 색은 괄호로 표시합니다.

한눈에 보는 구성

이 모자는 브림에서 크라운을 향해 이음매 없이 뜹니다. 반복 횟수를 조정하면 모자 높이를 바꿀 수 있습니다. 세로 스트라이프는 원하는 만큼 여러 색깔로도 뜰 수 있으니 자투리 실을 활용해보세요.

뜨는 법

바탕실로 롱테일 코잡기 또는 신축성 있는 코잡기를 이용해 62(72.80)코를 만든다. 코가 꼬이지 않도록 주의하면서 원형단으로 연결하고, 시작을 표시하는 마커를 끼운다.

1×1 고무뜨기로 브림을 뜨기 시작한다.

고무뜨기 원형단 : *겉뜨기1, 안뜨기1*, 끝까지 *-*을 반복한다.

모자가 코잡기단부터 14cm 될 때까지 고무뜨기를 계속한다.

배색 스트라이프

※배색 코 뜨는 법을 잘 읽고 진행합니다.

1·3사이즈

첫 단에서 첫 코를 코늘리기를 해 1코를 늘린다. 또는 다른 코늘리기를 사용해도 된다. 이제 바늘에 63(81)코가 있다.

모든 사이즈

원형 1~3단(바탕색) : 겉뜨기.

원형 4단(바탕색+배색) : 겉뜨기(바탕색), *겉뜨기1(배색), 겉뜨기8(바탕색)*, 8코 남을 때까지 *-* 반복, 겉뜨기1(배색), 겉뜨기7(바탕색).

1~4단을 총 10회 반복한다.

※여기에서 반복 횟수를 늘리거나 줄여서 높이를 변경할 수 있습니다.

크라운 코줄이기

원형 1단(바탕색) : 겉뜨기3, *왼코 겹쳐 2코 모아뜨기, 겉뜨기2, 왼코 겹쳐 2코 모아뜨기, 겉뜨기3*, 6코 남을 때까지 *-* 반복, 왼코 겹쳐 2코 모아뜨기, 겉뜨기2, 왼코 겹쳐 2코 모아뜨기. -14(16, 18)코.

이제 바늘에 49(56, 63)코가 있다.

원형 2단(바탕색) : 겉뜨기.

원형 3단(바탕색+배색) : 겉뜨기1(바탕색), *겉뜨기1(배색), 겉뜨기6(바탕색)*, 6코 남을 때까지 *-* 반복, 겉뜨기1(배색), 겉뜨기5(바탕색).

바탕실로만 뜬다.

원형 4단 : 겉뜨기.

원형 5단 : 겉뜨기3, *왼코 겹쳐 2코 모아뜨기 2회, 겉뜨기3*, 4코 남을 때까지 *-* 반복, 왼코 겹쳐 2코 모아뜨기 2회. -14(16, 18)코.

이제 바늘에 35(49, 45)코가 있다.

원형 6·7단 : 겉뜨기.

1·3사이즈

원형 8단 : 겉뜨기1, *왼코 겹쳐 2코 모아뜨기*, 끝까지 *-*을 반복한다.

이제 바늘에 18(23)코가 있다.

2사이즈

원형 8단 : 겉뜨기1, *왼코 겹쳐 2코 모아뜨기*, 끝까지 *-*을 반복한다.

지금 바늘에 20코가 있다.

바탕실을 길게 남기고 자른다.

마무리하기

남긴 실 끝을 돗바늘에 꿰어 대바늘에 남아 있는 코들 사이로 잡아 뺀다. 대바늘을 빼고 실을 당겨서 크라운 구멍을 막는다.

안면에서 모든 실 끝을 보이지 않게 정리한다.

브림을 접어서 착용한다면 겉면 코잡기단에서 정리한다.

치수에 맞춰 습식 블로킹을 한다.

버니스 림

25 팔레트 스웨터 Palette

컬러 블록이 쾌활한 느낌을 주고 브이넥과 반팔이 특징인 이 스웨터는 두꺼운
실로 뜨므로 생각보다 빨리 완성할 수 있습니다.

사이즈

1(2. 3. 4. 5) (6. 7. 8)
권장 여유분 ⋯ +15~25.5cm

완성 치수

가슴둘레 ⋯ 100(110. 120. 130. 150) (160. 170. 180)
cm
길이(뒤 목~밑단. 목둘레단과 밑단 고무뜨기 미포함) ⋯
39.5(40. 40.5. 41.5. 42.5) (43. 44. 44.5)cm
길이(뒤 목~밑단. 고무뜨기 포함) ⋯ 52(52.5. 53. 54. 55)
(55.5. 56.5. 57)cm
진동 둘레(고무뜨기 미포함) ⋯ 29.5(30.5. 32. 34.5.
44) (49.5. 55. 59)cm
목 깊이(고무뜨기 포함) ⋯ 12(13.5. 14.5. 14.5. 17)
(18.5. 19.5. 19.5)cm
목 너비(고무뜨기 포함) ⋯ 14(16. 18. 18. 21) (23. 24.
24)cm

재료

실 ① ⋯ 크렘케 소울 울 리본 울 리사이클드
Reborn Wool Recycled by Kremke Soul Wool(울 65%.
폴리아크릴 25%. 나일론 10%. 200m/100g) 11
Emerald 1스케인
실 ② ⋯ 크렘케 소울 울 리본 울 리사이클드
Reborn Wool Recycled by Kremke Soul Wool(울 65%.
폴리아크릴 25%. 나일론 10%. 200m/100g) 03
Pastel Pink 1스케인
실 ③ ⋯ 크렘케 소울 울 리본 울 리사이클드
Reborn Wool Recycled by Kremke Soul Wool(울 65%.
폴리아크릴 25%. 나일론 10%. 200m/100g) 19
Turquoise Melange 1스케인
실 ④ ⋯ 크렘케 소울 울 리본 울 리사이클드
Reborn Wool Recycled by Kremke Soul Wool(울 65%.
폴리아크릴 25%. 나일론 10%. 200m/100g) 04 light
Orange 1스케인
실 ⑤ ⋯ 크렘케 소울 울 리본 울 리사이클드
Reborn Wool Recycled by Kremke Soul Wool(울 65%.
폴리아크릴 25%. 나일론 10%. 200m/100g) 21

Navy 1(1. 1. 1. 2) (2. 2. 2)스케인
※샘플(→P139)에 쓰인 실은 비슈 앤 부슈 르 그로
스 램스울 Le Gros Lambswool by Biches & Bûches(램스울
100%. 192m/100g) Grey Beige(실 ①). Soft Blue
Green(실 ②). Light Grey(실 ③). Soft Green
Grey(실 ④). Offwhite(실 ⑤)입니다.
대체실(실 ①~④) ⋯ 아란 얀 각각 약 95(110. 120.
135. 155) (170. 185. 195)m
대체실(실 ⑤) ⋯ 아란 얀 약 155(170. 180. 195. 225)
(245. 260. 270)m
바늘 ⋯ 4mm(US 6) 줄바늘(80cm 몸판+소매용.
60cm 목둘레용). 4mm(US 6) 줄바늘 또는 장갑바
늘(둘레가 작은 원형뜨기용)
도구 ⋯ 코바늘(4mm/G6). 스티치 마커. 뺄 수 있
는 스티치 마커. 스티치 홀더나 별실. 돗바늘

게이지

메리야스뜨기(4mm 대바늘) 16코×24단

POINT

이 패턴에 사용한 테크닉과 손뜨개 약어는 15~23페이지를 참고하세요.
뜨는 과정에 스티치 마커가 나오면 걸러뜹니다. 게이지는 주의 깊게 확인합니다. 이유는 옷을 옆으로 뜰 때 단수는 옷 너비에, 콧수는 옷 길이에 영향을 주어서입니다.

한눈에 보는 구성

지금 뜨는 브이넥 스웨터는 여러 색으로 각 부분을 떠서 서로 연결합니다. 각 색 블록은 옆선에서 중앙을 향해 옆으로 뜹니다.
먼저 앞판 색 블록을 뜨는데, 밑단이 아닌 옆선에서 코잡기를 하고 중앙 쪽을 향해 뜹니다. 큰 사이즈는 겨드랑이에서 별도로 모양 만들기를 해야 작은 사이즈와 마찬가지로 캡 소매 모양을 유지할 수 있습니다.
중앙 쪽을 향해 뜨면서 코줄이기로 목의 모양을 잡은 후 다시 군데군데에서 코늘리기로 어깨 모양을 잡습니다. 앞판 2번째 블록을 뜬 뒤 솔기에 장식 효과를 주는 러시아 그래프팅Russian grafting으로 1번째 블록과 연결합니다.
뒤판은 앞판의 양 옆선에서 각각 코줍기를 한 뒤 중앙 쪽을 향해 뜨고, 러시아 그래프팅으로 두 블록을 연결합니다. 앞·뒤판의 어깨는 메리야스 잇기로 연결합니다. 마지막으로 밑단과 진동 둘레, 목둘레에서 코를 주워 1×1 고무뜨기를 합니다.

뜨는 법

오른쪽 앞판

실 ①로 롱테일 코잡기 또는 선호하는 코잡기를 이용해 오른쪽 앞판 59(60, 61, 62, 34) (32, 30, 29)코를 만든다.
1~4사이즈는 '모든 사이즈'의 뜨는 법을 따르고, 5~8사이즈는 겨드랑이 모양 만들기부터 시작한다.

5(6·7·8)사이즈

1단(겉면) : 겉뜨기.
2단(안면) : 안뜨기.
늘리기단(겉면) : 2코 남을 때까지 겉뜨기, 오른코 만들기, 겉뜨기2. (+1코)
다음 단 : 안뜨기.
이전 두 단을 5(6, 7, 8)회 더 반복한다. 40(39, 38, 38)코. 총 +6(7, 8, 9)코.
다음 단 : 끝까지 겉뜨기. 뜨개바탕을 안면으로 돌린다. 케이블 코잡기로 진동 둘레 24(26, 28, 29)코를 만든다. 64(65, 66, 67)코.
다음 단(안면) : 안뜨기.

모든 사이즈

메리야스뜨기로 4(8, 6, 6, 4) (6, 6, 6)단을 뜬다. 겉면단은 겉뜨기, 안면단은 안뜨기.
늘리기단(겉면) : 3코 남을 때까지 겉뜨기, 왼코 만들기, 겉뜨기3. (+1코)
*메리야스뜨기로 7(7, 9, 11, 9) (9, 9, 11)단을 뜬다.
늘리기단(겉면) : 3코 남을 때까지 겉뜨기, 왼코 만들기, 겉뜨기3. (+1코)*
*-*을 2회 더 반복한다. (총 +4코)
지금 바늘에 63(64, 65, 66, 68) (69, 70, 71)코가 있다.
메리야스뜨기로 3(3, 3, 3) (3, 5, 3)단을 더 뜬다.
롱테일 코잡기단부터 32(36, 40, 46, 54) (58, 62, 68)단. 뜨개바탕 길이는 13.5(15, 16.5, 19, 22.5) (24, 26, 28.5)cm다.

목 모양 만들기

1단(겉면) : 3코 남을 때까지 겉뜨기, 왼코 겹쳐 2코 모아뜨기, 겉뜨기1. (-1코)
2단(안면) : 안뜨기1, 왼코 겹쳐 2코 모아 안뜨기, 끝까지 안뜨기. (-1코)
1·2단을 13(14, 15, 15, 17) (18, 19, 19)회 더 반복한다. 35(34, 33, 34, 32) (31, 30, 31)코.
총 28(30, 32, 32, 36) (38, 40, 40)코가 줄어들었다.
뜨개바탕 길이는 롱테일 코잡기단부터 25(27.5, 30, 32.5, 37.5) (40, 42.5, 45)cm다.
실을 자르고, 코들을 스티치 홀더나 별실에 걸어둔다.

왼쪽 앞판

실 ②로 롱테일 코잡기 또는 선호하는 코잡기를 이용해 59(60, 61, 62, 34) (32, 30, 29)코를 만든다.
1~4사이즈는 '모든 사이즈'의 뜨는 법을 따르고, 5~8사이즈는 겨드랑이 모양 만들기부터 시작한다.

5(6·7·8)사이즈

1단(겉면) : 겉뜨기.
2단(안면) : 안뜨기.
늘리기단(겉면) : 겉뜨기2, 왼코 만들기, 끝까지 겉뜨기. (+1코)
다음 단 : 안뜨기.
이전 두 단을 5(6, 7, 8)회 더 반복한다. 40(39, 38, 38)코. 총 +6(7, 8, 9)코.
겉면을 앞에 놓고 케이블 코잡기로 진동 둘레 24(26, 28, 29)코를 만든다. 64(65, 66, 67)코.

모든 사이즈

메리야스뜨기로 4(8, 6, 6, 4) (6, 6, 6)단을 뜬다. 겉면단은 겉뜨기, 안면단은 안뜨기.
늘리기단(겉면) : 겉뜨기3, 오른코 만들기, 끝까지 겉뜨기. (+1코)
*메리야스뜨기로 7(7, 9, 11, 9) (9, 9, 11)단을 뜬다.
늘리기단(겉면) : 겉뜨기3, 오른코 만들기, 끝까지 겉뜨기. (+1코)*
*-*을 2회 더 반복한다. (총 +4코)
지금 바늘에 63(64, 65, 66, 68) (69, 70, 71)코가 있다.
메리야스뜨기로 3(3, 3, 3) (3, 5, 3)단을 더 뜬다.
롱테일 코잡기단부터 32(36, 40, 46, 54) (58, 62, 68)단. 뜨개바탕 길이는 13.5(15, 16.5, 19, 22.5) (24, 26, 28.5)cm다.

목 모양 만들기

1단(겉면) : 겉뜨기1, 오른코 겹쳐 2코 모아뜨기, 끝까지 겉뜨기. (-1코)
2단(안면) : 3코 남을 때까지 안뜨기, 왼코 겹쳐 2코 모아 안뜨기, 안뜨기1. (-1코)
1·2단을 13(14, 15, 15, 17) (18, 19, 19)회 더 반복한다. 35(34, 33, 34, 32) (31, 30, 31)코.
총 28(30, 32, 32, 36) (38, 40, 40)코가 줄어들었다.
뜨개바탕 길이는 롱테일 코잡기단부터 25(27.5, 30, 32.5, 37.5) (40, 42.5, 45)cm다.

실을 자른다. 바늘에 있는 목 가장자리의 코는 연결단에서 뜨는 첫 코다. 걸어두었던 오른쪽 앞판의 코들을 별도 바늘로 옮기면 목 가장자리의 코 역시 아래 연결단에서 뜨는 첫 코다. 단을 연결을 할 때 뜨는 실을 사용하지 않으며, 4mm(G 6) 또는 대바늘과 같은 굵기의 코바늘이 필요하다.

연결단 : 블록 2개의 안면이 서로 맞닿게 잡고, 다음과 같이 목 가장자리에서 밑단까지 모든 코를 러시아 그래프팅으로 연결한다.

시작 1단계 : 블록 2개의 안면이 서로 맞닿게 놓고, 코바늘을 뒤 줄바늘의 첫 코에 겉뜨기하듯이 넣어 코를 줄바늘에서 뺀다.

시작 2단계 : 코바늘을 앞 줄바늘의 첫 코에 겉뜨기하듯이 넣어 코를 줄바늘에서 뺀 뒤 코바늘의 코 사이로 잡아 뺀다.

1단계 : 코바늘을 뒤 줄바늘의 다음 코에 겉뜨기하듯이 넣어 코를 줄바늘에서 뺀 뒤 코바늘의 코 사이로 잡아 뺀다.

2단계 : 코바늘을 앞 줄바늘의 다음 코에 겉뜨기하듯이 넣어 코를 줄바늘에서 뺀 뒤 코바늘의 코 사이로 잡아 뺀다.

1·2단계를 반복해 줄바늘 2개의 모든 코를 그래프팅한다. 줄바늘 마지막 코 근처에 있는 실 끝을 코바늘 마지막 코 사이로 잡아 빼서 매듭을 짓는다.

왼쪽 뒤판

왼쪽 앞판의 겉면을 앞에 놓고, 옆선 가장자리 밑단부터 시작해 실 ③으로 35(35, 35, 34, 34)(32, 30, 29)코를 주워 겉뜨기한다.

1(2·3·4)사이즈

뜨개바탕을 뒤집어 안면을 앞에 놓고, 케이블 코잡기로 진동 둘레 24(25, 26, 28)코를 만든다. 59(60, 61, 62)코.
안면에서 끝까지 안뜨기한 뒤 '모든 사이즈'를 진행한다.

5(6·7·8)사이즈

다음 단(안면) : 안뜨기.
늘리기단(겉면) : 2코 남을 때까지 겉뜨기, 오른코 만들기, 겉뜨기 2. (+1코).
다음 단 : 안뜨기.
이전 두 단을 5(6, 7, 8)회 더 반복한다. 40(39, 38, 38)코. 총 +6(7, 8, 9)코.
다음 단 : 끝까지 겉뜨기. 뜨개바탕을 뒤집어

안면을 앞에 놓고, 케이블 코잡기로 진동 둘레 24(26, 28, 29)코를 만든다. 64(65, 66, 67).
다음 단(안면) : 안뜨기.

모든 사이즈

메리야스뜨기(겉면단은 겉뜨기. 안면단은 안뜨기)로 2(6, 4, 4, 2) (4, 4, 4)단을 뜬다.
늘리기단(겉면) : 3코 남을 때까지 겉뜨기, 왼코 만들기, 겉뜨기3. (+1코).
*메리야스뜨기로 7(7, 9, 11, 9) (9, 9, 11)단을 뜬다.
늘리기단(겉면) : 3코 남을 때까지 겉뜨기, 왼코 만들기, 겉뜨기3. (+1코)*.
*-*을 2회 더 반복한다. (총 +4코).
이제 바늘에 63(64, 65, 66, 68) (69, 70, 71)코가 있다.
메리야스뜨기로 31(33, 35, 35, 39) (41, 45, 43)단을 더 뜬다. 마지막으로 뜬 단은 안면단이다. 뜨개바탕 길이는 코줍기단부터 25(27.5, 30, 32.5, 37.5) (40, 42.5, 45)cm다.
실을 자르고, 코들을 스티치 홀더나 별실에 걸어둔다.

오른쪽 뒤판

오른쪽 앞판의 겉면을 앞에 놓고, 옆선의 밑단부터 35(35, 35, 34, 34) (32, 30, 29)번째 코에 뺄 수 있는 스티치 마커를 끼운다.

1(2·3·4)사이즈

실 ④로 롱테일 코잡기를 이용해 진동 둘레 24(25, 26, 28)코를 만든다.
오른쪽 앞판의 겉면을 앞에 둔 채 코잡기를 한 코가 있는 바늘을 오른손으로 잡고, 앞판 옆선의 마커를 끼운 코부터 밑단을 향해 35(35, 35, 34)코를 주워 겉뜨기한다. 59(60, 61, 62)코. 안면에서 끝까지 안뜨기하고 '모든 사이즈'를 진행한다.

5(6·7·8)사이즈

오른쪽 앞판의 겉면을 앞에 놓고, 실 ④로 앞판 옆선의 마커를 끼운 코부터 밑단을 향해 34(32, 30, 29)코를 주워 겉뜨기한다. 마커를 뺀다.
다음 단(안면) : 안뜨기.
늘리기단(겉면) : 겉뜨기 2, 왼코 만들기, 끝까지 겉뜨기. (+1코).
다음 단 : 안뜨기.
이전 두 단을 5(6, 7, 8)회 더 반복한다. 40(39, 38, 38)코. 총 +6(7, 8, 9)코.
겉면을 앞에 놓고, 케이블 코잡기로 진동 둘레

24(26, 28, 29)코를 만든다. 64(65, 66, 67)코.

모든 사이즈

메리야스뜨기(겉면단은 겉뜨기. 안면단은 안뜨기)로 2(6, 4, 4, 2) (4, 4, 4)단을 뜬다.
늘리기단(겉면) : 겉뜨기3, 오른코 만들기, 끝까지 겉뜨기. (+1코).
*메리야스뜨기로 7(7, 9, 11, 9) (9, 9, 11)단을 뜬다.
늘리기단(겉면) : 겉뜨기3, 오른코 만들기, 끝까지 겉뜨기. (+1코)*.
*-*을 2회 더 반복한다. 63(64, 65, 66, 68) (69, 70, 71)코. (총 +4코).
메리야스뜨기로 31(33, 35, 35, 39) (41, 45, 43)단을 더 뜬다. 마지막으로 뜬 단은 안면단이다. 뜨개바탕 길이는 코줍기단부터 25(27.5, 30, 32.5, 37.5) (40, 42.5, 45)cm다.
실을 자른다.
바늘에 있는 목 가장자리의 코는 연결단에서 뜨는 첫 코다.
걸어두었던 뒤판 왼코들을 별도 바늘로 옮기면 목 가장자리의 코 역시 아래 연결단에서 뜨는 첫 코가 된다.

연결단 : 블록 2개의 안면이 서로 맞닿게 잡고, 앞판의 목 가장자리에서 밑단까지 모든 코를 러시아 그래프팅으로 연결한다.

어깨솔기

오른쪽 어깨는 실 ① 또는 실 ④를. 왼쪽 어깨는 실 ② 또는 실 ③을 이용해 다음과 같이 메리야스 잇기로 어깨를 연결한다.

1단계 : 어깨솔기를 연결할 뜨개실을 돗바늘에 꿴다. 연결할 솔기의 2배 정도 길이의 실이 필요하다.

2단계 : 연결할 두 어깨의 겉면을 앞에 놓고, 두 솔기의 단을 잘 맞춘다.

3단계 : 오른쪽 부분의 1번째 줄을 확인하고, 가장자리에서 가장 가까운 첫 겉뜨기 2코 사이의 1번째 가로줄 아래에 바늘을 넣고 잡아 뺀다.

4단계 : 왼쪽 부분의 1번째 줄을 확인하고, 가장자리에서 가장 가까운 첫 겉뜨기 2코 사이의 1번째 가로줄 아래에 바늘을 넣고 잡아 뺀다.

5단계 : 오른쪽 부분에서 바늘이 나온 곳 위의 가로줄 아래에 바늘을 넣고 잡아 뺀다.

6단계 : 왼쪽 부분에서 바늘이 나온 곳 위의 가로줄 아래에 바늘을 넣고 잡아 뺀다.
5·6단계를 반복해 어깨의 모든 단을 연결한다.

밑단

겉면을 앞에 놓고. 실 ⑤를 이용해 한쪽 옆 솔 기부터 시작해 밑단을 돌아가며 코를 줍는다. 각 블록의 밑단에서 3단에 2코 비율로 40(44. 48. 52. 60) (64. 68. 72)코를 주워 겉뜨기한다. 이 제 바늘에 160(176. 192. 208. 240) (256. 272. 288) 코가 있다. 스티치 마커를 끼우고 원형단으로 연 결한다.

다음과 같이 1×1 고무뜨기를 시작한다.

원형 1단 ∗겉뜨기1. 안뜨기1∗. 끝까지 ∗-∗을 반 복한다.

고무뜨기단이 8.5cm 될 때까지 1×1 고무뜨기 를 계속한다. 선호하는 코막음으로 패턴에 따라 모든 코를 코막음한다. 실을 자른다.

진동 둘레

둘레가 작은 원형단을 뜨기 위해 줄바늘 또는 장갑바늘로 바꾼다. 겉면을 앞에 놓고. 겨드랑 이부터 시작해 진동 둘레에서 실 ⑤로 코를 줍 는다.

1(2·3·4)사이즈

블록 1개의 진동 둘레 모든 코에서 23(24. 25. 27) 코를 주워 겉뜨기한다. 모든 코에서 줍는다. 바 늘에 46(48. 50. 54)코가 있다. 스티치 마커를 끼 우고 원형단으로 연결한다.

5(6·7·8)사이즈

진동 둘레의 사선 가장자리를 따라 6단마다 5 코 비율로 11(13. 15. 16)코, 진동 둘레의 세로 가 장자리를 올라가며 모든 코에서 23(25. 27. 28)코, 반대쪽 세로 가장자리를 내려오며 모든 코에서 23(25. 27. 28)코. 사선 가장자리를 따라 시작점 을 향해 6단에 5코 비율로 11(13. 15. 16)코를 주 워 겉뜨기한다. 바늘에 68(76. 84. 88)코가 있다. 스티치 마커를 끼우고 원형단으로 연결한다.

모든 사이즈

다음과 같이 1×1 고무뜨기를 시작한다.

원형 1단 : ∗겉뜨기1. 안뜨기1∗. 끝까지 ∗-∗을 반 복한다.

1×1 고무뜨기로 9단을 더 떠서 소맷부리 고무 뜨기단 약 4cm를 만든다. 선호하는 코막음으로 패턴에 따라 모든 코를 코막음한다. 실을 자른다. 같은 방법으로 반대쪽 소맷부리도 만든다.

목둘레

목둘레 원형뜨기를 위해 줄바늘로 바꾼다. 겉면 을 앞에 놓고. 왼쪽 어깨솔기부터 시작해 목둘 레를 따라 실 ⑤로 코줍기를 시작한다.

목둘레를 내려가며 단마다 1코씩 28(30. 32. 32. 36) (38. 40. 40)코, 브이넥 연결짐에서 1코를 줍 는다. 방금 주운 코에 뺄 수 있는 스티치 마커를 끼 우고. 목둘레를 올라가며 단마다 1코씩 28(30. 32. 32. 36) (38. 40. 40)코. 뒤 목에서 3단에 2코 비 율로 37(41. 43. 43. 49) (51. 53. 53)코를 줍는다. 바 늘에 94(102. 108. 108. 122) (128. 134. 134)코가 있 다. 스티치 마커를 끼우고 원형단으로 연결한다.

원형 1단 : ∗겉뜨기1. 안뜨기1∗. 마커 끼운 코까 지 ∗-∗ 반복. 마커 끼운 코에서 겉뜨기1. 안뜨기 1. ∗겉뜨기1. 안뜨기1∗. 끝까지 ∗-∗을 반복한다.

원형 2단 : ∗겉뜨기1. 안뜨기1∗. 마커 끼운 코 2 코 전까지 ∗-∗ 반복. 겉뜨기1. 마커 빼기. 중심 3 코 모아뜨기. 줄어든 코에 다시 마커 끼우기. ∗겉 뜨기1. 안뜨기1∗. 끝까지 ∗-∗을 반복한다. (-2코).

원형 3단 : ∗겉뜨기1. 안뜨기1∗. 마커 끼운 코 1코 전까지 ∗-∗ 반복. 마커 끼운 코에서 겉뜨기1. ∗겉 뜨기1. 안뜨기1∗. 끝까지 ∗-∗을 반복한다.

원형 4단 : ∗겉뜨기1. 안뜨기1∗. 마커 끼운 코 1 코 전까지 ∗-∗ 반복. 마커 빼기. 중심 3코 모아뜨 기. 줄어든 코에 다시 마커 끼우기. 안뜨기1. ∗겉 뜨기1. 안뜨기1∗. 끝까지 ∗-∗을 반복한다. (-2코). 1~4단을 1회 더. 1·2단을 1회 더 반복하고 스티 치 마커들을 뺀다.

선호하는 코막음으로 패턴에 따라 모든 코를 코 막음한다. 실을 자른다.

마무리하기

실 끝을 보이지 않게 정리한 다음 치수에 맞춰 습식 블로킹을 한다.

엘리제 담스트라

SUPER EASY!

26 침염 머플러Dip Dye

이 머플러는 리넨 스티치로만 뜨므로 일단 방법을 익히면 손에서 놓을 수가 없습니다. 리넨 스티치는 반복적인 뜨기 패턴으로 대바늘뜨기라기보다 직물 짜기에 가깝습니다.

사이즈

단일 사이즈

완성 치수

길이(프린지 x) ··· 213.5cm
길이(프린지 o) ··· 228.5cm
너비 ··· 30cm

재료

바탕실 ··· 샌드네스 간 뵈르스테트 알파카Børstet Alpakka by Sandnes Garn(브러시드 알파카 96%. 나일론 4%. 110m/50g) 2024 6스케인
배색실 ··· 샌드네스 간 뵈르스테트 알파카Børstet

Alpakka by Sandnes Garn(브러시드 알파카 96%. 나일론 4%. 110m/50g) 3553 3스케인
※2겹으로 함께 잡고 뜹니다.
대체실 ··· 벌키 얀 약 900m
바늘 ··· 8mm(US 11) 줄바늘(40~80cm) 또는 대바늘
도구 ··· 코바늘

게이지

2겹 리넨 스티치 14코×25단

POINT

이 패턴에 사용한 테크닉과 손뜨개 약어는 15~23페이지를 참고하세요.

작품 26번은 실을 2겹으로 잡고 뜨는데. 그라데이션이 들어가는 디자인입니다. 배색으로 시작해 점점 바탕색으로 바뀐 다음 다시 마지막에는 배색으로 돌아갑니다.
리넨 스티치는 구조가 치밀해서 머플러의 가장자리가 말리지 않습니다.

한눈에 보는 구성

이 머플러는 평면뜨기로 이음매 없이 만듭니다. 한쪽 끝에서 시작해 원하는 길이가 될 때까지 뜹니다. 취향에 따라 양 끝에 프린지를 달 수도 있습니다.

뜨는 법

배색실 2가닥을 잡고 롱테일 코잡기 또는 선호
하는 코잡기로 42코를 만든다.
다음과 같이 리넨 스티치를 시작한다.
1단(안면) : *안뜨기1, 걸러뜨기1(실뒤. 안뜨기 방
향)*. 끝까지 *-*을 반복한다.
2단(겉면) : *겉뜨기1, 걸러뜨기1(실앞. 안뜨기 방
향)*. 끝까지 *-*을 반복한다.
1·2단을 반복해 리넨 스티치 패턴을 뜬다.
머플러가 코잡기단부터 25.5cm 되면 배색실
1가닥을 자르고 바탕실 1가닥을 연결한다. 바
탕실 1가닥과 배색실 1가닥을 잡고 뜬다. 리넨
스티치를 5cm 더. 즉 머플러가 코잡기단부터
30.5cm 될 때까지 뜬다.
남은 배색실을 자르고 바탕실 1가닥을 연결
해 바탕실 2가닥을 잡고 뜬다. 리넨 스티치
를 152.5cm 더. 즉 머플러가 코잡기단부터
183cm 될 때까지 뜬다.
바탕실 1가닥을 자르고 배색실 1가닥을 연결해
바탕실 1가닥과 배색실 1가닥을 함께 잡고 뜬
다. 리넨 스티치를 5cm 더 뜬다.
남은 바탕실을 자르고 배색실 1가닥을 연결
해 배색실 2가닥을 잡고 뜬다. 리넨 스티치를
25.5cm 더 뜬다.
선호하는 코막음으로 코들을 느슨하게 코막음
한다.

마무리하기

실 끝을 보이지 않게 정리한 다음 취향에 따라
프린지를 단다. 치수에 맞춰 블로킹을 한다.

프린지

선택사항으로 프린지를 달 수 있다. 15cm 길이
로 자른 배색실 3가닥으로 프린지 1개를 만들
고. 머플러 양 끝에 2번째 코마다 프린지를 달아
서 한쪽 끝에 21개를 단다.

27

39

메구미 시나가와

27 코랄리 스웨터 Koralli

편안한 핏의 짧은 소매 니트로. 목둘레와 밑단에 배색 패턴을 넣는 모자이크 뜨기는 스트랜디드 뜨기보다 덜 까다롭습니다.

사이즈

1(2. 3. 4. 5) (6. 7. 8)
권장 여유분 … +7~20cm

완성 치수

가슴둘레 … 92.5(110. 120. 130. 140) (150. 160. 170)cm
요크 길이 … 21(22.5. 24. 26. 28) (29. 30. 31.5)cm
위팔 둘레 … 30(35. 40. 42.5. 47.5) (50. 54. 56.5)cm
길이(겨드랑이~밑단) … 30cm
※뒤판 총 길이는 앞판보다 2.5cm 정도 깁니다.

재료

바탕실 … 브루클린 트위드 셸터 Shelter by Brooklyn Tweed(타아기 콜롬비아울 100%. 128m/50g) Almanac 4(5. 5. 6. 7) (7. 8. 8)스케인
배색실 ① … 브루클린 트위드 셸터 Shelter by Brooklyn Tweed(타아기 콜롬비아 울 100%. 128m/50g) Fossil 1스케인
배색실 ② … 브루클린 트위드 셸터 Shelter by Brooklyn Tweed(타아기 콜롬비아 울 100%. 128m/50g) Camper 1스케인
대체실(바탕) … 우스티드 얀 약 497(590. 640. 713. 794) (843. 920. 978)m
대체실(배색 ①) … 우스티드 얀 약 19(22. 24. 26. 27) (29. 31. 32)m
대체실(배색 ②) … 우스티드 얀 약 17(20. 22. 24. 26) (27. 29. 30)m
바늘 … 4.5mm(US 7) 줄바늘(40cm 또는 장갑바늘 소매용. 60cm 목둘레용. 80cm 밑단용). 5.5mm(US 9) 줄바늘(40cm 또는 장갑바늘 소매용. 60cm 목둘레+독일식 경사뜨기용. 80cm 몸판용)
도구 … 스티치 마커 8개. 스티치 홀더 또는 별실

게이지

메리야스뜨기(5.5mm 줄바늘) 16코×23단
슬립 스티치 패턴 뜨기(5.5mm 줄바늘) 16코×12단

끊어졌다가 이어지는 고무뜨기

원형 1단 : *겉뜨기1. 안뜨기1. 끝까지 *-*을 반복한다.
원형 2단 : 겉뜨기.
1·2단을 반복해 패턴을 뜬다.

슬립 스티치 패턴 뜨는 법 1

원형단에서 뜰 때. 먼저 바탕실과 배색실 ①과 배색실 ② 타래를 왼쪽에서 오른쪽으로 옮긴다.
1·2단을 뜨고. 바탕실을 배색실 ②의 오른쪽으로 옮긴다.
3단을 뜨고. 배색실 ①을 바탕실의 오른쪽으로 옮긴다.
4·5단을 뜨고. 배색실 ②를 배색실 ①의 오른쪽으로 옮긴다.
6단을 뜨고. 바탕실을 배색실 ②의 오른쪽으로 옮긴다.
7단을 뜨고. 배색실 ①을 바탕실의 오른쪽으로 옮긴다.

8단을 뜨고, 배색실 ②를 배색실 ①의 오른쪽으로 옮긴다.

9단을 뜨고, 바탕실을 배색실 ②의 오른쪽으로 옮긴다.

10단을 뜬다. 배색실 ①을 자르고, 배색실 ②를 바탕실 오른쪽으로 옮긴다.

11단을 뜨고, 배색실 ②를 자른다.

12단을 뜬다.

이렇게 하면 원형단에서 실들이 엉키지 않아 매 끄럽게 슬립 스티치를 뜰 수 있다.

슬립 스티치 패턴 뜨는 법 2(→P.153)

원형뜨기이고, 걸러뜨기는 실을 앞에 놓고 안뜨 기 방향으로 한다.

목 부분

원형 1단(배색1) : *겉뜨기1, 걸러뜨기1, 끝까지 *-* 을 반복한다.

원형 2단(배색2) : 겉뜨기.

원형 3단(바탕색) : 겉뜨기2, *걸러뜨기1, 겉뜨기 1*, 끝까지 *-*을 반복한다.

원형 4단(배색1) : *겉뜨기1, 안뜨기1*, 끝까지 *-* 을 반복한다.

밑단 부분

원형 1단(배색1) : *겉뜨기1, 걸러뜨기1*, 끝까지 *-* 을 반복한다.

원형 2단(배색2) : 겉뜨기.

원형 3단(바탕색) : 겉뜨기2, *걸러뜨기1, 겉뜨기 1*, 끝까지 *-*을 반복한다.

원형 4단(배색1) : *겉뜨기1, 안뜨기1*, 끝까지 *-* 을 반복한다.

원형 5단(배색2) : *겉뜨기1, 걸러뜨기1*, 끝까지 *-* 을 반복한다.

원형 6단(바탕색) : 겉뜨기.

원형 7단(배색1) : 겉뜨기2, *걸러뜨기1, 겉뜨기1*, 끝까지 *-*을 반복한다.

원형 8단(배색2) : *겉뜨기1, 안뜨기1*, 끝까지 *-* 을 반복한다.

원형 9단(바탕색) : *겉뜨기1, 걸러뜨기1*, 끝까지 *-*을 반복한다.

원형 10단(배색1) : 겉뜨기.

원형 11단(배색2) : 겉뜨기2, *걸러뜨기1, 겉뜨기 1*, 끝까지 *-*을 반복한다.

원형 12단(바탕색) : *겉뜨기1, 안뜨기1*, 끝까지 *-*을 반복한다.

POINT

이 패턴에 사용한 테크닉과 손뜨개 약어는 15~23페이지를 참고하세요.

다양한 색의 스티치 마커를 사용해 원형단 시작 을 표시합니다.

슬립 스티치는 너무 팽팽하게 뜨지 않도록 주의 하세요.

도안은 아래에서 위로, 오른쪽에서 왼쪽으로 읽 습니다.

괄호 안에 떠야 하는 색을 표시해놓았습니다.

독일식 경사뜨기 섹션 2를 뜨고 나면 뒤판이 앞 판보다 2.5cm 정도 깁니다. 이래야 핏이 좀 더 편안합니다.

한눈에 보는 구성

작품 27번은 톱다운으로 뜨며 래글런 요크가 있습니다. 단순한 메리야스뜨기를 하고, 목과 밑단, 소매는 끊어졌다가 이어지는 고무뜨기를 합니다. 쉬운 슬립 스티치로 뜨는 모자이크 스티 치는 목둘레와 밑단에 들어갑니다. 목둘레와 몸 판 아랫부분에 경사뜨기로 입체감을 살려야 더 좋은 핏을 완성할 수 있습니다.

몸판 길이를 더 짧게 또는 길게 만들고 싶으면 독일식 경사뜨기 섹션 2를 하기 전에 메리야스 뜨기 단수를 조절합니다.

뜨는 법

목

바탕실과 4.5mm(US 7) 바늘로 롱테일 코잡기 또는 선호하는 코잡기를 이용해 80(88. 88. 88. 96) (96. 96. 96)코를 만든다. 코가 꼬이지 않도록 주의하면서 원형단으로 연결하고, 시작을 표시 하는 마커를 끼운다.

다음과 같이 끊어졌다가 이어지는 고무뜨기를 시작한다.

원형 1단 : *겉뜨기1, 안뜨기1*, 끝까지 *-*을 반 복한다.

원형 2단 : 겉뜨기.

원형 3단 : *겉뜨기1, 안뜨기1*, 끝까지 *-*을 반 복한다.

5.5mm(US 9) 바늘로 바꾼다.

원형 4단 : 겉뜨기.

5단부터 슬립 스티치로 목을 뜬다. 배색실 ①을 연결한다.

원형 5~8단 : 슬립 스티치로 목을 1회 뜬다. 도 안을 보고 뜨거나 뜨는 법을 따른다.

배색실 ①과 배색실 ②를 자르고, 바탕실로 계 속 뜬다.

원형 9단 : 겉뜨기.

1·2·3·4·5·6사이즈

원형 10단(바탕색) : 겉뜨기.

7·8사이즈

원형 10단(바탕색) : *왼코 만들기, 겉뜨기8*, 끝까 지 *-*을 반복한다. (+12코).

바늘에 80(88. 88. 88. 96) (96. 108. 108)코가 있다.

독일식 경사뜨기 섹션 1

원형 시작단 : 안뜨기1, 겉뜨기2, 안뜨기1, 마커 끼우기, 겉뜨기 6(6. 6. 4. 6) (4. 6. 4), 마커 끼우기, 안뜨기1, 겉뜨기2, 안뜨기1, 마커 끼우기, 겉뜨 기26(30. 30. 32. 34) (36. 40. 42), 마커 끼우기, 안 뜨기1, 겉뜨기2, 안뜨기1, 마커 끼우기, 겉뜨기 6(6. 6. 4. 6) (4. 6. 4), 마커 끼우기, 안뜨기1, 겉뜨기 2, 안뜨기1, 마커 끼우기, 원형단 시작 마커까지 겉뜨기.

80(88. 88. 88. 96) (96. 108. 108)코 중 앞판 26(30. 30. 32. 34) (36. 40. 42)코, 각 소매 6(6. 6. 4. 6) (4. 6. 4)코, 각 래글런 솔기 4코, 뒤판 26(30. 30. 32. 34) (36. 40. 42)코다.

목과 뒤판의 모양을 잡기 위해 경사뜨기를 시작 한다.

1단(겉면) : 안뜨기1, 겉뜨기2, 안뜨기1, 마커 걸러 뜨기, 왼코 만들기, 마커까지 겉뜨기, 오른코 만 들기, 마커 걸러뜨기, 안뜨기1, 겉뜨기2, 안뜨기 1, 마커 걸러뜨기, 왼코 만들기, 마커까지 겉뜨 기, 오른코 만들기, 마커 걸러뜨기, 안뜨기1, 겉 뜨기2, 안뜨기1, 마커 걸러뜨기, 왼코 만들기, 마커까지 겉뜨기, 오른코 만들기, 마커 걸러뜨 기, 안뜨기1, 겉뜨기2, 안뜨기1, 마커 걸러뜨기, 왼코 만들기, 겉뜨기2, 뜨개바탕 돌리기. (+7코).

2단(안면) : 더블스티치 만들기, 마커까지 안뜨기, *마커 걸러뜨기, 겉뜨기1, 안뜨기2, 겉뜨기1, 마 커 걸러뜨기, 마커까지 안뜨기*, *-* 2회 더 반 복. 마커 걸러뜨기, 겉뜨기1, 안뜨기2, 겉뜨기1, (원형단 시작) 마커 걸러뜨기, 안뜨기 오른코 만들 기, 안뜨기2, 뜨개바탕 돌리기. (+1코).

3단(겉면) : 더블스티치 만들기. (원형단 시작) 마커까지 겉뜨기. *마커 걸러뜨기, 안뜨기1, 겉뜨기2, 안뜨기1, 마커 걸러뜨기, 왼코 만들기, 마커까지 겉뜨기, 오른코 만들기*. *-* 2회 더 반복, 마커 걸러뜨기, 안뜨기1, 겉뜨기2, 안뜨기1, 마커 걸러뜨기, 왼코 만들기, 더블스티치까지 겉뜨기, 더블스티치 겉뜨기, 겉뜨기2, 뜨개바탕 돌리기. (+7코).

4단(안면) : 더블스티치 만들기, 마커까지 안뜨기, *마커 걸러뜨기, 겉뜨기1, 안뜨기2, 겉뜨기1, 마커 걸러뜨기, 마커까지 안뜨기*. *-* 2회 더 반복, 마커 걸러뜨기, 겉뜨기1, 안뜨기2, 겉뜨기1, (원형단 시작) 마커 걸러뜨기, 안뜨기 오른코 만들기, 더블스티치까지 안뜨기, 더블스티치 안뜨기, 안뜨기2, 뜨개바탕 돌리기. (+1코).

5단(겉면) : 더블스티치 만들기, (원형단 시작) 마커까지 겉뜨기, *마커 걸러뜨기, 안뜨기1, 겉뜨기2, 안뜨기1, 마커 걸러뜨기, 왼코 만들기, 마커까지 겉뜨기, 오른코 만들기*. *-* 2회 더 반복, 마커 걸러뜨기, 안뜨기1, 겉뜨기2, 안뜨기1, 마커 걸러뜨기, 왼코 만들기, 더블스티치까지 겉뜨기, 더블스티치 겉뜨기, 겉뜨기3, 뜨개바탕 돌리기. (+7코).

6단(안면) : 더블스티치 만들기, 마커까지 안뜨기, *마커 걸러뜨기, 겉뜨기1, 안뜨기2, 겉뜨기1, 마커 걸러뜨기, 마커까지 안뜨기*. *-* 2회 더 반복, 마커 걸러뜨기, 겉뜨기1, 안뜨기2, 겉뜨기1, (원형단 시작) 마커 걸러뜨기, 안뜨기 오른코 만들기, 더블스티치까지 안뜨기, 더블스티치 안뜨기, 안뜨기3, 뜨개바탕 돌리기. (+1코).

7단(겉면) : 더블스티치 만들기, (원형단 시작) 마커까지 겉뜨기, *마커 걸러뜨기, 안뜨기1, 겉뜨기2, 안뜨기1, 마커 걸러뜨기, 왼코 만들기, 마커까지 겉뜨기, 오른코 만들기*. *-* 2회 더 반복, 마커 걸러뜨기, 안뜨기1, 겉뜨기2, 안뜨기1, 마커 걸러뜨기, 왼코 만들기, 더블스티치까지 겉뜨기, 더블스티치 겉뜨기, 겉뜨기4, 뜨개바탕 돌리기. (+7코).

8단(안면) : 더블스티치 만들기, 마커까지 안뜨기, *마커 걸러뜨기, 겉뜨기1, 안뜨기2, 겉뜨기1, 마커 걸러뜨기, 마커까지 안뜨기*. *-* 2회 더 반복, 마커 걸러뜨기, 겉뜨기1, 안뜨기2, 겉뜨기1, (원형단 시작) 마커 걸러뜨기, 안뜨기 오른코 만들기, 더블스티치까지 안뜨기, 더블스티치 안뜨기, 안뜨기4, 뜨개바탕 돌리기. (+1코).

9단(겉면) : 더블스티치 만들기, (원형단 시작) 마커까지 겉뜨기.

112(120, 120, 120, 128) (128, 140, 140)코 중 앞판

34(38, 38, 40, 42) (44, 48, 50)코, 각 소매 14(14, 14, 12, 14) (12, 14, 12)코, 각 래글런 솔기 4코, 뒤판 34(38, 38, 40, 42) (44, 48, 50)코다.

요크

원형 시작 1단 : *안뜨기1, 겉뜨기2, 안뜨기1, 마커 걸러뜨기, 왼코 만들기, 마커까지 겉뜨기, 오른코 만들기, 마커 걸러뜨기*. *-* 2회 더 반복, 안뜨기1, 겉뜨기2, 안뜨기1, 마커 걸러뜨기, 왼코 만들기, *더블스티치까지 겉뜨기, 더블스티치 겉뜨기*. *-* 1회 더 반복, (원형단 시작) 마커까지 겉뜨기, 오른코 만들기. (+8코).

원형 시작 2단 : *안뜨기1, 겉뜨기2, 안뜨기1, 마커 걸러뜨기, 마커까지 겉뜨기, 마커 걸러뜨기*. *-* 2회 더 반복, 안뜨기1, 겉뜨기2, 안뜨기1, 마커 걸러뜨기, (원형단 시작) 마커까지 겉뜨기.

원형 1단 : *안뜨기1, 겉뜨기2, 안뜨기1, 마커 걸러뜨기, 왼코 만들기, 마커까지 겉뜨기, 오른코 만들기, 마커 걸러뜨기*. *-* 2회 더 반복, 안뜨기1, 겉뜨기2, 안뜨기1, 마커 걸러뜨기, 왼코 만들기, (원형단 시작) 마커까지 겉뜨기, 오른코 만들기. (+8코).

원형 2단 : *안뜨기1, 겉뜨기2, 안뜨기1, 마커 걸러뜨기, 마커까지 겉뜨기, 마커 걸러뜨기*. *-* 2회 더 반복, 안뜨기1, 겉뜨기2, 안뜨기1, 마커 걸러뜨기, (원형단 시작) 마커까지 겉뜨기.

1·2단을 13(17, 19, 21, 23) (26, 27, 29)회 더 반복한다. +104(136, 152, 168, 184) (208, 216, 232)코.

1사이즈

원형 29단 : *안뜨기1, 겉뜨기2, 안뜨기1, 마커 걸러뜨기, 왼코 만들기, 마커까지 겉뜨기, 오른코 만들기, 마커 걸러뜨기, 안뜨기1, 겉뜨기2, 안뜨기1, 마커 걸러뜨기*, 마커까지 겉뜨기, 마커 걸러뜨기. *-* 1회 더 반복, (원형단 시작) 마커까지 겉뜨기. (+4코).

원형 30단 : *안뜨기1, 겉뜨기2, 안뜨기1, 마커 걸러뜨기, 마커까지 겉뜨기, 마커 걸러뜨기*. *-* 2회 더 반복, 안뜨기1, 겉뜨기2, 안뜨기1, 마커 걸러뜨기, (원형단 시작) 마커까지 겉뜨기.

236(272, 288, 304, 328) (352, 372, 388)코 중 앞판 64(76, 80, 86, 92) (100, 106, 112)코, 각 소매 46(52, 56, 58, 64) (68, 72, 74)코, 각 래글런 솔기 4코, 뒤판 64(76, 80, 86, 92) (100, 106, 112)코다.

모든 사이즈

메리야스뜨기(겉뜨기)로 6(4, 3, 4, 4) (1, 1, 0)단을 뜨

면서 래글런 4코는 기존 패턴(안뜨기1, 겉뜨기2, 안뜨기1)대로 뜬다.

몸판 & 소매 분리하기

원형 시작 1단 : *안뜨기1, 겉뜨기2, 안뜨기1, 마커 빼기, 다음 46(52, 56, 58, 64) (68, 72, 74)코 스티치 홀더 또는 별실에 걸어두기, 마커 빼기, 백워드 루프 코잡기 또는 선호하는 코잡기로 1(2, 4, 5, 6) (6, 7, 8)코 만들기, 마커 끼우기, 백워드 루프 코잡기 또는 선호하는 코잡기로 1(2, 4, 5, 6) (6, 7, 8)코 만들기, 안뜨기1, 겉뜨기2, 안뜨기1, 마커 빼기, 마커까지 겉뜨기*, 마커 빼기, *-* 1회 더 반복, (원형단 시작) 마커 빼기, (새로운 원형단 시작) 마커까지 겉뜨기.

원형 1단 : 마커까지 겉뜨기, 마커 걸러뜨기, (원형단 시작) 마커까지 겉뜨기.

몸판용 148(176, 192, 208, 224) (240, 256, 272)코. 메리야스뜨기로 약 19cm를 계속 뜬다.

독일식 경사뜨기 섹션 2

뒤판 밑단의 모양을 만들고 앞판보다 더 길게 만들기 위해 경사뜨기를 시작한다. 다음과 같이 평면뜨기로 한다.

1단(겉면) : 마커까지 겉뜨기, 마커 걸러뜨기, 겉뜨기 14(16, 18, 20, 20) (22, 24, 26).

2단(안면) : 더블스티치 만들기, *마커까지 안뜨기, 마커 걸러뜨기*, *-* 1회 더 반복, 안뜨기 14(16, 18, 20, 20) (22, 24, 26), 뜨개바탕 돌리기.

3단(겉면) : 더블스티치 만들기, *마커까지 겉뜨기, 마커 걸러뜨기*, *-* 1회 더 반복, 겉뜨기7(8, 9, 10, 10) (11, 12, 13), 뜨개바탕 돌리기.

4단(안면) : 더블스티치 만들기, *마커까지 안뜨기, 마커 걸러뜨기*, *-* 1회 더 반복, 안뜨기7(8, 9, 10, 10) (11, 12, 13), 뜨개바탕 돌리기.

5단(겉면) : 더블스티치 만들기, *마커까지 겉뜨기, 마커 걸러뜨기*, *-* 1회 더 반복, 뜨개바탕 돌리기.

6단(안면) : 더블스티치 만들기, 마커까지 안뜨기, 뜨개바탕 돌리기.

이어서 원형뜨기를 다시 시작한다.

원형 1단 : 더블스티치 만들기, *더블스티치까지 겉뜨기, 더블스티치 겉뜨기*, 마커 빼기, *-* 4회 더 반복, (원형단 시작) 마커까지 겉뜨기.

원형 2단 : 더블스티치 겉뜨기, 끝까지 겉뜨기.

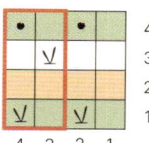

슬립 스티치(목)

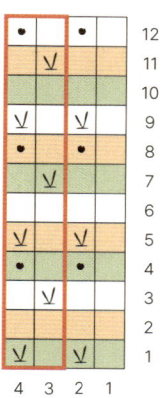

슬립 스티치(밑단)

		설명
□		겉뜨기
•		안뜨기
V		걸러뜨기1(실앞)
▯		반복한다
□		바탕색
▨		배색 ①
▨		배색 ②

밑단 - 스트라이프

※슬립 스티치 패턴 뜨는 법 1(→P.148)과 2(→P.150)를 참조하세요.
슬립 스티치(밑단)로 밑단 스트라이프를 뜬다.
배색실 ①을 연결한다.

원형 1~12단 : 슬립 스티치 패턴(밑단)을 1회 반복한다. 도안이나 뜨는 법 2(→P.150)를 보고 뜬다.
원형 13단 : 겉뜨기.

밑단 - 끊어졌다가 이어지는 고무뜨기

4.5mm(US 7) 바늘로 바꾸고, 다음과 같이 끊어졌다가 이어지는 고무뜨기를 한다.
원형 1단 : *겉뜨기1, 안뜨기1*, 끝까지 *-*을 반복한다.
원형 2단 : 겉뜨기.

원형 3~8단 : 1·2단을 3회 더 반복한다.
원형 9단 : *겉뜨기1, 안뜨기1*, 끝까지 *-*을 반복한다.
5.5mm(US 9) 바늘로 바꾸고, 모든 코를 안뜨기 방향으로 느슨하게 코막음한다.

소매

소매 46(52. 56. 58. 64) (68. 72. 74)코를 5.5mm(US 9) 바늘로 옮기고, 바탕실을 연결한다.
원형 시작단 : 코잡기단 중앙부터 1(2. 4. 5. 6) (6. 7. 8)코를 주워 겉뜨기, 코잡기단에서 겉뜨기, 코잡기단부터 1(2. 4. 5. 6) (6. 7. 78)코를 주워 겉뜨기, 마커 끼우기.
이제 바늘에 48(56. 64. 68. 76) (80. 86. 90)코가 있다.
원형 1~5단 : 겉뜨기.
4.5mm(US 7) 바늘로 바꾸고, 다음과 같이 끊어

졌다가 이어지는 고무뜨기를 한다.
원형 6단 : *겉뜨기1, 안뜨기1*, 끝까지 *-*을 반복한다.
원형 7단 : 겉뜨기.
원형 8·9단 : 6·7단을 1회 더 반복한다.
원형 10단 : *겉뜨기1, 안뜨기1*, 끝까지 *-*을 반복한다.
5.5mm(US 9) 바늘로 바꾸고, 모든 코를 안뜨기 방향으로 느슨하게 코막음한다.
같은 방법으로 2번째 소매를 만든다.

마무리하기

실 끝을 보이지 않게 정리한 다음 치수에 맞춰 습식 블로킹을 한다.

안나 헤이노

28 힐파 숄Hilppa

가터뜨기로 뜨고 눕 장식이 있는 대칭형 숄입니다. 다른 작품을 만들고 남은 실들을 활용하는 데 아주 좋습니다.

사이즈

단일 사이즈

완성 치수

길이 ··· 200cm
너비 ··· 32cm

재료

바탕실 ··· 투쿠울 핑거링Tukuwool Fingering(핀란드 울 100%. 200m/50g) Runo 4스케인
배색실 ① ··· 투쿠울 핑거링Tukuwool Fingering(핀란드 울 100%. 200m/50g) Repo 1스케인
배색실 ② ··· 투쿠울 핑거링Tukuwool Fingering(핀란드 울 100%. 200m/50g) Rohto 1스케인

배색실 ③ ··· 투쿠울 핑거링Tukuwool Fingering(핀란드 울 100%. 200m/50g) Ujo 1스케인
대체실(바탕) ··· 핑거링 얀 약 800m
대체실(배색) ··· 핑거링 얀 각각 약 50m
※취향에 따라 배색 수를 바꾼다면 그에 맞춰 실 필요량도 고려합니다.
바늘 ··· 4mm(US 6) 줄바늘(100cm) 또는 대바늘
도구 ··· 스티치 마커

게이지

가터뜨기 24코 × 34단

POINT

이 패턴에 사용한 테크닉과 손뜨개 약어는 15~23페이지를 참고하세요.

가장자리를 깔끔하게 만들기 위해 모든 단에서 첫 코는 항상 걸러뜨기(실뒤, 안뜨기 방향)합니다.
뜨는 과정에 스티치 마커가 나오면 마커를 옮깁니다. 마커는 항상 눕Nupp(에스토니아식 버블뜨기) 4코 전에 놓습니다. 마커가 눕 바로 옆에 있지 않아야 뜨기가 수월합니다.
스케인을 바꿀 때는 실 끝 정리를 쉽게 할 수 있도록 항상 단을 시작할 때 합니다.
배색실은 눕을 뜰 때만 사용하고 바탕실만 사용합니다. 물론 눕마다 다른 배색실을 써도 괜찮습니다.

한눈에 보는 구성

작품 28번은 끝에서 끝까지 평면뜨기를 합니다. 긴 평행사변형이며, 양 끝이 대칭을 이룹니다.

뜨는 법

바탕실로 롱테일 코잡기 또는 선호하는 코잡기를 이용해 3코를 만든다.

섹션 1 늘리기

1단 : 겉뜨기3.

2·3단 : 걸러뜨기1, 겉뜨기2.

숄의 한쪽 끝을 만들었다. 각 단의 끝에서 늘리기를 해 숄의 크기를 점차 키운다.

4단(겉면) : 걸러뜨기1, 코늘리기, 겉뜨기1. (+1코).

5단(안면) : 걸러뜨기1, 끝까지 겉뜨기.

6단 : 걸러뜨기1, 2코 남을 때까지 겉뜨기, 코늘리기, 겉뜨기1. (+1코).

7단 : 걸러뜨기1, 끝까지 겉뜨기.

6·7단을 총 16회 반복한다. (20코).

다음은 늡뜨기를 시작한다. 다음과 같이 늡을 하나씩 뜬다. 배색실 중 1개 실로 늡을 뜬다. 한 코에서 (겉뜨기1, 바늘비우기, 겉뜨기1, 바늘비우기, 겉뜨기1, 뜨개바탕 돌리기, 안뜨기5, 뜨개바탕 돌리기, 겉뜨기5, 뜨개바탕 돌리기, 안뜨기5, 뜨개바탕 돌리기, 뒷고리에서 겉뜨기로 5코 모아뜨기)를 한다. 늡을 떴으면 마지막 코를 왼바늘로 다시 옮긴다. 배색실을 자르고 바탕실로 계속 뜬다. 늡뜨기를 시작할 때와 끝낼 때 실을 10cm 정도 남겨놓았다가 나중에 보이지 않게 정리한다.

8단(마커 끼우기) : 걸러뜨기1, 겉뜨기5, 마커 끼우기, 2코 남을 때까지 겉뜨기, 코늘리기, 겉뜨기1. (+1코).

9단 : 걸러뜨기1, 끝까지 겉뜨기.

10단(늡단) : 걸러뜨기1, 마커까지 겉뜨기, 마커 걸러뜨기, 겉뜨기4, 배색실로 늡뜨기, 2코 남을 때까지 겉뜨기, 코늘리기, 겉뜨기1. (+1코).

11단 : 걸러뜨기1, 끝까지 겉뜨기.

12·13단 : 6·7단을 반복한다.

12·13단을 총 9회 반복한다. (31코).

14단(마커 끼우기) : 걸러뜨기1, 마커까지 겉뜨기, 마커 걸러뜨기, 겉뜨기11, 마커 끼우기, 2코 남을 때까지 겉뜨기, 코늘리기, 겉뜨기1. (+1코).

15단 : 걸러뜨기1, 끝까지 겉뜨기.

16단(늡단) : 걸러뜨기1, 마커까지 겉뜨기, 마커 걸러뜨기, 마커까지 겉뜨기, 마커 걸러뜨기, 겉뜨기4, 배색실로 늡뜨기, 2코 남을 때까지 겉뜨기, 코늘리기, 겉뜨기1. (+1코).

17단 : 걸러뜨기1, 끝까지 겉뜨기.

18·19단 : 6·7단을 반복한다.

18·19단을 총 9회 반복한다. (42코).

20단(마커 끼우기) : 걸러뜨기1, *마커까지 겉뜨기, 마커 걸러뜨기*, *-* 1회 반복, 겉뜨기11, 마커 끼우기, 2코 남을 때까지 겉뜨기, 코늘리기, 겉뜨기1. (+1코).

21단 : 걸러뜨기1, 끝까지 겉뜨기.

22단(늡단) : 걸러뜨기1, 마커까지 겉뜨기, 마커 걸러뜨기, 겉뜨기4, 배색실로 늡뜨기, 마커까지 겉뜨기, 마커 걸러뜨기, 마커까지 겉뜨기, 마커 걸러뜨기, 겉뜨기4, 배색실로 늡뜨기, 2코 남을 때까지 겉뜨기, 코늘리기, 겉뜨기1. (+1코).

23단 : 걸러뜨기1, 끝까지 겉뜨기.

24·25단 : 6·7단을 반복한다.

24·25단을 총 9회 반복한다. (53코).

26단(마커 끼우기) : 걸러뜨기1, *마커까지 겉뜨기, 마커 걸러뜨기*, *-* 총 3회 반복, 겉뜨기11, 마커 끼우기, 2코 남을 때까지 겉뜨기, 코늘리기, 겉뜨기1. (+1코).

27단 : 걸러뜨기1, 끝까지 겉뜨기.

28단(늡단) : 걸러뜨기1, *마커까지 겉뜨기, 마커 걸러뜨기*, *-* 1회 반복, 겉뜨기4, 배색실로 늡뜨기, 마커까지 겉뜨기, 마커 걸러뜨기, 마커까지 겉뜨기, 마커 걸러뜨기, 겉뜨기4, 배색실로 늡뜨기, 2코 남을 때까지 겉뜨기, 코늘리기, 겉뜨기1. (+1코).

29단 : 걸러뜨기1, 끝까지 겉뜨기.

30·31단 : 6·7단을 반복한다.

30·31단을 총 9회 반복한다. (64코).

32단(마커 끼우기) : 걸러뜨기1, *마커까지 겉뜨기, 마커 걸러뜨기*, *-* 총 4회 반복, 겉뜨기11, 마커 끼우기, 2코 남을 때까지 겉뜨기, 코늘리기, 겉뜨기1. (+1코).

33단 : 걸러뜨기1, 끝까지 겉뜨기.

34단(늡단) : 걸러뜨기1, 마커까지 겉뜨기, 마커 걸러뜨기, 겉뜨기4, 배색실로 늡뜨기, 마커까지 겉뜨기, 마커 걸러뜨기, 마커까지 겉뜨기, 마커 걸러뜨기, 겉뜨기4, 배색실로 늡뜨기, 마커까지 겉뜨기, 마커 걸러뜨기, 마커까지 겉뜨기, 마커 걸러뜨기, 겉뜨기4, 배색실로 늡뜨기, 2코 남을 때까지 겉뜨기, 코늘리기, 겉뜨기1. (+1코).

35단 : 걸러뜨기1, 끝까지 겉뜨기.

36·37단 : 6·7단을 반복한다.

36·37단을 총 9회 반복한다. (75코).

38단(마커 끼우기) : 걸러뜨기1, *마커까지 겉뜨기, 마커 걸러뜨기*, *-* 총 5회 반복, 겉뜨기11, 마커 끼우기, 2코 남을 때까지 겉뜨기, 코늘리기, 겉뜨기1. (+1코).

39단 : 걸러뜨기1, 끝까지 겉뜨기.

40단(늡단) : 걸러뜨기1, *마커까지 겉뜨기, 마커 걸러뜨기*, *-* 1회 반복, 겉뜨기4, 배색실로 늡뜨기, 마커까지 겉뜨기, 마커 걸러뜨기, 마커까지 겉뜨기, 마커 걸러뜨기, 겉뜨기4, 배색실로 늡뜨기, 마커까지 겉뜨기, 마커 걸러뜨기, 마커까지 겉뜨기, 마커 걸러뜨기, 겉뜨기4, 배색실로 늡뜨기, 끝까지 겉뜨기. (+1코).

41단 : 걸러뜨기1, 끝까지 겉뜨기.

41단을 20회 더 반복한다.

바늘에 76코가 있고, 겉면단을 시작할 차례다. 22번째 단마다 늡뜨기를 계속한다.

섹션 2 중간 부분

42단(늡단) : 걸러뜨기1, 마커까지 겉뜨기, 마커 걸러뜨기, 겉뜨기4, 배색실로 늡뜨기, 마커까지 겉뜨기, 마커 걸러뜨기, 마커까지 겉뜨기, 마커 걸러뜨기, 겉뜨기4, 배색실로 늡뜨기, 마커까지 겉뜨기, 마커 걸러뜨기, 마커까지 겉뜨기, 마커 걸러뜨기, 겉뜨기4, 배색실로 늡뜨기.

43단 : 걸러뜨기1, 끝까지 겉뜨기.

43단을 20회 더 반복한다.

44단(늡단) : 걸러뜨기1, *마커까지 겉뜨기, 마커 걸러뜨기*, *-* 1회 반복, 겉뜨기4, 배색실로 늡뜨기, 마커까지 겉뜨기, 마커 걸러뜨기, 마커까지 겉뜨기, 마커 걸러뜨기, 겉뜨기4, 배색실로 늡뜨기, 마커까지 겉뜨기, 마커 걸러뜨기, 마커까지 겉뜨기, 마커 걸러뜨기, 겉뜨기4, 배색실로 늡뜨기, 끝까지 겉뜨기.

45단 : 걸러뜨기1, 끝까지 겉뜨기.

45단을 20회 더 반복한다.

섹션 2를 총 9회 반복한다.

섹션 3 줄이기

46단(늡단) : 걸러뜨기1, 마커까지 겉뜨기, 마커 걸러뜨기, 겉뜨기4, 배색실로 늡뜨기, 마커까지 겉뜨기, 마커 걸러뜨기, 마커까지 겉뜨기, 마커 걸러뜨기, 겉뜨기4, 배색실로 늡뜨기, 마커까지 겉뜨기, 마커 걸러뜨기, 마커까지 겉뜨기, 마커 걸러뜨기, 겉뜨기4, 배색실로 늡뜨기, 끝까지 겉뜨기.

47단 : 걸러뜨기1, 끝까지 겉뜨기.

47단을 20회 더 반복한다.

48단(늡단) : 걸러뜨기1, *마커까지 겉뜨기, 마커 걸러뜨기*, *-* 1회 반복, 겉뜨기4, 배색실로 늡뜨기, 마커까지 겉뜨기, 마커 걸러뜨기, 마커까지 겉뜨기, 마커 걸러뜨기, 겉뜨기4, 배색실로 늡뜨기, 마커까지 겉뜨기, 마커 걸러뜨기, 마커까지 겉뜨기, 마커 끼우기, 겉뜨기4, 배색실로 늡뜨기, 끝까지 겉뜨기.

49단 : 걸러뜨기1, 끝까지 겉뜨기.

50단 : 걸러뜨기1, 3코 남을 때까지 겉뜨기, 오른코 겹쳐 2코 모아뜨기, 겉뜨기1. (-1코).

51단 : 49단을 반복한다.

50·51단을 총 10회 반복한다. (66코).

52단(늅단) : 걸러뜨기1, 마커까지 겉뜨기, 마커 걸러뜨기, 겉뜨기4. 배색실로 늅뜨기. 마커까지 겉뜨기, 마커 걸러뜨기, 마커까지 겉뜨기, 마커 걸러뜨기, 겉뜨기4. 배색실로 늅뜨기. 마커까지 겉뜨기, 마커 걸러뜨기, 마커까지 겉뜨기, 마커 빼기, 겉뜨기4. 배색실로 늅뜨기. 3코 남을 때까지 겉뜨기, 오른코 겹쳐 2코 모아뜨기, 겉뜨기1. (-1코).

53단 : 걸러뜨기1, 끝까지 겉뜨기.

54단 : 걸러뜨기1, 3코 남을 때까지 겉뜨기, 오른코 겹쳐 2코 모아뜨기, 겉뜨기1. (-1코).

55단 : 53단을 반복한다.

54·55단을 총 10회 반복한다. (55코).

56단(늅단) : 걸러뜨기1, *마커까지 겉뜨기, 마커 걸러뜨기*. *-* 1회 반복. 겉뜨기4. 배색실로 늅뜨기. 마커까지 겉뜨기, 마커 걸러뜨기, 마커까지 겉뜨기, 마커 빼기, 겉뜨기4. 배색실로 늅뜨기. 3코 남을 때까지 겉뜨기, 오른코 겹쳐 2코 모아뜨기, 겉뜨기1. (-1코).

57단 : 걸러뜨기1, 끝까지 겉뜨기.

58단 : 걸러뜨기1, 3코 남을 때까지 겉뜨기, 오른코 겹쳐 2코 모아뜨기, 겉뜨기1. (-1코).

59단 : 57단을 반복한다.

58·59단을 총 10회 반복한다. (44코).

60단(늅단) : 걸러뜨기1, 마커까지 겉뜨기, 마커 걸러뜨기, 겉뜨기4. 배색실로 늅뜨기. 마커까지 겉뜨기, 마커 걸러뜨기, 마커까지 겉뜨기, 마커 빼기, 겉뜨기4. 배색실로 늅뜨기. 3코 남을 때까지 겉뜨기, 오른코 겹쳐 2코 모아뜨기, 겉뜨기1. (-1코).

61단 : 걸러뜨기1, 끝까지 겉뜨기.

62단 : 걸러뜨기1, 3코 남을 때까지 겉뜨기, 오른코 겹쳐 2코 모아뜨기, 겉뜨기1. (-1코).

63단 : 61단을 반복한다.

62·63단을 총 10회 반복한다. (33코).

64단(늅단) : 걸러뜨기1, 마커까지 겉뜨기, 마커 걸러뜨기, 마커까지 겉뜨기, 마커 빼기, 겉뜨기4. 배색실로 늅뜨기. 3코 남을 때까지 겉뜨기, 오른코 겹쳐 2코 모아뜨기, 겉뜨기1. (-1코).

65단 : 걸러뜨기1, 끝까지 겉뜨기.

66단 : 걸러뜨기1, 3코 남을 때까지 겉뜨기, 오른코 겹쳐 2코 모아뜨기, 겉뜨기1. (-1코).

67단 : 65단을 반복한다.

66·67단을 총 10회 반복한다. (22코).

68단(늅단) : 걸러뜨기1, 마커까지 겉뜨기, 마커 빼기, 겉뜨기4. 배색실로 늅뜨기. 3코 남을 때까지 겉뜨기, 오른코 겹쳐 2코 모아뜨기, 겉뜨기1. (-1코).

69단 : 걸러뜨기1, 끝까지 겉뜨기.

70단 : 걸러뜨기1, 3코 남을 때까지 겉뜨기, 오른코 겹쳐 2코 모아뜨기, 겉뜨기1. (-1코).

71단 : 69단을 반복한다.

바늘에 3코만 남을 때까지 70·71단을 반복한다. 실을 자르고 남은 코들 사이로 잡아 빼고 조인다.

마무리하기

실 끝을 보이지 않게 정리한 다음 치수에 맞춰 습식 블로킹을 한다.

늅 마무리하기

늅의 실 끝을 서로 묶어서 매듭을 짓고 조인다. 모든 작업을 마친 후 모든 늅을 한 번에 조여도 되고, 몇 단마다 늅단을 뜬 다음 조여도 된다. 방법은 먼저 겉면에서 늅 모양을 잡고 안면에서 실 끝을 이용해 조인다. 그 뒤 실 끝들을 단단하게 묶는다.

실 끝이 안면에서 보이지 않게 하고 싶으면 늅 안쪽으로 누벼 넣어 정리한다. 이때 실을 너무 세게 당기면 늅 모양이 흐트러지므로 주의한다!

루안네 차우

29 라탄 스웨터 Rattan

크룹 디자인의 이 스웨터는 메리야스뜨기로만 뜨지만, 특별한 질감의 부클레 얀이므로 활기찬 느낌이 납니다. 브이넥과 밑단은 다른 색깔로, 슬립 스티치 모티브를 뜹니다.

사이즈

1(2. 3. 4. 5) (6. 7. 8)
권장 여유분 … +20.5~25.5cm

완성 치수

가슴둘레 … 106(117. 126. 137. 150) (161. 170. 181)cm
소매 길이(겨드랑이부터) … 44.5(44.5. 44.5. 44.5. 45)
(44. 45. 44)cm
소맷부리 둘레 … 20(22. 22. 24. 24) (26. 26. 26)cm
브이넥 깊이 … 19(20. 20. 21.5. 21.5) (22.5. 22.5. 24)cm
어깨~밑단 길이 … 47(48. 49.5. 52. 53.5) (55.5. 57.
58.5)cm
몸판 길이(겨드랑이~밑단) … 28cm
위 소매 둘레 … 38(40. 42. 48. 50) (54. 58. 60)cm
뒤 목 길이 … 21(22. 23. 22. 23) (24. 25. 26)cm

재료

바탕실 … 울포크 플레트 벌키Flette Bulky by
Woolfolk(메리노 100%, 120m/100g) FB04(→P.158)
또는 FB10(→P.162) 3(3. 4. 4. 5) (5. 5. 6)스케인
배색실 … 울포크 루프트Luft by Woolfolk(메리노
55%, 피마면 45%, 100m/50g) L15(→P.158) 또는
L14(→P.162) 1(1. 1. 1. 2) (2. 2. 2)스케인
대체실(바탕) … 벌키 부클레 얀 약 320(357. 393.
439. 494) (549. 585. 631)m
※DK 부클레 얀 2가닥을 함께 잡고 떠도 됩니다.
대체실(배색) … 벌키 얀 약 82(87. 91. 96. 101) (105.
110. 114)m
바늘 … 6.5mm(US 10.5) 줄바늘(100cm)과 장갑
바늘, 5.5mm(US 9) 줄바늘(100cm)과 장갑바늘,
여분의 줄바늘(바늘 3개로 코막음용).
도구 … 스티치 마커 4개, 잠금 스티치 마커, 스티
치 홀더 또는 별실

게이지

메리야스뜨기(6.5mm 줄바늘+바탕실) 10코×16단

POINT

이 패턴에 사용한 테크닉과 손뜨개 약어는
15~23페이지를 참고하세요.
뜨개질하면서 단수나 콧수를 세지 않아도 되도
록 패턴에 따라 스티치 마커를 끼웁니다. 뜨는
과정에 스티치 마커가 나오면 걸러뜹니다. 단,
잠금 스티치 마커는 제외합니다.
뺄 수 있는 잠금 스티치 마커를 활용해 줄이기
사이에 현재 뜨는 위치를 파악합니다. 실을 앞
에 놓고 걸러뜨기를 할 때, 다음 코는 항상 실을
뒤로 가져와서 떠야 바늘비우기가 생기는 것을
방지할 수 있습니다.

한눈에 보는 구성

작품 29번은 약간 오버사이즈이고 크롭 디자인과 드롭 숄더가 특징인 편안한 스웨터입니다. 바텀업으로 이음매 없이 뜹니다. 원형뜨기로 몸판을 뜰 때 겨드랑이까지 코늘리기를 하며 허리 모양을 잡는 것도 가능합니다. 이후에 앞·뒤판을 평면뜨기합니다. 어깨는 바늘 3개로 코막음하기로 연결합니다. 진동 둘레에서 코줍기를 해 원형뜨기로 소매를 뜨고, 목둘레의 코를 주워 원형뜨기합니다. 허리 모양 만들기는 생략할 수도 있습니다.
샘플(→P.158·162)은 허리 모양 만들기를 넣었고, 162페이지 작품은 어깨를 겉면에서 연결해 솔기가 밖에 드러난 디자인입니다.

뜨는 법

5.5mm(US 9) 줄바늘과 배색실로 롱테일 코잡기 또는 선호하는 코잡기를 이용해 94(104. 114. 124. 138) (148. 158. 168)코를 만든다. 허리 모양 만들기를 생략한다면 106(116. 126. 136. 150) (160. 170. 180)코를 만든다. 코들을 원형으로 연결하고, 시작을 표시하는 마커를 끼운다.

밑단

밑단은 장식 슬립 스티치 패턴으로 뜬다. 1×1 고무뜨기를 시작한다.

원형 1단 : *겉뜨기1, 안뜨기1*, 끝까지 *-* 반복한다.
1×1 고무뜨기로 3단을 더 뜬다. 총 4단.

원형 5단 : *겉뜨기1, 걸러뜨기2(실앞, 안뜨기 방향)*, 1(2. 0. 1. 0) (1. 2. 0)코 남을 때까지 *-* 반복, 겉뜨기1(1. 0. 1. 0) (1. 1. 0), 걸러뜨기0(1. 0. 0. 0) (0. 1. 0) (실앞, 안뜨기 방향).

원형 6단 : 5단을 반복한다.

원형 7단 : *겉뜨기1, 안뜨기1*, 끝까지 *-*을 반복한다.

원형 8단 : *걸러뜨기1(실앞, 안뜨기 방향), 겉뜨기1, 걸러뜨기1(실앞, 안뜨기 방향)*, 1(2. 0. 1. 0) (1. 2. 0)코 남을 때까지 *-* 반복, 걸러뜨기1(1. 0. 1. 0) (1. 1. 0) (실앞, 안뜨기 방향), 겉뜨기0(1. 0. 0. 0) (0. 1. 0).

원형 9단 : 8단을 반복한다.

원형 10단 : *겉뜨기1, 안뜨기1*, 끝까지 *-*을 반복한다.

원형 11·12단 : 5·6단을 반복한다.
1×1 고무뜨기로 3단을 뜬다.

몸판

6.5mm(US 10.5) 바늘로 바꾼다.

허리 모양 만들기 생략할 경우

허리 모양 만들기를 원하지 않는다면 이 섹션을 뜬다.
다음 원형단 : 배색실 떨구기. 바탕실로, 겉뜨기 26(29. 31. 34. 37) (40. 42. 45), 마커1 끼우기, 왼코 만들기0(1. 0. 1. 0) (1. 0. 1)회, 겉뜨기1(0. 1. 0. 1) (0. 1. 0), 마커2 끼우기, 겉뜨기26(29. 31. 34. 37) (40. 42. 45). 마커3 끼우기, 끝까지 겉뜨기. +0(1. 0. 1. 0) (1. 0. 1)코.
지금 바늘에 106(117. 126. 137. 150) (161. 170. 181)코가 있다.
다음 원형단 : 겉뜨기.
뜨개바탕이 밑단부터 28cm 또는 원하는 길이(19(20. 21.5. 24. 25.5) (27.5. 29. 30.5)cm)가 될 때까지 메리야스뜨기(겉뜨기)를 계속한다. 앞·뒤판 분리를 진행한다.

허리 모양 만들기를 할 경우

허리 모양을 만든다면 이 섹션을 뜬다.
다음 원형단 : 배색실 떨구기. 바탕실로, 겉뜨기

23(26. 28. 31. 34) (37. 39. 42), 마커1 끼우기, 왼코 만들기 0(1. 0. 1. 0) (1. 0. 1)회, 겉뜨기1(0. 1. 0. 1) (0. 1. 0), 마커2 끼우기, 겉뜨기23(26. 28. 31. 34) (37. 39. 42), 마커3 끼우기, 겉뜨기23(25. 28. 30. 34) (36. 39. 41), 마커4 끼우기, 겉뜨기1(2. 1. 2. 1) (2. 1. 2), 마커5 끼우기, 끝까지 겉뜨기. +0(1. 0. 1. 0) (1. 0. 1)코.
지금 바늘에 94(105. 114. 125. 138) (149. 158. 169)코가 있다.
메리야스뜨기(겉뜨기)로 9단을 뜬다.

늘리기 원형단 : 마커1까지 겉뜨기, 오른코 만들기, 마커1 걸러뜨기, 마커2까지 겉뜨기, 마커2 걸러뜨기, 왼코 만들기, 마커3 지나 마커4까지 겉뜨기, 오른코 만들기, 마커4 걸러뜨기, 마커5까지 겉뜨기, 마커5 걸러뜨기, 왼코 만들기, 끝까지 겉뜨기. (+4코.)
바늘에 98(109. 118. 129. 142) (153. 162. 173)코가 있다.
메리야스뜨기(겉뜨기)를 계속한다. 12번째 단마다 늘리기단을 2회 더 반복한다.
바늘에 106(117. 126. 137. 150) (161. 170. 181)코가 있다.
뜨개바탕이 밑단부터 28cm 또는 원하는 길이(19(20. 21.5. 24. 25.5) (27.5. 29. 30.5)cm)가 될 때까지 메리야스뜨기(겉뜨기)를 계속한다.

앞·뒤판 분리하기

앞·뒤판을 분리하고 각각 평면뜨기를 한다.
※1·2사이즈는 3·4·5·6·7·8사이즈와 시작이 다르니 주의하세요.

1(2)사이즈

다음 원형단 : 마커1 3코 전까지 겉뜨기, 왼코 겹쳐 2코 모아뜨기, 겉뜨기1, 마커1 빼기. 다음 27(30코) 스티치 홀더 또는 별실에 걸어두기, 마커3 빼기, 또 다른 스티치 홀더로 남은 53(58)코를 걸러뜨면서 나머지 마커들 빼기, 뜨개바탕 돌리기. (-1코).
앞판에 25(28)코가 있다.

3(4·5·6·7·8)사이즈

다음 원형단 : 마커3까지 겉뜨기, 남은 63(68. 75. 80. 85. 90)코 스티치 홀더 또는 별실에 걸어두기(나머지 마커들은 뺀다). 뜨개바탕 돌리기. 앞판에 63(69. 75. 81. 85. 91)코가 있다.
1단(안면) : 안뜨기.
메리야스뜨기(겉면단은 겉뜨기, 안면단은 안뜨기)로

0(2. 4. 6. 8. 8)단 또는 뜨개바탕을 앞·뒤판 분리 시점부터 1.5(2.5. 4. 5. 6.5. 6.5)cm 될 때까지 더 뜬다. 안면단으로 끝낸다.

다음 단(겉면) : 마커1 3코 전까지 겉뜨기, 왼코 겹쳐 2코 모아뜨기, 겉뜨기1, 마커1 빼기, 남은 32(35. 38. 41. 43. 46)코를 스티치 홀더 또는 별실에 걸어두기, 뜨개바탕 돌리기. (-1코).
앞판에 30(33. 36. 39. 41. 44)코가 있다.

모든 사이즈
왼쪽 앞판 목 모양 만들기

다음 단(안면) : 안뜨기.
줄이기단(겉면) : 3코 남을 때까지 겉뜨기, 왼코 겹쳐 2코 모아뜨기, 겉뜨기1. (-1코).
바늘에 24(27. 29. 32. 35) (38. 40. 43)코가 있다.
메리야스뜨기(겉면단은 겉뜨기, 안면단은 안뜨기)를 계속한다.
모든 겉면단에서 줄이기단을 7(8. 8. 7. 7) (8. 8. 9)회 더 반복한 뒤 하나 걸러 겉면단에서 줄이기단을 3(3. 3. 4. 4) (4. 4. 4)회 더 반복한다. -10(11. 11. 11. 11) (12. 12. 13)코.
바늘에 14(16. 18. 21. 24) (26. 28. 30)코가 있다.
다음 단(안면) : 안뜨기.
왼쪽 어깨 코를 스티치 홀더 또는 별실에 걸어두고, 실을 15cm 정도 남기고 자른다.

오른쪽 앞판 목 모양 만들기

홀더에 걸어둔 오른쪽 앞판 코를 6.5mm(US 10.5) 바늘로 옮긴다. 바늘에 27(30. 32. 35. 38) (41. 43. 46)코가 있다.
줄이기단(겉면) : 바탕실을 다시 연결한다. 1코 코막음하면서 마커2 빼기. 오른코 겹쳐 2코 모아뜨기, 끝까지 겉뜨기. (-2코).
다음 단(안면) : 안뜨기.
줄이기단(겉면) : 겉뜨기1, 오른코 겹쳐 2코 모아뜨기, 끝까지 겉뜨기. (-1코).
바늘에 24(27. 29. 32. 35) (38. 40. 43)코가 있다.
메리야스뜨기(겉면단은 겉뜨기, 안면단은 안뜨기)를 계속한다. 모든 겉면단에서 줄이기단을 7(8. 8. 7. 7) (8. 8. 9)회 더 반복한 뒤 하나 걸러 겉면단에서 줄이기단을 3(3. 3. 4. 4) (3. 3. 3)회 더 반복한다. -10(11. 11. 11. 11) (12. 12. 13)코.
바늘에 14(16. 18. 21. 24) (26. 28. 30)코가 있다.
다음 단(안면) : 안뜨기.
오른쪽 어깨 코를 스티치 홀더 또는 별실에 걸어두고, 실을 15cm 정도 남기고 자른다.

뒤판

이번에는 뒤판을 뜰 차례다.
스티치 홀더에 걸어둔 뒤판 코를 6.5mm(US 10.5) 바늘로 옮긴다. 바늘에 53(58. 63. 68. 75) (80. 85. 90)코가 있다.
다음 단(겉면) : 바탕실을 다시 연결한다. 끝까지 겉뜨기.
다음 단(안면) : 안뜨기.
뜨개바탕을 앞·뒤판 분리 시점부터 17(18. 19.5. 22. 23.5) (25.5. 27. 28.5)cm 될 때까지 메리야스뜨기(겉면단은 겉뜨기, 안면단은 안뜨기)를 계속한다. 안면단으로 끝낸다.
다음 단(겉면) : 겉뜨기16(18. 20. 23. 26) (28. 30. 32), 21(22. 23. 22. 23) (24. 25. 26)코 코막음, 겉뜨기16(18. 20. 23. 26) (28. 30. 32).
각 어깨에 16(18. 20. 23. 26) (28. 30. 32)코가 있다.

뒤판 왼쪽 어깨

다음 단(안면) : 안뜨기16(18. 20. 23. 26) (28. 30. 32). 뜨개바탕 돌리기.
다음 단(겉면) : 겉뜨기1, 오른코 겹쳐 3코 모아뜨기, 끝까지 겉뜨기. (-2코).
다음 단(안면) : 안뜨기14(16. 18. 21. 24) (26. 28. 30).
14(16. 18. 21. 24) (26. 28. 30)코 스티치 홀더 또는 별실에 걸기. 실 끝을 76cm 정도 남기고 자른다.

뒤판 오른쪽 어깨

나머지 16(18. 20. 23. 26) (28. 30. 32)코를 6.5mm(US 10.5) 줄바늘로 옮긴다.
다음 단(안면) : 바탕실을 다시 연결한다. 안뜨기16(18. 20. 23. 26) (28. 30. 32). 뜨개바탕 돌리기.
다음 단(겉면) : 4코 남을 때까지 겉뜨기, 겉뜨기로 3코 모아뜨기, 겉뜨기1. (-2코).
다음 단(안면) : 안뜨기14(16. 18. 21. 24) (26. 28. 30).

어깨 연결하기

오른쪽 앞판 어깨 코를 또 다른 줄바늘로 옮긴다. 앞·뒤판 어깨를 겉면이 서로 맞닿도록 놓고, 6.5mm(US 10.5) 바늘의 반대쪽 끝을 이용해 바늘 3개로 코막음해 앞·뒤판 오른쪽 어깨의 코들을 연결한다. 앞·뒤판 왼쪽 어깨의 코들을 여분의 줄바늘 2개에 각각 옮기고, 6.5mm(US 10.5) 바늘의 반대쪽 끝을 이용해 바늘 3개로 코막음해 연결한다.

소매

바탕실을 연결하고, 6.5mm(US 10.5) 줄바늘 또는 장갑바늘을 이용해 진동 둘레의 겨드랑이 중심의 바로 왼쪽부터 시작해 진동 둘레의 양쪽에서 각각 19(20. 21. 24. 25) (27. 29. 30)코를 주워 겉뜨기한다. 바늘에 38(40. 42. 48. 50) (54. 58. 60)코가 있다. 원형단으로 연결하고, 시작을 표시하는 마커를 끼운다.
소매길이가 겨드랑이부터 23(21.5. 20.5. 19. 17) (15. 13.5. 12.5)cm 또는 원하는 길이(21.5(23. 24. 25.5. 28) (29. 31.5. 31.5)cm)가 될 때까지 메리야스뜨기(겉뜨기)를 계속한다.
줄이기 원형단 : 겉뜨기2, 왼코 겹쳐 2코 모아뜨기, 4코 남을 때까지 겉뜨기, 오른코 겹쳐 2코 모아뜨기, 겉뜨기2. (-2코).
메리야스뜨기(겉뜨기)를 계속한다. 줄이기단을 4번째 단마다 5(6. 5. 6) (6. 6. 5)회 더 반복한 뒤 2번째 단마다 3(2. 3. 6. 6) (7. 9. 11)회 더 반복한다.
-16(16. 18. 22. 24) (26. 30. 32)코.
바늘에 20(22. 24. 24. 24) (26. 26. 26)코가 있다.
다음 원형단 : 겉뜨기.

소맷부리

5.5mm(US 9) 줄바늘 또는 장갑바늘로 바꾼다.
배색실로 바꾼다.
1×1 고무뜨기를 시작한다.
다음 원형단 : ★겉뜨기1, 안뜨기1★, 끝까지 ★-★을 반복한다.
소맷부리가 4cm 될 때까지 1×1 고무뜨기를 계속한다.
원하는 방법으로 느슨하게 코막음한다.

목둘레

목둘레에서 코를 줍고, 장식 슬립 스티치 패턴을 뜬다.

5.5mm(US 9) 줄바늘과 배색실로 오른쪽 어깨부터 시작해 목둘레의 뒤판 가장자리를 따라 33(35, 37, 35, 37) (39, 39, 41)코를 주워 겉뜨기. 브이넥 왼쪽을 따라 31(33, 33, 35, 35) (37, 37, 39)코를 주워 겉뜨기. 브이넥 중앙에서 1코를 주워 겉뜨기. 중앙 코에 뺄 수 있는 마커 끼우기. 브이넥 오른쪽을 따라 31(33, 33, 35, 35) (37, 37, 39)코를 주워 겉뜨기. 원형단으로 연결하고, 시작을 표시하는 마커를 끼운다. 바늘에 96(102, 104, 106, 108) (114, 114, 120)코가 있다.

※중앙 코를 뜬 다음에는 항상 스티치 마커를 한 단 위로 옮깁니다.

다음 원형단 : *겉뜨기1, 안뜨기1*, 끝까지 *-*을 반복한다.

줄이기 원형단 : *겉뜨기1, 안뜨기1*, 중앙 코 2코 전까지 *-* 반복, 겉뜨기1, 중심 3코 모아뜨기, *겉뜨기1, 안뜨기1*, 끝까지 *-*을 반복한다. (-2코)

다음 원형단 : *겉뜨기1, 안뜨기1*, 중앙 코 1코 전까지 *-* 반복, 겉뜨기2. *겉뜨기1, 안뜨기1*, 끝까지 *-*을 반복한다.

줄이기 원형단 : *겉뜨기1, 걸러뜨기2(실앞, 안뜨기 방향)*, 중앙 코에서 3(1, 3, 3, 2) (3, 3, 1)코까지 *-* 반복, 걸러뜨기1(0, 1, 1, 0) (1, 1, 0) (실앞, 안뜨기 방향), 중심 3코 모아뜨기, 걸러뜨기1(2, 1, 1, 0) (1, 1, 2) (실앞, 안뜨기 방향), *겉뜨기1, 걸러뜨기2(실앞, 안뜨기 방향)*, 1(2, 0, 2, 0) (1, 1, 2)코 남을 때까지 *-* 반복, 겉뜨기1(1, 0, 1, 0) (1, 1, 1), 걸러뜨기0(1, 0, 1, 0) (0, 0, 1) (실앞, 안뜨기 방향). (-2코).

다음 원형단 : *겉뜨기1, 걸러뜨기2(실앞, 안뜨기 방향)*, 중앙 코에서 2(0, 2, 2, 1) (2, 2, 0)코까지 *-* 반복, 겉뜨기1(0, 1, 1, 1) (1, 1, 0), 걸러뜨기1(0, 1, 1, 0) (1, 1, 0) (실앞, 안뜨기 방향), 중앙 코 겉뜨기, 걸러뜨기1(2, 1, 1, 0) (1, 1, 2) (실앞, 안뜨기 방향), *겉뜨기1, 걸러뜨기2(실앞, 안뜨기 방향)*, 1(2, 0, 2, 0) (1, 1, 2)코 남을 때까지 *-* 반복, 겉뜨기1(1, 0, 1, 0) (1, 1, 1), 걸러뜨기0(1, 0, 1, 0) (0, 0, 1) (실앞, 안뜨기 방향).

줄이기 원형단 : *겉뜨기1, 안뜨기1*, 중앙 코 2코 전까지 *-* 반복, 겉뜨기1, 중심 3코 모아뜨기, *겉뜨기1, 안뜨기1*, 끝까지 *-*을 반복한다. (-2코).

다음 원형단 : *걸러뜨기1(실앞, 안뜨기 방향), 겉뜨기1, 걸러뜨기1(실앞, 안뜨기 방향)*, 중앙 코에서 1(2, 1, 1, 0) (1, 1, 2)코 남을 때까지 *-* 반복, 걸러

뜨기1(1, 1, 1, 0) (1, 1, 1) (실앞, 안뜨기 방향), 겉뜨기0(1, 0, 0, 0) (0, 0, 1), 중앙 코 겉뜨기, 겉뜨기0(1, 0, 0) (0, 0, 1), 걸러뜨기1(1, 1, 1, 0) (1, 1, 1) (실앞, 안뜨기 방향), *걸러뜨기1(실앞, 안뜨기 방향), 겉뜨기1, 걸러뜨기1(실앞, 안뜨기 방향)*, 0(1, 2, 1, 2) (0, 0, 1)코 남을 때까지 *-* 반복, 걸러뜨기0(1, 1, 1, 1) (0, 0, 1) (실앞, 안뜨기 방향), 겉뜨기0(0, 1, 0, 1) (0, 0, 0).

줄이기 원형단 : *걸러뜨기1(실앞, 안뜨기 방향), 겉뜨기1, 걸러뜨기1(실앞, 안뜨기 방향)*, 중앙 코에서 1(2, 1, 1, 3) (1, 1, 2)코 남을 때까지 *-* 반복, 걸러뜨기0(1, 0, 0, 1) (0, 0, 1) (실앞, 안뜨기 방향), 겉뜨기0(0, 0, 0, 1) (0, 0, 0), 중심 3코 모아뜨기, 겉뜨기0(0, 0, 1) (0, 0, 0), 걸러뜨기0(1, 0, 0, 1) (0, 0, 1) (실앞, 안뜨기 방향), *걸러뜨기1(실앞, 안뜨기 방향), 겉뜨기1, 걸러뜨기1(실앞, 안뜨기 방향)*, 0(1, 2, 1, 2) (0, 0, 1)코 남을 때까지 *-* 반복, 걸러뜨기0(1, 1, 1, 1) (0, 0, 1) (실앞, 안뜨기 방향), 겉뜨기0(0, 1, 0, 1) (0, 0, 0). (-2코).

다음 원형단 : *겉뜨기1, 안뜨기1*, 끝까지 *-*을 반복한다.

줄이기 원형단 : *겉뜨기1, 안뜨기1*, 중앙 코 2코 전까지 *-* 반복, 겉뜨기1, 중심 3코 모아뜨기, *겉뜨기1, 안뜨기1*, 끝까지 *-*을 반복한다.

선호하는 방법으로 코막음한다.

마무리하기

실 끝을 보이지 않게 정리한 다음 치수에 맞춰 습식 블로킹을 한다.

다미 헌터

30 크레스타 숄^{Cresta}

삼각형의 가터뜨기 숄은 다른 색의 능선 구간이 있습니다. 서너 코로 시작해 점점 숄 크기를 키운 다음 규칙적으로 반복하는 흐름을 익히고 나면 술술 뜰 수 있습니다.

사이즈

1(2)

완성 치수

너비 … 110.5 (129)cm
높이 … 54 (63)cm

재료

바탕실 … 맥파이 화이버스 네스트 우스티드
Nest Worsted by Magpie Fibers(코리데일 울 100%.
192m/100g) Marled Smoke(→P.165) 또는
Natural Marl(→P.166) 2(3)스케인
배색실 … 맥파이 화이버스 네스트 우스티드
Nest Worsted by Magpie Fibers(코리데일 울 100%.
192m/100g) Midnight Velvet(→P.165) 또는
natural Midnight(→P.166) 1(2)스케인
대체실(바탕) … 우스티드 얀 약 384(576)m
대체실(배색) … 우스티드 얀 약 165(329)m
바늘 … 5mm(US 8) 줄바늘(80cm)
도구 … 스티치 마커

게이지

메리야스뜨기 20코×28단
가터뜨기 20코×36단

POINT

이 패턴에 사용한 테크닉과 손뜨개 약어는
15~23페이지를 참고하세요.
뜨는 과정에 스티치 마커가 나오면 걸러뜹니다.

가터 섹션을 뜨기 위해 배색실을 뜨개바탕 가장 자리로 가져오면 정리할 실 끝이 줄어듭니다. 또는 양쪽 가장자리가 똑같아 보이기를 원하면 능선 섹션이 끝날 때마다 배색실을 자릅니다.

한눈에 보는 구성

작품 30번은 톱다운 방식을 이용해 한 판으로 평면뜨기를 해 만듭니다. 처음에 5코로 시작해서 단의 양 끝과 중앙 코의 양쪽에서 늘리기를 해 숄의 크기를 점차 키웁니다. 숄 전체에서 가터뜨기와 컬러 능선의 섹션 위치는 정해져 있지 않고 달라지니 주의합니다.

뜨는 법

시작하기

바탕실로 롱테일 코잡기 또는 선호하는 방법을 이용해 5코를 만든다.
※모든 걸러뜨기는 안뜨기 방향으로 합니다.
1단(안면) : 걸러뜨기1(실앞), 겉뜨기1, 마커 끼우기, 걸러뜨기1(실앞), 마커 끼우기, 겉뜨기2.
2단(겉면) : 걸러뜨기1(실앞), 코늘리기, 마커 걸러뜨기, 겉뜨기1, 마커 걸러뜨기, 코늘리기, 겉뜨기1. (+2코). (7코).
3단(안면) : 걸러뜨기1(실앞), 마커까지 겉뜨기, 마커 걸러뜨기, 걸러뜨기1(실앞), 마커 걸러뜨기, 겉뜨기3.

본체

(1) 가터 섹션
바탕실로 계속 뜬다.
1단(겉면) : 걸러뜨기1(실앞), 코늘리기, 마커 1코 전까지 겉뜨기, 코늘리기, 마커 걸러뜨기, 겉뜨기1, 마커 걸러뜨기, 코늘리기, 2코 남을 때까지 겉뜨기, 코늘리기, 겉뜨기1. (+4코).
2단(안면) : 걸러뜨기1(실앞), 마커까지 겉뜨기, 마커 걸러뜨기, 걸러뜨기1(실앞), 마커 걸러뜨기, 끝까지 겉뜨기.
1·2단을 11회 더 반복하고 안면단으로 끝낸다. 이 섹션 총 24단. (55코).

(2) 컬러 능선 섹션
1단(겉면, 배색) : 걸러뜨기1(실앞), 코늘리기, 마커 1코 전까지 겉뜨기, 코늘리기, 마커 걸러뜨기, 걸러뜨기1(실앞), 마커 걸러뜨기, 코늘리기, 2코 남을 때까지 겉뜨기, 코늘리기, 겉뜨기1. (+4코.)
코들을 줄바늘의 반대쪽 끝으로 보낸다. 뜨개바탕을 돌리지 않고, 다시 겉면을 뜬다.
2단(겉면, 바탕색) : 걸러뜨기1(실앞), 마커까지 겉뜨기, 마커 걸러뜨기, 겉뜨기1, 마커 걸러뜨기, 끝까지 겉뜨기. 뜨개바탕 돌리기.
3단(안면, 배색) : 걸러뜨기1(실앞), 코늘리기, 마커 1코 전까지 겉뜨기, 코늘리기, 마커 걸러뜨기, 걸러뜨기1(실앞), 마커 걸러뜨기, 코늘리기, 2코 남을 때까지 겉뜨기, 코늘리기, 겉뜨기1. (+4코).
코들을 줄바늘의 반대쪽 끝으로 보낸다. 뜨개바탕을 돌리지 않고, 다시 겉면을 뜬다.
4단(안면, 바탕색) : 걸러뜨기1(실앞), 마커까지 겉뜨기, 마커 걸러뜨기, 안뜨기1, 마커 걸러뜨기, 끝까지 겉뜨기.
컬러 능선 1개를 완성했다.
1~4단을 2회 더 반복한다. 이 섹션총 12단. (79코).
가터뜨기를 위해 배색실을 가장자리로 가져오거나 자른다. 자세한 내용은 POINT(→P.164)를 참조한다.
가터 섹션과 컬러 능선 배색 섹션을 다음의 순서대로 번갈아 뜬다.

(3) 가터 섹션
1·2단을 5회 반복한다. (99코).

(4) 컬러 능선 배색 섹션
1~4단을 4회 반복한다. (131코).

(5) 가터 섹션
1·2단을 5회 반복한다. (151코).

(6) 컬러 능선 배색 섹션
1~4단을 2회 반복한다. (167코).

(7) 가터 섹션
1·2단을 5회 반복한다. (187코).

(8) 컬러 능선 배색 섹션
1~4단을 4회 반복한다. (219코).

(9) 가터 섹션
1·2단을 5회 반복한다. (239코).

(10) 컬러 능선 배색 섹션
1~4단을 2회 반복한다. (255코).

(11) 가터 섹션
1·2단을 5회 반복한다. (275코).

(12) 컬러 능선 배색 섹션
1~4단을 3회 반복한다. (299코).

1사이즈
이어서 코막음한다.

(13) 가터 섹션
1·2단을 5회 반복한다. (319코).

(14) 컬러 능선 배색 섹션
1~4단을 4회 반복한다. (351코).

코막음하기

코막음을 느슨하게 하기 위해 다음과 같은 방법을 권한다.
배색실로, *왼코 겹쳐 2코 모아 꼬아뜨기, 남은 코를 왼바늘로 돌려보내기*, 끝까지 *-* 반복한다. 실 끝을 마지막 코 사이로 잡아 빼고 조인다.

마무리하기

실 끝을 보이지 않게 정리한 다음 치수에 맞춰 습식 블로킹을 한다.

툴리 후흐탈라

31 비카 모자_{Viikka}

SUPER EASY!

이 모자는 고무뜨기 섹션들을 바꿔가며 떠서 입체적인 모양새입니다. 취향에 따라 브림을 한두 번 접어도 멋들어집니다.

사이즈

1(2, 3)
머리둘레 ⋯ 약 51~53(53~58.5, 58.5~63.5)cm

완성 치수

모자 둘레(잡아당기지 않은 상태) ⋯ 37.5(40, 42.5)cm
높이 ⋯ 28.5(30.5, 32.5)cm

재료

실 ⋯ 웨스트 울 탠덤Tandem by West Wool(포클랜드 메리노 90%, 텍셀 10%, 230m/100g) True Blue 1스케인
대체실 ⋯ DK 얀 약 200(210, 225)m
바늘 ⋯ 3mm(US 2.5) 장갑바늘(매직루프는 40cm 또는 80cm 줄바늘)
도구 ⋯ 스티치 마커

게이지

2×2 고무뜨기 32코×30단

POINT

이 패턴에 사용한 테크닉과 손뜨개 약어는 15~23페이지를 참고하세요.
뜨는 과정에 스티치 마커가 나오면 걸러뜹니다.

한눈에 보는 구성

브림부터 크라운을 향해 2×2 고무뜨기로 뜹니다. 가로로 섹션 4개가 있으며, 크라운으로 가면서 코줄이기를 합니다. 섹션 1과 3, 크라운은 겉뜨기 코로, 섹션2와4는 안뜨기 코로 시작합니다.

뜨는 법

섹션 1

독일식 트위스티드 코잡기 등의 방법으로 120(128, 136)코를 만든다. 장갑바늘을 사용하면 코들을 32+28+32+28(32+32+32+32, 32+36+32+36)코로 나눠 바늘로 옮긴다. 코가 꼬이지 않도록 주의하면서 원형단으로 연결하고, 시작을 표시하는 마커를 끼운다.
원형 1단 : *겉뜨기2, 안뜨기2*, 끝까지 *-*을 반복한다.
뜨개바탕이 5(5.5, 6)cm 될 때까지 1단을 반복해 2×2 고무뜨기를 한다.

섹션 2

원형 1단 : *안뜨기2, 겉뜨기2*, 끝까지 *-*을 반복한다.
뜨개바탕이 10(11, 12)cm 될 때까지 1단을 반복해 2×2 고무뜨기를 한다.

169

섹션 3

원형 1단 : *겉뜨기2, 안뜨기2*, 끝까지 *-*을 반복한다.

뜨개바탕이 15(16.5, 18)cm 될 때까지 1단을 반복해 2×2 고무뜨기를 한다.

섹션 4

원형 1단 : *안뜨기2, 겉뜨기2*, 끝까지 *-*을 반복한다.

뜨개바탕이 20(22, 24)cm 될 대까지 1단을 반복해 2×2 고무뜨기를 한다.

크라운

코줄이기로 크라운(정수리)을 뜬다.

1사이즈
11단에서 코줄이기(-6코)를 시작한다.

원형 1~10단 : *겉뜨기2, 안뜨기2*, 끝까지 *-*을 반복한다.

원형 11단 : *[겉뜨기2, 안뜨기2], [-] 2회 더 반복한다. 겉뜨기2, 왼코 겹쳐 2코 모아 안뜨기*, *-* 2회 더 반복한다. *겉뜨기2, 안뜨기2*, *-* 2회 더 반복한다. 시작부터 1회 더 반복한다. (-6코).

(114코 : 30+27+30+27코).

원형 12단 : *[겉뜨기2, 안뜨기2], [-] 2회 더 반복한다. 겉뜨기1, 왼코 겹쳐 2코 모아 안뜨기*, *-* 2회 더 반복한다. *겉뜨기2, 안뜨기2*, *-* 2회 더 반복한다. 시작부터 1회 더 반복한다. (-6코).

(108코 : 28+26+28+26코).

원형 13단 : *[겉뜨기2, 안뜨기2], [-] 2회 더 반복한다. 왼코 겹쳐 2코 모아 안뜨기*, *-* 2회 더 반복한다. *겉뜨기2, 안뜨기2*, *-* 2회 더 반복한다. 시작부터 1회 더 반복한다. (-6코).

(102코 : 26+25+26+25코).

원형 14단 : *[겉뜨기2, 안뜨기2], [-] 1회 더 반복. 겉뜨기2, 안뜨기1, 왼코 겹쳐 2코 모아 안뜨기*, *-* 2회 더 반복한다. *겉뜨기2, 안뜨기2*, *-* 2회 더 반복한다. 시작부터 1회 더 반복한다. (-6코).

(96코 : 24+24+24+24코).

2사이즈
11단에서 코줄이기(-8코)를 시작한다.

원형 1~10단 : *겉뜨기2, 안뜨기2*, 끝까지 *-*을 반복한다.

원형 11단 : *[겉뜨기2, 안뜨기2], [-] 2회 더 반복.

겉뜨기2, 왼코 겹쳐 2코 모아 안뜨기*, 끝까지 *-*을 반복한다. (-8코)

(120코 : 30+30+30+30코).

원형 12단 : *[겉뜨기2, 안뜨기2], [-] 2회 더 반복. 겉뜨기1, 왼코 겹쳐 2코 모아 안뜨기*, 끝까지 *-*을 반복한다. (-8코) (112코 : 28+28+28+28코).

원형 13단 : *[겉뜨기2, 안뜨기2], [-] 2회 더 반복. 왼코 겹쳐 2코 모아 안뜨기*, 끝까지 *-*을 반복한다. (-8코)

(104코 : 26+26+26+26코).

원형 14단 : *[겉뜨기2, 안뜨기2], [-] 1회 더 반복. 겉뜨기2, 안뜨기1, 왼코 겹쳐 2코 모아 안뜨기*, 끝까지 *-*을 반복한다. (-8코)

(96코 : 24+24+24+24코).

3사이즈
7단에서 코줄이기(-2코)와 11단에서 코줄이기(-8코)를 시작한다.

원형 1~6단 : *겉뜨기2, 안뜨기2*, 끝까지 *-*을 반복한다.

원형 7단 : *[겉뜨기2, 안뜨기2], [-] 15회 더 반복. 겉뜨기2, 왼코 겹쳐 2코 모아 안뜨기*, *-* 1회 더 반복한다. (-2코)

(134코 : 32+35+32+35코).

원형 8단 : *[겉뜨기2, 안뜨기2], [-] 15회 더 반복. 겉뜨기1, 왼코 겹쳐 2코 모아 안뜨기*, *-* 1회 더 반복한다. (-2코)

(132코 : 32+34+32+34코).

원형 9단 : *[겉뜨기2, 안뜨기2], [-] 15회 더 반복. 왼코 겹쳐 2코 모아 안뜨기*, *-* 1회 더 반복한다. (-2코)

(130코 : 32+33+32+33코).

원형 10단 : *[겉뜨기2, 안뜨기2], [-] 14회 더 반복. 겉뜨기2, 안뜨기1, 왼코 겹쳐 2코 모아 안뜨기*, *-* 1회 더 반복한다. (-2코)

(128코 : 32+32+32+32코).

원형 11~14단 : 2사이즈와 동일하게 뜬다. (-32코)
(96코 : 24+24+24+24코).

모든 사이즈
(-8코).

원형 15~25단 : 장갑바늘로 뜨거나 스티치 마커를 이용해 코들을 24코씩 4섹션으로 나눈다. 2×2 고무뜨기를 계속한다. 8(4×2코)코가 남을 때까지 모든 장갑바늘 또는 섹션 끝에서 그리고 모든 단의 중앙에서(정중앙 전에 -2코) '왼코 겹쳐 2코 모아 안뜨기'로 코줄이기를 한다. 실을 자르고, 남은 코들 사이로 실 끝을 잡아 빼서 크라운

을 막는다.

마무리하기

실 끝을 보이지 않게 정리한 다음 치수에 맞춰 습식 또는 스팀 블로킹을 해 착용했을 때 완성 모양을 만든다.

엘레나 솔리에르 한사

32 브리즈나 스웨터 Brizna

박시한 디자인이라 편하게 입기 좋은 이 스웨터는 양 옆선에 슬립 스티치 고무뜨기를 넣어 매력적인 니트임을 첫눈에 알아볼 수 있습니다. 이끼색과 생기 있는 붉은색의 스웨터를 떴는데 여러분은 어느 색이 마음에 드는지 궁금합니다.

사이즈

1(2. 3. 4. 5) (6. 7. 8)
권장 여유분 ··· +20〜25cm

완성 치수

가슴둘레 ··· 106(115.5. 127. 136.5. 153) (162.5. 172. 181)cm
위팔 둘레 ··· 32(35.5. 37.5. 41. 44.5) (47. 50.5. 52)cm
목 너비 ··· 26.5(26.5. 27.5. 27.5. 29) (29. 29. 29)cm
겨드랑이〜밑단 길이 ··· 36cm

재료

실(→P.172) ··· 솔라 파스토라 Pastora by Xolla(리폴레사 울 100%. 130m/50g) Molsa 8(9. 10. 11. 13) (14. 15. 16)스케인
실(→P.177) ··· 라 비앙 에메 코리 우스티드 Corrie Worsted by La Bien Aimée(포클랜드 코리데일 75%. 고틀란드 울 25%. 230m/100g) Coquelicot 4(4. 5. 5. 6) (6. 7. 7)스케인
실(→P.177) ··· 라 비앙 에메 모헤어 실크 Mohair Silk by La Bien Aimée(모헤어 70%. 실크 30%. 500m/50g) Aimée's Flashy Lipstick 2(2. 2. 2. 3) (3. 3. 3)스케인
※177페이지 작품은 두 실을 함께 잡고 뜹니다. 주머니는 없습니다.
대체실 ··· DK 얀 또는 우스티드 얀약 1040(1170. 1300. 1430. 1690) (1820. 1950. 2080)m
바늘 ··· 4.5mm(US 7) 줄바늘(80cm 또는 100cm. 몸판+소매용). 3.75mm(US 5) 줄바늘(80cm 또는 100cm. 밑단+소맷부리+주머니용). 4.5mm(US 7) 대바늘(바늘 3개로 코막음용)
도구 ··· 별실 2가닥(30cm 길이. 다른 색). 스티치 마커. 스티치 홀더 또는 별실

게이지

몸판 ··· 메리야스뜨기(4.5mm 바늘. 원형뜨기) 17코×28단
주머니 ··· 메리야스뜨기(3.75mm 바늘. 평면뜨기) 19코×32단

슬립 스티치 고무뜨기

원형뜨기

원형 1단 : *안뜨기2, 겉뜨기1*, 2코 남을 때까지 *-* 반복, 안뜨기2.

원형 2단 : *안뜨기2, 걸러뜨기1(실뒤. 안뜨기 방향)*, 2코 남을 때까지 *-* 반복, 안뜨기2.

평면뜨기

1단(안면) : *겉뜨기2, 걸러뜨기1(실뒤. 안뜨기 방향)*, 2코 남을 때까지 *-* 반복, 겉뜨기2.

2단(겉면) : *안뜨기2, 겉뜨기1*, 2코 남을 때까지 *-* 반복, 안뜨기2.

POINT

이 패턴에 사용한 테크닉과 손뜨개 약어는 15~23페이지를 참고하세요.
뜨는 과정에 스티치 마커가 나오면 걸러뜁니다.

한눈에 보는 구성

이 스웨터는 바텀업으로 뜨는데, 처음에는 원형뜨기로 시작했다가 앞·뒤판은 평면뜨기를 합니다. 스웨터의 양 옆선을 따라 슬립 스티치 고무뜨기가 길게 뻗습니다. 어깨는 바늘 3개로 코막음을 해 연결합니다. 주머니를 따로 떠서 메리야스 잇기로 앞판에 붙일 수도 있습니다. 177페이지 작품은 주머니가 없는 디자인입니다.

뜨는 법

밑단

3.75mm(US 5) 바늘로 롱테일 코잡기 또는 선호하는 코잡기를 이용해 180(196. 216. 232. 260) (276. 292. 308)코를 만든다. 코가 꼬이지 않도록 주의하면서 원형단으로 연결하고, 시작을 표시하는 마커를 끼운다.
원형 1단 : *겉뜨기1, 안뜨기1*, 끝까지 *-*을 반복한다.
8단 또는 밑단이 3cm 될 때까지 1×1 고무뜨기를 계속한다.

몸판

4.5mm(US 7) 바늘로 바꾸고 몸판 뜨기를 시작한다. 양옆에서 슬립 스티치 고무뜨기 구간을 뜨고 앞·뒤판은 메리야스뜨기를 한다.
다음 단에서 별실을 모든 코가 통과하도록 건다. 이 실은 주머니 위치를 표시하는 용도이며 방법은 다음과 같다. 대조되는 색의 별실을 꿴 돗바늘을 왼바늘 코들 사이로 통과시킨다. 단, 실을 건 상태에서 뜨개질하는데, 그 실까지 뜨지 않도록 주의한다.
원형 시작단 : 마커 빼기, 겉뜨기1, 새로운 원형단 시작 마커 끼우기, *다음 겉뜨기29(29. 29. 29. 35) (35. 35. 35)에 별실 걸기, 겉뜨기29(29. 29. 29. 35) (35. 35. 35), 마커 끼우기, 겉뜨기 61(69. 79. 87. 95) (103. 111. 119)*, 마커 끼우기, 끝까지 *-*을 반복한다.
원형 1단 : *[안뜨기2, 겉뜨기1] 9(9. 9. 9. 11) (11. 11. 11)회, 안뜨기2, 마커 걸러뜨기, 마커까지 겉뜨기, 마커 걸러뜨기*, *-* 1회 더 반복한다.
원형 2단 : *[안뜨기2, 걸러뜨기1(실뒤)] 9(9. 9. 9. 11) (11. 11. 11)회, 안뜨기2, 마커 걸러뜨기, 마커까지 겉뜨기, 마커 걸러뜨기*, *-* 1회 더 반복한다.

뜨개바탕이 코잡기단부터 36cm 될 때까지 1·2단을 반복한다.

앞·뒤판 분리하기

양옆에 각 29(29. 29. 29. 35) (35. 35. 35)코가 있고 그중에 9(9. 9. 9. 11) (11. 11. 11)코는 걸러뜬 코다. 중앙의 걸러뜬 코를 코막음하고, 뒤판 코는 별실에 걸어둔 다음 앞판만 뜬다.
원형 시작단 : *안뜨기2, 겉뜨기1*, *-* 4(4. 4. 4. 5) (5. 5. 5)회, 안뜨기2, 1코 코막음, *안뜨기2, 겉뜨기1* 4(4. 4. 4. 5) (5. 5. 5)회, 안뜨기2, 마커 걸러뜨기, 마커까지 겉뜨기, 마커 걸러뜨기, *안뜨기2, 겉뜨기1*, *-* 5(5. 5. 5. 6) (6. 6. 6)회. 다음 89(97. 107. 115. 129) (137. 145. 153)코를 스티치 홀더나 별실에 걸기(뒤판용). 뜨개바탕 돌리기.

앞판

평면뜨기로 앞판을 뜬다.
1단(안면) : 1코 코막음, *겉뜨기2, 걸러뜨기1(실앞)*, *-* 4(4. 4. 5) (5. 5. 5)회, 겉뜨기2, 마커 걸러뜨기, 마커까지 안뜨기, 마커 걸러뜨기, *겉뜨기2, 걸러뜨기1(실앞)*, *-* 4(4. 4. 5) (5. 5. 5)회, 겉뜨기2.
2단(겉면) : *안뜨기2, 겉뜨기1*, *-* 4(4. 4. 5) (5. 5. 5)회, 안뜨기2, 마커 걸러뜨기, 마커까지 겉뜨기, 마커 걸러뜨기, *안뜨기2, 겉뜨기1* 4(4. 4. 5) (5. 5. 5)회, 안뜨기2.
3단(안면) : *겉뜨기2, 걸러뜨기1(실앞)*, *-* 4(4. 4. 5) (5. 5. 5)회, 겉뜨기2, 마커 걸러뜨기, 마커까지 안뜨기, 마커 걸러뜨기, *겉뜨기2, 걸러뜨기1(실앞)*, *-* 4(4. 4. 5) (5. 5. 5)회, 겉뜨기2.
뜨개바탕이 겨드랑이부터 16(17. 18. 20.5. 22) (24. 25.5. 26)cm 될 때까지 2·3단을 반복한다.
2단을 1회 더 반복한다.

앞판 어깨 모양 만들기

스웨터를 더 편안하게 입기 위해 경사뜨기를 이용해 어깨 모양을 만든다. 제시한 방법은 독일식 경사뜨기이지만, 선호하는 다른 방법으로 떠도 된다. 패턴대로 메리야스뜨기를 계속하면서 마커가 나오면 걸러뜬다.
어깨 모양 만들기를 끝낼 때 경사뜨기에서 생긴 더블스티치를 떠야 한다. 더블스티치가 겉뜨기 코 또는 걸러뜬 겉뜨기 코이면 겉뜨기로 뜨고, 안뜨기 코이면 안뜨기로 뜬다.

경사뜨기 1단(안면) : 1(2. 2. 3. 4) (4. 5. 5)코 남을 때까지 패턴대로 뜬다. 뜨개바탕 돌리기.

경사뜨기 2단(겉면) : 더블스티치 만들기. 1(2. 2. 3. 4) (4. 5. 5)코 남을 때까지 패턴대로 뜬다. 뜨개바탕 돌리기.

경사뜨기 3단 : 더블스티치 만들기. 더블스티치 1(2. 2. 3. 4) (4. 5. 5)코 전까지 패턴대로 뜬다. 뜨개바탕 돌리기.

경사뜨기 4단 : 더블스티치 만들기. 더블스티치 1(2. 2. 3. 4) (4. 5. 5)코 전까지 패턴대로 뜬다. 뜨개바탕 돌리기.

경사뜨기 5단 : 더블스티치 만들기. 더블스티치 2(2. 3. 3. 4) (4. 5. 5)코 전까지 패턴대로 뜬다. 뜨개바탕 돌리기.

경사뜨기 6단 : 더블스티치 만들기. 마커까지 겉뜨기. 이전 더블스티치 2(2. 3. 3. 4) (4. 5. 5)코 전까지 패턴대로 뜬다. 뜨개바탕 돌리기.

경사뜨기 5·6단을 1회 더 반복한다.

경사뜨기 9단 : 더블스티치 만들기. 이전 더블스티치 2(2. 3. 3. 4) (5. 5. 6)코 전까지 패턴대로 뜬다. 뜨개바탕 돌리기.

경사뜨기 10단 : 더블스티치 만들기. 이전 더블스티치 2(2. 3. 3. 4) (5. 5. 6)코 전까지 패턴대로 뜬다. 뜨개바탕 돌리기.

경사뜨기 9·10단을 1회 더 반복한다.

경사뜨기 13단 : 더블스티치 만들기. 이전 더블스티치 2(3. 3. 4. 4) (5. 5. 6)코 전까지 패턴대로 뜬다. 뜨개바탕 돌리기.

경사뜨기 14단 : 더블스티치 만들기. 이전 더블스티치 2(3. 3. 4. 4) (5. 5. 6)코 전까지 패턴대로 뜬다. 뜨개바탕 돌리기.

경사뜨기 13·14단을 1회 더 반복한다.

다음 단(안면) : 더블스티치 만들기. 끝까지 패턴대로 뜨면서 더블스티치도 뜬다.

다음 단(겉면) : 끝까지 패턴대로 뜨면서, 더블스티치는 뜨고 마커는 뺀다.

실을 127cm 정도 남기고 자른다. 앞판 코를 스티치 홀더나 별실에 걸어둔다.

뒤판

뒤판 코를 4.5mm(US 7) 바늘로 옮기고, 안면부터 뜨기 시작한다.

1단(안면) : ★겉뜨기2, 걸러뜨기1(실앞)★, ★-★ 4(4. 4. 4. 5) (5. 5. 5)회, 겉뜨기2, 마커 걸러뜨기, 마커까지 안뜨기, 마커 걸러뜨기, ★겉뜨기2, 걸러뜨기

1(실앞)★. ★-★ 4(4. 4. 4. 5) (5. 5. 5)회, 겉뜨기2.

2단(겉면) : ★안뜨기2, 겉뜨기1★, ★-★ 4(4. 4. 4. 5) (5. 5. 5)회, 안뜨기2, 마커 걸러뜨기, 마커까지 겉뜨기, 마커 걸러뜨기, ★안뜨기2, 겉뜨기1★, ★-★ 4(4. 4. 4. 5) (5. 5. 5)회, 안뜨기2.

뜨개바탕이 겨드랑이부터 16(17. 18. 20.5. 22) (24.25.5.26)cm 될 때까지 1·2단을 반복한다.

뒤판 어깨 모양 만들기

앞판 어깨 모양 만들기와 같은 방법으로 만든다.

어깨 연결하기

앞판 코를 별도 바늘로 옮긴다. 겉면을 앞에 놓고 실을 연결한 뒤 바늘 3개로 코막음하는 방법으로 앞판의 첫 22(26. 30. 34. 40) (44. 48. 52)코를 뒤판의 해당 코와 함께 코막음한다. 실 끝을 15cm 정도 남기고 자른다.

같은 방법으로 반대쪽 어깨도 연결한다. 각 바늘에는 목둘레용 45(45. 47. 47. 49) (49. 49. 49)코가 있다.

목둘레 코막음하기

앞판 바늘 1개와 뒤판 바늘 1개가 있으며, 모든 코를 코막음한다. 2개 바늘 사이에서 자연스럽게 생기는 구멍을 막기 위해 각 어깨에서 2코를 주워 겉뜨기하고 일반적인 코처럼 코막음한다. 겉면을 앞에 놓고 실을 연결한 뒤 일반적인 코막음으로 앞판의 모든 코를 코막음한다. ★1코를 주워 겉뜨기한 뒤 코막음하기★, ★-★을 반복한다. 이어서 뒤판 코도 코막음한다. ★1코를 주워 겉뜨기한 뒤 코막음하기★, 끝까지 ★-★ 반복한다.

소매

4.5mm(US 7) 바늘로 겨드랑이부터 시작해 진동 둘레에서 54(60. 64. 70. 76) (30.86.88)코를 주워 겉뜨기(약 3단에 2코). 원형단으로 연결하고, 시작을 표시하는 마커를 끼운다.

메리야스뜨기(겉뜨기)로 4단을 뜬다.

줄이기 원형단 : 겉뜨기1, 왼코 겹쳐 2코 모아뜨기, 3코 남을 때까지 겉뜨기, 오른코 겹쳐 2코 모아뜨기, 겉뜨기1. (-2코).

줄이기단을 12(10. 8. 7. 6) (6. 5. 5)번째 단마다

8(10, 12, 14, 17) (17, 20, 20)회 더 반복한다. 바늘에 36(38, 38, 40, 40) (44, 44, 46)코가 있다.

소매가 40.5cm 될 때까지 메리야스뜨기를 계속한다.

소맷부리

3.75mm(US 5) 바늘로 바꾼다.

원형 1단 : *겉뜨기1, 안뜨기1*, 끝까지 *-*을 반복한다.

소맷부리가 총 8단 또는 3cm 될 때까지 1×1 고무뜨기를 계속한다.

같은 방법으로 2번째 소매를 만든다.

주머니

밑단에서 별실을 건 29(29, 29, 29, 35) (35, 35, 35)코를 확인한다. 3.75mm(US 5) 바늘로 위 29(29, 29, 29, 35) (35, 35, 35)코와 그 좌우 1코에 있는 모든 'v' 오른쪽 다리를 줍는다. 바늘에 31(31, 31, 31, 37) (37, 37, 37)코가 있다. 별실을 빼고, 뜨는 실을 30cm 정도 남겨서 연결한다.

1단 : 겉뜨기.

2단 : 안뜨기.

1·2단을 총 16회(총 32단) 또는 10cm 될 때까지 반복한다.

2코 아이코드 코막음으로 모든 코를 코막음한다. 이 방법을 사용하면 가장자리가 깔끔하고 탄탄해서 좋다. 일반적인 코막음도 가능하지만 실을 바짝 당겨서 코막음해야 주머니가 늘어지지 않는다.

2코 아이코드 코막음은 다음과 같이 한다.

백워드 루프 코잡기로 1코 만들기. *겉뜨기1, 왼코 겹쳐 2코 모아 꼬아뜨기. 오른바늘의 2코를 다시 왼바늘로 안뜨기로 돌려보낸다*. *-* 반복한다.

주머니 오른쪽 밑에 남겨둔 실을 이용해 메리야스 잇기로 주머니의 오른쪽을 앞판에 꿰매어 붙이는데, 방법은 다음과 같다. 스웨터 중 질감이 톡톡한 섹션의 오른쪽에서 겉뜨기 코의 세로줄을 확인하고, 주머니를 스웨터에 맞춘다. 주머니의 첫 코를 1번째 세로줄에 연결한다. 뜨개바탕의 오른쪽과 왼쪽 가장자리를 살짝 잡아당기면 v 두 다리 사이에서 가로줄이 보인다. 각 뜨개바탕에서 가로줄을 주워서 뜨개바탕이 1개인 것처럼 보이게 한다. 돗바늘에 실을 꿰어 주머니를 뜨기 시작한 코 바로 위, 스웨터의 1번째 가로줄 아래에서 바늘을 잡아 뺀다.

다음은 돗바늘을 주머니의 1번째 가로줄 아래

에서 잡아 빼는데, 가장 바깥쪽 줄의 가로줄이어야 한다. 바깥쪽 줄은 오그라드는 경향이 있기 때문이다. 바늘을 각 부분으로 다시 가져가서 직전에 주운 가로줄 바로 위 가로줄 아래에서 잡아 빼면서 계속 세로로 연결한다. 단, 실을 바짝 당겨서 솔기가 보이지 않도록 한다.

마지막으로 아이코드에 이르면 바늘을 코잡기/코막음에서 2코의 아래로 잡아 빼고 실을 안면으로 가져간다.

주머니 왼쪽 아래에서 실을 연결하고, 메리야스 잇기로 주머니 왼쪽을 연결한다.

같은 방법으로 2번째 주머니도 연결한다.

마무리하기

실 끝을 보이지 않게 정리한 다음 치수에 맞춰 습식 블로킹을 한다.

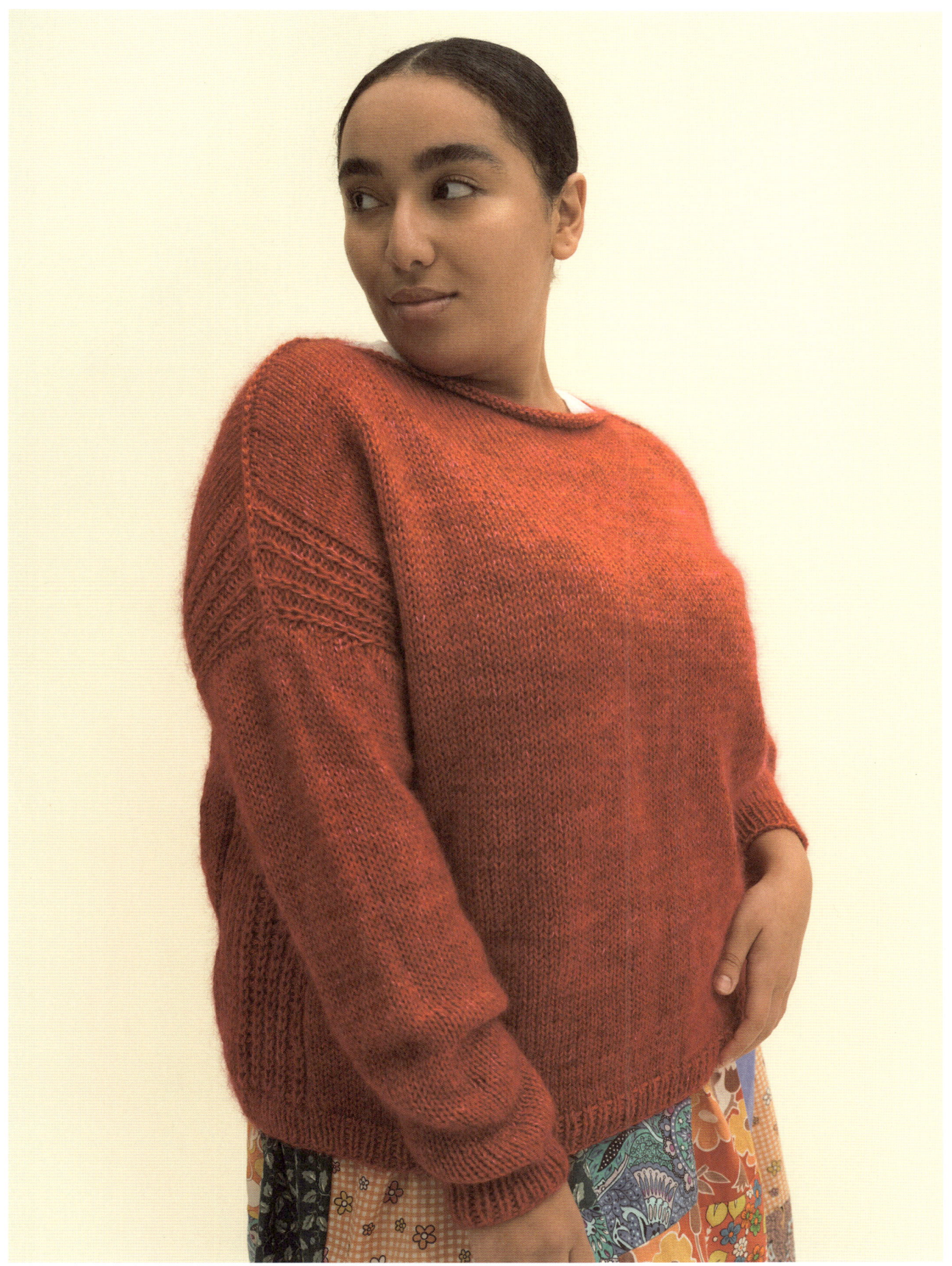

욘나 히에탈라

33 소프티 모자Softie

SUPER EASY!

니터 욘나 히에탈라가 좋은 모자란 이래야 한다는 것을 보여준 작품입니다. 정말 따뜻하고, 모양이 잘 유지되면서, 액세서리도 되고 오래 사용할 수 있을 정도로 튼 튼합니다. 무엇보다 착용했을 때 가렵지 않습니다.

사이즈

1(2, 3)
머리둘레 … 51~53(53~58.5, 58.5~63.5)cm

완성 치수

모자 둘레(당기지 않은 상태) … 38(40, 44.5)cm
높이(브림을 접지 않은 상태) … 32cm
※착용하면 늘어나므로 모자 둘레가 머리둘레 보다 많이 작습니다.

재료

실 … 샌드네스 가른 뵈르스테트 알파카Sandnes Garn Børstet Alpakka(알파카 96%, 나일론 4%, 110m/50g) 5043(라일락), 2112(노란색), 4033(더스티 핑크), 9062(녹색) 2(2, 3)볼
실(옵션) … 뵈르스테트 알파카 위드 샌드네스 가른 코스Børstet Alpakka with Sandnes Garn Kos(울 9%, 베이비 알파카 62%, 나일론 29%, 150m/50g) 1 스케인
※2가닥을 잡고 뜹니다.
대체실 … 벌키 약 약 210(220, 244)m
바늘 … 5mm(US 8) 줄바늘(40cm, 매직루프는 더 긴 줄바늘) 또는 장갑바늘
도구 … 스티치 마커

게이지

1×1 고무뜨기 18코×18단

POINT

이 패턴에 사용한 테크닉과 손뜨개 약어는 15~23페이지를 참고하세요.
뜨는 과정에 스티치 마커가 나오면 걸러뜹니다.
뜨개 모자는 잘 늘어나는데, 사람들은 잘 벗겨 지거나 고정되지 않는 모자를 좋아하지 않는 편 입니다. 뜨개 모자가 형태를 유지하지 못하는 이 유는 몇 가지가 있습니다. 그중에서도 뜨개실을 가장 큰 요인으로 꼽을 수 있습니다. 양모, 특히 메리노는 탄력성이 좋고 모양도 잘 유지되지만, 실크 모헤어나 100% 알파카는 시간이 지나면 잘 늘어납니다. 그러므로 모자용 실을 고를 때 는 실의 특징을 주의해주세요.

한눈에 보는 구성

작품 33번은 브림부터 크라운 쪽을 향해 원형 뜨기로 이음매 없이 뜹니다. 실 2가닥을 함께 잡고 1×1 고무뜨기를 하며, 브림을 접을 수 있는 디자인입니다.
취향에 따라 모자 크기를 조정할 수 있습니다. 코잡기를 할 때 몇 코를 더 만들거나 덜 만들면 그뿐입니다. 단, 4의 배수로 만들어야 합니다.

뜨는 법

롱테일 코잡기 또는 독일식 트위스티드 코잡기로 68(72. 80)코를 만든다. 특히 독일식 트위스티드 코잡기로 코를 만들면 가장자리가 신축성이 좋으므로 모자를 뜰 때 좋다. 이 코잡기는 온라인에서 배울 수 있다.
1단 : *겉뜨기1, 안뜨기1*, 끝까지 *-*을 반복한다.
모자 길이가 28cm(약 52단) 될 때까지 1×1 고무뜨기를 계속한다.

크라운 코줄이기

줄이기 원형 1단 : *겉뜨기로 3코 모아뜨기, 안뜨기1*, 끝까지 *-*을 반복한다. 34(36. 40)코.
※겉뜨기로 3코 모아뜨기를 할 때 가운데 코를 떨어뜨리지 않도록 주의하세요.
1×1 고무뜨기로 총 5단을 뜬다.
줄이기 원형 2단 : *왼코 겹쳐 2코 모아뜨기*, 끝까지 *-*을 반복한다. 17(18. 20)코.
실을 20cm 남기고 자른다. 실 끝을 남은 코들 사이로 잡아 빼고, 꼭 당겨서 크라운을 막는다. 지금은 모자가 꼭 끼고 작아 보일 수 있지만, 물에 적신 뒤 블로킹을 하면 늘어난다.

마무리하기

안면에서 실 끝을 보이지 않게 정리한 다음 치수에 맞춰 습식 블로킹을 한다.

화이자 메바자

34 시테 스웨터 Cité

모던한 디자인의 시테 스웨터는 다양한 질감과 색을 섞고 구조가 흥미로워서 쾌활한 느낌을 줍니다. 패턴은 약간 어렵지만, 천천히 하나씩 해보기로 합니다.

사이즈

1 (2. 3. 4. 5) (6. 7. 8)
권장 여유분 ⋯ +33~38cm

완성 치수

가슴둘레 ⋯ 123(134. 145. 150.5. 161.5) (169.5. 175. 186)cm
몸판 길이 ⋯ 50(51. 52.5. 53.5. 55) (56.5. 58. 59)cm
소매 길이 ⋯ 23.5(21.5. 19.5. 18.5. 16.5) (15. 14.5. 12.5)cm
소매 둘레 ⋯ 36(38. 39. 44. 46) (50. 55. 58)cm

재료

실 A ⋯ 올란 코르Cor by Olann(파인 메리노 100%. 130-180m/100g) Priestess 3(3. 3. 3. 3) (4. 4. 4)스케인
실 B ⋯ 올란 코르Cor by Olann(파인 메리노 100%. 130-180m/100g) Luna 4(4. 4. 5. 5) (5. 5. 6)스케인
실 C ⋯ 올란 코르Cor by Olann(파인 메리노 100%. 130-180m/100g) Froth 2(2. 2. 2. 2) (3. 3. 3)스케인
실 D ⋯ 올란 클라우디Cloudy by Olann(베이비 수리 알파카 74%. 멀베리 실크 26%. 300m/50g) Atone 1(1. 1. 1. 1) (2. 2. 2)스케인
대체실(실 A) ⋯ 아란 얀 약 317(333. 348. 360. 377) (390. 405. 415)m
대체실(실 B) ⋯ 아란 얀 약 445(491. 544. 562. 617) (659. 679. 730)m
대체실(실 C) ⋯ 아란 얀 약 262(282. 300. 335. 357) (392. 433. 470)m
대체실(실 D) ⋯ 레이스 얀 약 205(220. 235. 262. 280) (308. 339. 369)m
바늘 ⋯ 5.5mm(US 9) 줄바늘(80cm 이상). 같은 호수의 여분 바늘(바늘 3개로 코막음용). 6mm(US

10) 줄바늘(80cm 이상. 실 2가닥으로 뜬 상단 밴드용)
※실 4볼로 떠야 하므로 대바늘 2개로 뜨는 것처럼 줄바늘 2개를 사용하면 좀 더 편합니다.
도구 ⋯ 잠금 스티치 마커 4개. 스티치 홀더 또는 별실 2개. 돗바늘. 핑거링 얀(솔기 잇기용. A색 또는 B색에 가까운 색)

게이지

메리야스뜨기(5.5mm 바늘) 14.5코×24단

POINT

이 패턴에 사용한 테크닉과 손뜨개 약어는 15~23페이지를 참고하세요.
뜨는 과정에 스티치 마커가 나오면 걸러뜹니다.

한눈에 보는 구성

몸판 아랫부분과 소매는 실 A(양옆)와 B(가운데)로 인타르시아뜨기를 합니다. 3번째 색으로 슬립 스티치 고무뜨기를 하는 상단 밴드 덕분에 기하학적인 이 스웨터에 부드러운 느낌이 더해집니다.

몸판은 실 A와 B로 밑단에서 위쪽을 향해 이음매 없이 평면뜨기를 합니다. 겨드랑이 코늘리기까지 연속해 뜬 다음 앞판 소매용 코를 만듭니다. 나머지 코들은 스티치 홀더에 걸어두고 앞판 전체를 뜬 다음 상단 밴드에서 슬립 스티치 고무뜨기로 마무리합니다. 뒤판을 왼쪽에 연결합니다. 겨드랑이 코잡기단에서 코를 줍고, 뒤판은 앞판과 같은 방법으로 뜹니다. 바늘 3개로 코막음과 배색실을 이용해 앞·뒤판의 어깨를 연결합니다. 이 스웨터는 1종의 실을 이용해 단색으로 떠도 멋있습니다.

뜨는 법

5.5mm(US 9) 바늘과 실 A로 롱테일 코잡기 또는 선호하는 코잡기를 이용해 25(27, 31, 31, 33) (35, 37, 39)코를 만듭니다. 실 B를 연결해 65(71, 75, 79, 85) (89, 91, 97)코를 만듭니다. A색 2번째 볼을 연결해 24(26, 30, 30, 32) (34, 36, 38)코를 만듭니다. B색 2번째 볼을 연결해 66(72, 76, 80, 86) (90, 92, 98)코를 만듭니다. 바늘에 180(196, 212, 220, 236) (248, 256, 272)코가 있습니다.

※코잡기를 한 실로 코를 뜹니다. 색을 바꿀 때마다 뜨던 실을 안면에서 다음 실로 교차시켜 색깔 변이 선을 깔끔하게 만듭니다. 1번째 단과 2번째 단에서 틈이 생기지 않도록 신경 써서 실들을 편안하게 맞물리게 해야 합니다.

몸판 아랫부분

밑단을 뜬다.

시작단(안면) : B색으로, A색까지 *안뜨기1, 겉뜨기*. A색으로 바꾸기, 안뜨기24(26, 30, 30, 32) (34, 36, 38). B색으로 바꾸기, 안뜨기1, A색까지 *겉뜨기1, 안뜨기1*. A색으로 바꾸기, 안뜨기25(27, 31, 31, 33) (35, 37, 39).

1단(겉면) : 겉뜨기1, 이어지는 모든 A색 코 안뜨기. 모든 B색 코 겉뜨기.

2단(안면) : 모든 B색 코 안뜨기. 1코 남을 때까지 모든 A색 코 겉뜨기, 안뜨기1.

몸판이 28(28, 29, 27.5, 28) (27.5, 26.5, 26)cm 또는 원하는 길이 -22(23, 23.5, 26, 27) (29, 31.5, 33) cm 될 때까지 1·2단을 반복하고, 안면단으로 끝낸다.

겨드랑이 코늘리기

다음 단(안면, 마커 끼우기) : B색으로, A색까지 안뜨기, A색으로 바꾸기, 겉뜨기12(13, 15, 15, 16) (17, 18, 19), 마커 끼우기, 겉뜨기12(13, 15, 15, 16) (17, 18, 19), B색으로 바꾸기, A색까지 안뜨기, A색으로 바꾸기, 겉뜨기12(13, 15, 15, 16) (17, 18, 19), 마커 끼우기, 1코 남을 때까지 겉뜨기, 안뜨기1.

다음 단(겉면, 늘리기단) : A색으로, 겉뜨기1, 사이드 마커 2코 전까지 안뜨기, 코 늘려 안뜨기, 안뜨기1, 마커 걸러뜨기, 안뜨기1, 코 늘려 안뜨기, B색까지 안뜨기, B색 코 겉뜨기, A색으로 사이드 마커 2코 전까지 안뜨기, 코 늘려 안뜨기, 안뜨기1, 마커 걸러뜨기, 안뜨기1, 코 늘려 안뜨기, B색까지 안뜨기, 끝까지 B색 코 겉뜨기. (+4코).

다음 단 : 기존 패턴대로 끝까지 뜬다.

이 두 단을 4회 더 반복한다. 바늘에 200(216, 232, 240, 256) (268, 276, 292)코가 있다.

소매 & 몸판 윗부분

앞판

이어서 앞판을 뜬다.

다음 단(겉면) : 겉뜨기1, 사이드 마커까지 안뜨기, 마커 빼기, 방금 뜬 18(19, 21, 21, 22) (23, 24, 25)코를 스티치 홀더 또는 별실에 걸어두기. A색으로, 펄드 코잡기를 이용해 29(26, 23, 22, 19) (17, 16, 13)코 만들기.

※펄드 코잡기Purled cast-on는 실을 앞에 놓고, 왼바늘의 첫 코에 오른바늘을 안뜨기 방향으로 넣은 다음 안뜨기하듯이 실을 감아 잡아 빼되 코를 왼바늘에서 떨어뜨리지 않고 방금 만든 코를 왼바늘로 옮깁니다. 1코를 만들었습니다. 겉뜨기2, 다음 A색 코 안뜨기. B색 코 겉뜨기, 사이드 마커까지 다음 A색 코 안뜨기, 마커 빼기, 나머지 모든 코를 별도 바늘이나 실로 옮기기(B색 실은 그대로 둔다). 뜨개바탕 돌리기.

다음 단(안면) : A색으로, 니티드 코잡기로 29(26, 23, 22, 19) (17, 16, 13)코 만들기. 안뜨기2, 다음 A색 코 겉뜨기, B색 코 안뜨기, 2코 남을 때까지 다음 A색 코 겉뜨기, 걸러뜨기1(실앞), 안뜨기1.

총 157(159, 161, 163, 165) (167, 169, 171)코 중 A색

46(44, 43, 42, 40) (39, 39, 37)코, B색 65(71, 75, 79, 85) (89, 91, 97)코, A색 46(44, 43, 42, 40) (39, 39, 37)코.

다음 단(겉면) : 걸러뜨기1(실뒤), 겉뜨기1, A색 코 안뜨기, B색 코 겉뜨기, 2코 남을 때까지 A색 코 안뜨기, 걸러뜨기1(실뒤), 겉뜨기1.

다음 단(안면) : 걸러뜨기1(실앞), 안뜨기1, A색 겉뜨기, B색 코 안뜨기, 2코 남을 때까지 A색 겉뜨기, 걸러뜨기1(실앞), 안뜨기1.

뜨개바탕이 소매 코잡기단부터 9.5(10, 11, 11.5, 12) (12.5, 14, 15)cm 될 때까지 마지막 두 단을 반복하고, 겉면단으로 끝낸다.

안면을 앞에 놓고, 1번째 실 A와 B를 자른다. 마지막 실 A의 볼은 가장자리에 그대로 둔다.

앞판 상단 밴드

앞판 상단 밴드는 실 C(아란 얀)와 D를 함께 잡고 뜬다. A색의 셀비지 2코는 단의 양 끝에 그대로 둔다.

6mm(US 10) 바늘로 바꾼다.

※이어지는 단들에서 { } 안의 셀비지 코는 A색으로 뜹니다.

다음 단(안면) : {걸러뜨기1(실앞), 안뜨기1}, C+D색으로 2코 남을 때까지 안뜨기. A색 연결, {걸러뜨기1(실앞), 안뜨기1}.

다음 단(겉면) : {걸러뜨기1(실뒤), 안뜨기1}, C+D색으로 *안뜨기1, 걸러뜨기1*, 3코 남을 때까지 *-* 반복, 겉뜨기1, {걸러뜨기1(실앞), 안뜨기1}.

다음 단(안면) : {걸러뜨기1(실앞), 안뜨기1}, C+D색으로 *겉뜨기1, 안뜨기1*, 3코 남을 때까지 *-* 반복, 겉뜨기1, {걸러뜨기1(실앞), 안뜨기1}.

뜨개바탕이 소매 코잡기단부터 18(19, 19.5, 22, 23) (25, 27.5, 29)cm 될 때까지 마지막 두 단을 반복하고, 안면단으로 끝낸다. 왼쪽에서 겉면을 앞에 놓고 실 A와 C를 자른다. 실 A는 겉면에 그대로 있다.

5.5mm(US 9) 바늘로 바꾼다.

다음 단(겉면) : A색으로 모든 코 겉뜨기.

157(159, 161, 163, 165) (167, 169, 171)코 모두 여분의 바늘 또는 별실에 걸어두는데, 실 A도 그대로 둔다. 나중에 바늘 3개로 코막음할 때 사용한다. 걸어둔 코들은 어깨와 앞판 목둘레 코다.

뒤판

뒤판을 뜰 차례다.

핑거링 얀을 잘라 돗바늘에 꿴다. B색 뒤판을 A색 옆판에 혼합 메리야스 잇기로 연결한다. 방법은 다음과 같다. *돗바늘을 메리야스뜨기 판의

첫 가장자리 V와 V 사이의 가로줄 아래에 넣고 실을 잡아 뺀다. 바늘을 안메리야스뜨기 판의 겉뜨기 셀비지 코에 가장 가까운 1번째 가터 가로줄 아래에 넣고 실을 잡아 뺀다.* *-*을 반복하면서 두 판의 가장자리를 따라 세로로 한 코씩 차례로 연결한다. 수 센티미터를 연결하면 실을 살살 당겨서 솔기를 막는다. 솔기 끝까지 이렇게 연결한다.

따로 걸어두었던 101(109. 117. 121. 129) (135. 139. 147)코를 5.5mm(US 9) 줄바늘로 다시 옮긴다. 이 중 A색 17(18. 20. 20. 21) (22. 23. 24)코, B색 66(72. 76. 80. 86) (90. 92. 98)코, A색 18(19. 21. 21. 22) (23. 24. 25)코. 솔기에서 나온 추가 2코가 있는데, 이 코들은 1번째 단에서 줄어든다.

시작단(겉면) : 실 A를 연결한다. 오른쪽 소매 가장자리부터 시작해 1번째 셀비지 코를 줍기(겉뜨기는 하지 않음). 다음 셀비지 코를 주워 겉뜨기, 오른쪽 소매 코잡기단에서 27(24. 21. 20. 17) (15. 14. 11)코를 주워 안뜨기, 오른바늘과 왼바늘 사이의 가터 가로줄에 오른바늘 넣어 다음 코와 함께 안뜨기. 다음 A색 코 안뜨기.

연결된 실 B로 뜬다. A색 코 2코 전까지 B색 코 겉뜨기. 왼코 겹쳐 2코 모아뜨기.

실 A의 새 볼을 연결한다. 왼코 겹쳐 2코 모아 안뜨기, 1코 남을 때까지 안뜨기, 마지막 코를 오른바늘과 왼바늘 사이의 가터 가로줄과 함께 안뜨기로 모아뜨기, 왼쪽 소매 코잡기단에서 27(24. 21. 20. 17) (15. 14. 11)코를 주워 안뜨기, 1번째 셀비지 코줍기(겉뜨기는 하지 않음). 마지막 셀비지 코 겉뜨기.

총 157(159. 161. 163. 165) (167. 169. 171)코 중 바늘에 A색 46(44. 43. 42. 40) (39. 39. 37)코, B색 65(71. 75. 79. 85) (89. 91. 97)코, A색 46(44. 43. 42. 40) (39. 39. 37)코가 있다.

다음 단(안면) : 걸러뜨기1(실앞). 안뜨기1, A색 코 겉뜨기, B색 코 안뜨기, 2코 남을 때까지 A색 코 겉뜨기, 걸러뜨기1(실앞). 안뜨기1.

다음 단(겉면) : 걸러뜨기1(실뒤). 겉뜨기1, A색 코 안뜨기, B색 코 겉뜨기, 2코 남을 때까지 A색 코 안뜨기, 걸러뜨기1(실뒤). 겉뜨기1.

뜨개바탕이 소매 코잡기단부터 9.5(10. 11. 11.5. 12) (12.5. 14. 15)cm 될 때까지 마지막 두 단을 반복하고, 겉면단으로 끝낸다.

첫 실 A와 B를 자르고, 마지막 실 A의 볼은 가장자리에 둔다.

뒤판 상단 밴드

6mm(US 10) 바늘로 바꾸고, 앞판 상단 밴드와 같은 방법으로 뜬다.

어깨 & 소매 연결하기

앞판 코를 여분 바늘로 다시 옮긴다. 앞·뒤판의 양쪽 가장자리에서 60(61. 61. 60. 61) (61. 61. 61)번째 코에 마커 끼우기. 마커 4개, 마커와 마커 사이에 37(37. 39. 43. 43) (45. 47. 49)코가 있다. 앞·뒤판의 안면끼리 맞닿아 있다.

어깨

왼쪽 어깨의 코들을 연결한다. 앞판의 겉면을 앞에 놓고, 뒤판 가장자리에 있는 실 A를 이용해 왼쪽 소매(보기에 오른쪽)에서 시작해 바늘 3개로 코막음으로 앞·뒤판의 59(60. 60. 59. 60) (60. 60. 60)코 코막음한다. 그 과정에서 만나는 마커 2개는 뺀다. 오른바늘에는 1코가 있고, 왼쪽 앞·뒤판 바늘에는 97(98. 100. 103. 104) (106. 108. 110)코가 있다. 오른바늘의 1코가 풀리지 않도록 잠금 마커에 걸어둔다.

오른쪽 어깨의 코들을 연결한다. 뜨개바탕을 돌려서 뒤판을 앞에 놓는다. 앞판 가장자리에 있는 실 A를 이용해 오른쪽 소매(보기에 오른쪽)에서 시작해 바늘 3개로 안뜨기 코막음(일반적인 바늘 3개로 코막음하기와 같지만, 겉뜨기 대신 안뜨기한다)으로 앞·뒤판의 59(60. 60. 59. 60) (60. 60. 60)코를 코막음한다. 그 과정에서 만나는 마커 2개는 뺀다. 오른바늘에는 1코가 있고, 왼쪽 앞·뒤판 바늘에는 37(37. 39. 43. 43) (45. 47. 49)코가 있다. 오른바늘의 1코가 풀리지 않도록 잠금 마커에 걸어둔다.

목둘레

스웨터의 목둘레가 몸에 잘 맞는지 확인해본다. 필요하다면 좌우 대칭을 맞춰 조정한다.

잠금 마커에 걸어둔 마커를 오른바늘로 다시 옮기고, 앞판 목둘레의 나머지 코를 겉뜨기 방향으로 코막음한다. 실을 자르고 실 끝을 마지막 코 사이로 잡아 뺀 다음 매듭을 짓는다. 같은 방법으로 뒤판 목둘레도 코막음한다. 실 끝을 돗바늘에 꿰어 양쪽에서 깔끔하게 마감한다.

마무리하기

실 끝을 보이지 않게 정리한 다음 치수에 맞춰 습식 블로킹을 한다.

나탈랴 베레진스카

35 KNIT 머플러 Knitword

몸을 포근하게 감싸주는 이 머플러의 가장 큰 특징은 우리 눈을 사로잡는 'KNIT'라는 글자입니다. 겉뜨기 코와 안뜨기 코만으로 'KNIT'를 만드는데. 머플러도 글자를 익히는 훌륭한 도구가 될 수 있습니다.

사이즈

단일 사이즈

완성 치수

폭 … 30cm
길이 … 246cm

재료

실 … 위 아 니터즈 더 메리 울The Meri Wool by We Are Knitters(슈퍼워시 메리노 100%, 136m/100g) Spotted Green 5스케인
대체실 … 청키 얀 약 677m
바늘 … 5mm(US 8) 대바늘 또는 줄바늘
도구(옵션) … 단수 계수기

게이지

메리야스뜨기 17코×20단

POINT

이 패턴에 사용한 테크닉과 손뜨개 약어는 15~23페이지를 참고하세요.
도안은 아래에서 위쪽으로, 겉면단은 오른쪽에서 왼쪽으로. 안면단은 왼쪽에서 오른쪽으로 읽습니다.

한눈에 보는 구성

작품 35번은 끝에서 끝으로, 아래에서 위쪽을 향해 뜹니다. 글자는 안메리야스뜨기 배경에서 메리야스뜨기를 해 만듭니다. 가터뜨기로 테두리를 뜨면 입체감이 생기고 가장자리가 말리는 것을 방지할 수 있습다.

이 머플러는 반복 횟수를 조절해 더 길게 또는 더 짧게 뜰 수 있습니다. 단, 20단으로 이뤄진 반복 구간을 제대로 떠야 패턴 뜨기와 글자를 완전하게 만들 수 있습니다.

뜨는 법

롱테일 코잡기 또는 선호하는 코잡기로 51코를 만든다.

가터 테두리 1

겉뜨기로 6단을 뜬다.

본체

뜨는 법 또는 도안을 보고 진행한다.
1단(겉면) : 겉뜨기3, 3코 남을 때까지 안뜨기, 겉뜨기3.
2단 : 겉뜨기.

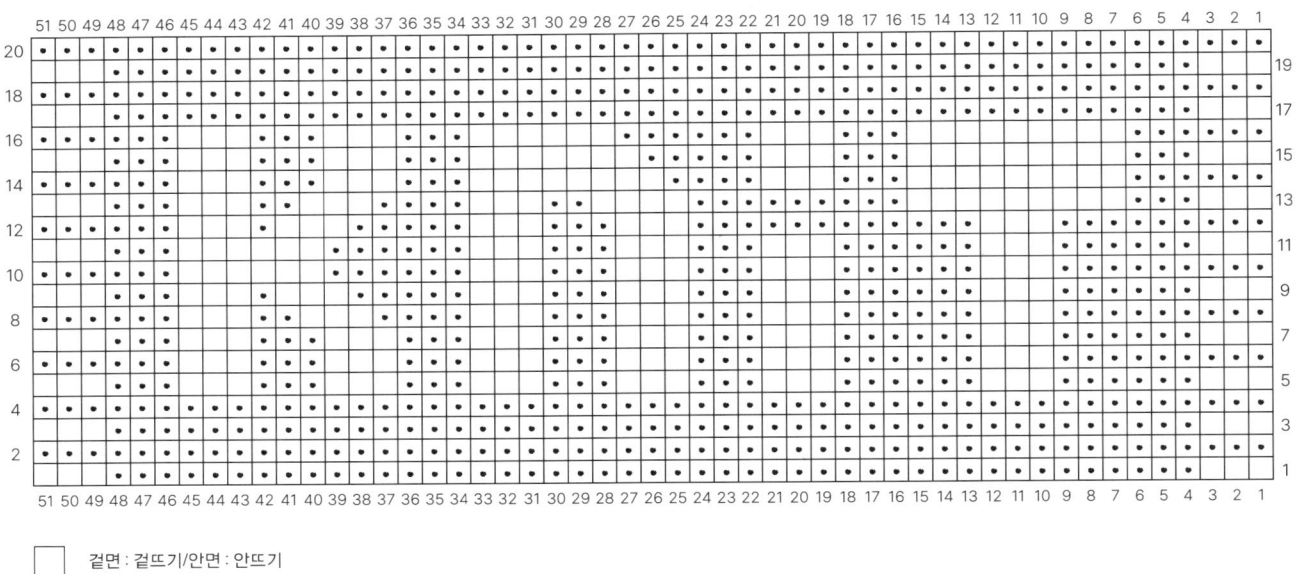

▢ 겉면 : 겉뜨기/안면 : 안뜨기

• 겉면 : 안뜨기/안면 : 겉뜨기

3·4단 : 1·2단을 반복한다.

5단 : 겉뜨기3, *안뜨기6, 겉뜨기3*, *-* 총 2회 반복, *안뜨기3, 겉뜨기3*, *-* 총 5회 반복한다.

6단 : 겉뜨기6, *안뜨기3, 겉뜨기3*, *-* 총 4회 반복, *안뜨기3, 겉뜨기6*, *-* 총 2회 반복, 겉뜨기3.

7단 : 5단을 반복한다.

8단 : 겉뜨기6, 안뜨기3, 겉뜨기2, 안뜨기3, 겉뜨기1, *겉뜨기3, 안뜨기3*, *-* 총 3회 반복, 겉뜨기6, 안뜨기3, 겉뜨기9.

9단 : 겉뜨기3, *안뜨기6, 겉뜨기3*, *-* 총 2회 반복, *안뜨기3, 겉뜨기3*, *-* 총 2회 반복, 안뜨기5, 겉뜨기3, 안뜨기1, 겉뜨기3, 안뜨기3, 겉뜨기3.

10단 : 겉뜨기6, 안뜨기6, 겉뜨기6, *안뜨기3, 겉뜨기3*, *-* 총 2회 반복, *안뜨기3, 겉뜨기6*, *-* 총 2회 반복, 겉뜨기3.

11단 : 겉뜨기3, *안뜨기6, 겉뜨기3*, *-* 총 2회 반복, *안뜨기3, 겉뜨기3*, *-* 총 2회 반복, 안 뜨기6, 겉뜨기6, 안뜨기3, 겉뜨기3.

12단 : 겉뜨기6, 안뜨기3, 겉뜨기1, 안뜨기3, 겉뜨기5, *안뜨기3, 겉뜨기3*, *-* 총 2회 반복, 겉뜨기9, 안뜨기3, 겉뜨기9.

13단 : 겉뜨기3, 안뜨기3, 겉뜨기9, 안뜨기9, 겉뜨기4, 안뜨기2, 겉뜨기3, 안뜨기4, 겉뜨기3, 안뜨기2, 겉뜨기3, 안뜨기3, 겉뜨기3.

14단 : 겉뜨기6, *안뜨기3, 겉뜨기3*, *-* 총 2회 반복, 안뜨기8, 겉뜨기4, 안뜨기3, 겉뜨기3, 안뜨기9, 겉뜨기6.

15단 : 겉뜨기3, 안뜨기3, 겉뜨기9, 안뜨기3, 겉뜨기3, 안뜨기5, 겉뜨기7, *안뜨기3, 겉뜨기3*, *-* 총 3회 반복한다.

16단 : 겉뜨기6, *안뜨기3, 겉뜨기3*, *-* 총 2회 반복, 안뜨기6, 겉뜨기6, 안뜨기3, 겉뜨기3, 안뜨기9, 겉뜨기6.

17~20단 : 1·2단을 2회 반복한다. 1~20단을

23회 더 반복한다.

총 480단을 뜬다. 머플러의 길이는 약 243cm 이다.

가터 테두리 2

겉뜨기로 6단을 뜬다.
모든 코를 코막음한다.

마무리하기

실 끝을 보이지 않게 정리한 다음 치수에 맞춰 습식 블로킹을 한다.

마이야 캉가슬로마

36 엘사 손모아장갑Elsa

예쁜 체크 패턴이 들어간 이 손모아장갑은 손에 잘 맞아 겨울용으로 더할 나위 없습니다. 코끝이 시린 날에 껴보세요.

사이즈

1(2. 3)
손 둘레 … 18(20. 22)cm

완성 치수

길이(손목~손끝) … 28(29. 30)cm
장갑 둘레 … 18(20. 22)cm
엄지 길이 … 7(7.5. 8)cm

재료

실 … 샌드네스 간 페르 귄트 Peer Gynt by Sandnes Garn
(노르웨이 울 100%. 91m/50g) 2122 Månestein
(→P.195) 2스케인
실 … 샌드네스 간 페르 귄트 Peer Gynt by Sandnes Garn (노르웨이 울 100%. 91m/50g) 3553 Stövet

Plommerosa(→P.193) 2스케인
※가장 큰 사이즈는 2스케인을 모두 사용합니다. 실이 부족해서 낭패를 겪지 않고, 손목을 더 길게 뜨고 싶으면 3스케인을 구매합니다.
대체실 … DK 약 155(168. 182)m
바늘 … 3.5mm(US 4) 장갑바늘(5개 1세트)
※이 패턴은 장갑바늘로 뜹니다. 줄바늘도 되지만 뜨는 법은 장갑바늘용입니다.
도구 … 색깔이 다른 별실

게이지

체크 패턴 22코×40단

체크 패턴

겉뜨기 코와 안뜨기 코로 2×2코 패턴을 만든다.
원형 1·2단 : *안뜨기2, 겉뜨기2*, 끝까지 *-*을

반복한다.
원형 3·4단 : *겉뜨기2, 안뜨기2*, 끝까지 *-*을 반복한다.
1~4단을 반복한다.

POINT

이 패턴에 사용한 테크닉과 손뜨개 약어는 15~23페이지를 참고하세요.

한눈에 보는 구성

이 손모아장갑은 손목에서 시작해 원형으로 이음매 없이 뜹니다. 손목은 2×2 고무뜨기를 하고, 손 부분은 모두 체크 패턴 뜨기를 합니다. 별실로 엄지 구멍을 표시하고, 나중에 여기에서 코줍기를 합니다.

뜨는 법

손목

롱테일 코잡기 또는 선호하는 코잡기로 40(44,
48)코를 만든 뒤 장갑바늘 4개에 10(11, 12)코씩
나눠 옮긴다. 코가 꼬이지 않도록 주의하면서 원
형단으로 연결한다. 원형단 시작은 바늘 1과 4
사이에 있다.
다음과 같이 2×2 고무뜨기를 한다.
겉뜨기2, 안뜨기2, 끝까지 *~*을 반복한다.
손목이 9cm 또는 원하는 길이가 될 때까지 고
무뜨기를 계속한다.

손

체크 패턴 뜨기로 20(22, 24)단을 뜬다.
21(23, 25)단에서 다음과 같이 엄지 구멍을 만
든다.

왼쪽 장갑

체크 패턴 뜨기를 계속한다. 1번째 바늘의 코를
뜬다. 2번째 바늘의 처음 2코를 뜬다. 다음 7(8,
9)코를 별실로 뜨고. 이 코들을 다시 왼바늘로
걸러뜬 뒤 뜨던 실로 다시 뜬다. 체크 패턴 뜨기
로 단의 끝까지 뜬다.

오른쪽 장갑

체크 패턴 뜨기를 계속한다. 1번째 바늘과 2번
째 바늘의 코를 뜬다. 3번째 바늘의 처음 2코를
뜬다. 다음 7(8, 9)코를 별실로 뜨고. 이 코들을 다
시 왼바늘로 걸러뜬 뒤 뜨던 실로 다시 뜬다. 체
크 패턴 뜨기로 단의 끝까지 뜬다.

양쪽 장갑

체크 패턴 뜨기로 45(47, 49)단을 더 뜬다. 손 부
분은 16.5(17.5, 18.5)cm 정도 또는 원하는 길이
가 되어 있다.

줄이기

체크 패턴 뜨기를 계속하는 동시에 손바닥 양옆
에서 다음과 같이 줄이기를 시작한다.
바늘 1과 3의 시작에서 왼코 겹쳐 2코 모아 꼬아
뜨기를 한다. 바늘 2와 4의 끝에서 왼코 겹쳐 2
코 모아뜨기를 한다.
※체크 패턴을 뜰 때 줄어든 코를 고려해야 합니
다. 필요하다면 체크 패턴을 수정합니다.

모든 단에서 줄이기를 하다가 4코가 남으면. 실
을 자르고 남은 4코 사이로 잡아 빼서 당긴다.
실 끝을 안면으로 넣어 보이지 않게 정리한다.

엄지

별실에 걸어둔 엄지 코들을 바늘 2개로 옮긴다.
코들을 바늘 3개에 6, 6, 6(6, 7, 7/7, 7, 7)코씩 나눠
옮긴다. 오른쪽 가장자리 아래부터 체크 패턴을
뜨기 시작한다. 기존대로 체크 패턴을 뜨는데.
시작할 때 패턴의 몇 단인지 꼭 확인한다. 위로
가면 패턴이 이어지지 않을 수도 있지만. 나중에
눈에 띄지 않으므로 걱정하지 않아도 된다.
엄지 구멍 주위에서 추가로 코를 주워 총 18(20,
21)코를 준비한다.
※1번째 단에서는 주운 코를 뒷고리에서 떠야
구멍이 생기지 않습니다.
체크 패턴으로 총 22(23, 24)단 또는 엄지를 모두
감쌀 수 있을 때까지 뜬다.

줄이기

체크 패턴 뜨기를 계속하고, 각 바늘의 시작에
서 왼코 겹쳐 2코 모아 꼬아뜨기를 하다가 3코
가 남으면. 실을 자르고 남은 3코 사이로 잡아
빼서 당긴다. 실 끝을 안면으로 넣어 보이지 않
게 정리한다.

마무리하기

실 끝을 보이지 않게 정리한 다음 치수에 맞춰
습식 블로킹을 한다.

욘나 히에탈라

37 티볼리 스웨터Tivoli

티볼리는 새로운 기법들을 배울 수 있는 디자인입니다. 스트라이프 패턴 뜨기를
하다 보면 매료되어 스웨터를 단박에 완성하고 싶은 욕심이 생깁니다.

사이즈

1(2. 3. 4. 5) (6. 7. 8)
권장 여유분 ··· +15~30cm

완성 치수

가슴둘레 ··· 112(116. 132. 140. 156) (168. 176. 188)cm
목둘레 ··· 48(48. 52. 52. 56) (56. 60. 60)cm
위팔 둘레 ··· 34(36. 40. 42. 48) (50. 54. 58)cm
몸판 길이 ··· 34cm
소매 길이 ··· 44cm

재료

실 ①(라일락) ··· 노티바 히게Hygge by Notiva(울
100%. 60m/100g) 730 Blueberry Milk 5(6. 7.
7. 8) (9. 9. 10)볼
실 ②(오렌지) ··· 노티바 히게Hygge by Notiva(울

100%. 60m/100g) 650 Waxcap 4(4. 5. 5. 6) (6. 6.
7)볼
대체실(실 ①) ··· 벌키 얀 약 301(318. 369. 394. 459)
(496. 536. 587)m
대체실(실 ②) ··· 벌키 얀 약 201(202. 246. 263. 306)
(330. 358. 391)m
바늘 ··· 10mm(US 15) 줄바늘(80~100cm)
도구 ··· 스티치 마커

게이지

메리야스뜨기 10코×13단

POINT

이 패턴에 사용한 테크닉과 손뜨개 약어는
15~23페이지를 참고하세요.
뜨는 과정에 스티치 마커가 나오면 걸러뜹니다.

한눈에 보는 구성

이 풀오버 스웨터는 원형뜨기로 뜹니다. 먼저 뒤
판 오른쪽 어깨를 여러 단 뜨고 왼쪽 어깨도 뜬
다음 두 어깨를 연결합니다. 그 후 메리야스뜨
기를 계속해 겨드랑이까지 뒤판을 뜹니다. 다음
은 앞판을 뜰 차례입니다. 일단 앞판을 겨드랑이
까지 뜨고, 앞·뒤판을 연결해 원형뜨기를 합니
다. 몸판을 다 뜬 뒤 소매용 코를 주워 원형뜨기
를 합니다.

뜨는 법

뒤판

오른쪽 어깨

실 ①로 프로비저널 코잡기를 이용해 17(18. 21. 23. 26) (29. 30. 33)코를 만든다.

1단계 : 색이 다른 별실과 코바늘을 이용해 만들어야 할 콧수보다 몇 코 더 많은 콧수의 사슬뜨기를 한다. 실을 자르고 실 끝을 마지막 코 사이로 잡아 뺀다.

2단계 : 코바늘로 뜬 사슬코를 뒤집는다. 대바늘 끝을 첫 사슬코의 뒷산에 넣고, 뜨는 실을 바늘 끝에 감아 코 사이로 잡아 뺀다. 필요한 콧수를 만들 때까지 이 과정을 반복한다.

1단(겉면) : 겉뜨기.

2단(안면) : 끝까지 안뜨기. 백워드 루프 코잡기로 2코 만들기. 바늘에 19(20. 23. 25. 28) (31. 32. 35)코가 있다.

3단 : 겉뜨기.

4단 : 안뜨기.

실을 자르고. 코들은 따로 걸어놓는다.

왼쪽 어깨

실 ①로 프로비저널 코잡기를 이용해 17(18. 21. 23. 26) (29. 30. 33)코를 만든다.

1단(겉면) : 겉뜨기.

2단(안면) : 안뜨기.

3단 : 끝까지 겉뜨기. 백워드 루프 코잡기로 2코 만들기. 바늘에 19(20. 23. 25. 28) (31. 32. 35)코가 있다.

4단 : 안뜨기.

실을 자르지 않는다.

뒤판 어깨 연결하기

1단(겉면) : 뒤판 왼쪽 어깨를 놓고, 끝까지 겉뜨기. 백워드 루프 코잡기로 18(18. 20. 20. 22) (22. 24. 24)코 만들기. 걸어둔 오른쪽 어깨 코 겉뜨기. 바늘에 56(58. 66. 70. 78) (84. 88. 94)코가 있다.

2단(안면) : 안뜨기.

3단 : 겉뜨기.

4단 : 안뜨기.

3·4단을 3회 더 반복한다. 실 ①로 14단을 뜬다. 실을 자르고 코들은 홀더에 걸어둔다.

앞판

왼쪽 어깨

실 ①로 프로비저널 코잡기를 이용해 17(18. 21. 23. 26) (29. 30. 33)코를 만든다.

1단(겉면) : 겉뜨기.

2단(안면) : 안뜨기.

3단 : 겉뜨기.

4단 : 안뜨기.

5단 : 겉뜨기2. 왼코 만들기, 끝까지 겉뜨기. 바늘에 18(19. 22. 24. 27) (30. 31. 34)코가 있다.

6단 : 안뜨기.

7단 : 겉뜨기2. 왼코 만들기, 끝까지 겉뜨기. 바늘에 19(20. 23. 25. 28) (31. 32. 35)코가 있다.

8단 : 안뜨기.

9단 : 겉뜨기2. 왼코 만들기, 끝까지 겉뜨기. 바늘에 20(21. 24. 26. 29) (32. 33. 36)코가 있다.

10단 : 안뜨기.

11단 : 겉뜨기2. 왼코 만들기, 끝까지 겉뜨기. 바늘에 21(22. 25. 27. 30) (33. 34. 37)코가 있다.

12단 : 안뜨기.

실을 자르고 코들을 홀더에 건다.

오른쪽 어깨

실 ①로 프로비저널 코잡기를 이용해 17(18. 21. 23. 26) (29. 30. 33)코를 만든다.

1단(겉면) : 겉뜨기.

2단(안면) : 안뜨기.

3단 : 겉뜨기.

4단 : 안뜨기.

5단 : 2코 남을 때까지 겉뜨기, 오른코 만들기, 겉뜨기2. 바늘에 18(19. 22. 24. 27) (30. 31. 34)코가 있다.

6단 : 안뜨기.

7단 : 2코 남을 때까지 겉뜨기, 오른코 만들기, 겉뜨기2. 바늘에 19(20. 23. 25. 28) (31. 32. 35)코가 있다.

8단 : 안뜨기.

9단 : 2코 남을 때까지 겉뜨기, 오른코 만들기, 겉뜨기2. 바늘에 20(21. 24. 26. 29) (32. 33. 36)코가 있다.

10단 : 안뜨기.

11단 : 2코 남을 때까지 겉뜨기, 오른코 만들기, 겉뜨기2. 바늘에 21(22. 25. 27. 30) (33. 34. 37)코가 있다.

실을 자르지 않는다.

앞판 어깨 연결하기

1단 : 오른쪽 앞판 어깨를 놓고, 끝까지 겉뜨기, 백워드 루프 코잡기로 14(14. 16. 16. 18) (18. 20. 20)코 만들기, 걸어둔 왼쪽 어깨 코 겉뜨기. 바늘에 56(58. 66. 70. 78) (84. 88. 94)코가 있다.

2단 : 안뜨기.

실 ①로 14단을 뜬다.

실을 자른다.

바늘 3개로 코막음하기로 뒤판 어깨와 앞판 어깨를 연결한다. 이 방법을 사용하면 풀오버의 나머지를 뜨기가 더 쉬워진다. 코바늘로 떴던 사슬코를 풀고, 두 어깨의 바늘에 있는 코들을 주운 다음 바늘 3개로 코막음한다.

이어서 실 ② 14단, 실 ① 14단의 스트라이프 패턴을 활용한 몸판을 뜬다.

먼저 앞판 코를 뜬다. 코잡기단부터 총 25(26. 28. 29. 30) (31. 32. 33)단을 뜬 뒤 두 판을 같은 길이로 뜨고, 앞·뒤판을 연결한다. 연결한 후에는 스트라이프 패턴을 유지하면서 메리야스뜨기(원형뜨기)를 한다.

뒤판 & 앞판 연결하기

앞판의 겉면을 앞에 놓고, 앞판 코 겉뜨기, 뒤판 코 겉뜨기, 코들을 원형으로 연결한다. 총 112(116. 132. 140. 156) (168. 176. 188)코. 원형단 시작을 표시하는 마커를 끼운다.

몸판

실 ①로 14단을 뜬 뒤(코잡기단부터 실 ① 스트라이프 2개가 된다), 실 ②로 스트라이프 1개를 더 뜬다. 실 ②를 자른다.

고무뜨기

실 ①로 바꾸고, 겉뜨기로 4단을 뜬다.

다음 원형단 : *돌려뜨기1, 안뜨기*, 끝까지 *-*을 반복한다.

이어서 1×1 꼬아고무뜨기로 9단을 더 뜬다. 패턴대로 코들을 느슨하게 코막음한다.

소매

실 ①로 겨드랑이부터 시작해 34(36. 40. 42. 48) (50. 54. 58)코를 주워 겉뜨기한다. 콧수는 중요하지 않지만, 짝수여야 한다. 즉 소매 양쪽의 콧수가 같아야 한다. 원형단 시작을 표시하는 마커를 끼운다.

실 ①로 13단을 더 뜬다.

실 ②로 바꾸고, 14단을 뜬다.

실 ①로 바꾸고, 14단을 뜬다. 실 ①을 자른다.

실 ②로 바꾸고, 8단을 뜬다.

다음 원형단 : *돌려뜨기, 안뜨기1*, 끝까지 *-*을 반복한다.

이어서 1×1 꼬아고무뜨기로 5단을 더 뜬다. 패턴대로 코들을 느슨하게 코막음한다.

목둘레

실 ①로, 48(48. 52. 52. 56) (56. 60. 60)코를 주워 겉뜨기한다. 원형단 시작을 표시하는 마커를 끼운다.

원형 1단 : *돌려뜨기, 안뜨기1*, 끝까지 *-*을 반복한다.

이어서 1×1 꼬아고무뜨기로 5단을 더 뜬다. 패턴대로 코들을 느슨하게 코막음한다.

마무리하기

실 끝을 보이지 않게 정리한 다음 치수에 맞춰 습식 블로킹을 한다.

마이케 반 게인

38 코켓 모자 Koket

여기 아주 멋진 베레모가 있습니다. 코늘리기와 코줄이기로 모양을 만들어야 하지만, 마음 편하게 메리야스뜨기를 하는 섹션도 있답니다.

사이즈

1(2. 3)
머리둘레 ··· 51~53(53~58.5. 58.5~63.5)cm
권장 여유분(브림에서) ··· -4cm

완성 치수

브림 둘레(가장 작은 곳) : 42.5(45.5. 48)cm
둘레(가장 넓은 곳) : 75(85. 90)cm
높이(브림~크라운. 꼭지 제외) : 19(20. 23)cm

재료

실 ··· 오비스 에 세테라 코리데일 모헤어 Ovis et Cetera Corriedale Mohair(코리데일 50%. 모헤어 50%. 400m/100g) Charcoal 1스케인
※2겹으로 뜹니다.
대체실 ··· ① 라이트 핑거링 얀 약 400m 또는

② 라이트 핑거링 얀 약 160(178. 210)m+브러시드 실크 모헤어 약 160(178. 210)m
※대체실 ①은 2겹으로, 대체실 ②는 두 실을 함께 잡고 뜹니다. 헤비 핑거링 또는 스포트 얀 (250m) 1겹으로 떠도 되는데 게이지 견본을 반드시 떠보고, 필요하다면 패턴을 조절합니다.
바늘 ··· 2.75mm(US 2) 줄바늘(40cm. 브림+베레모 시작용). 3mm(US 2.5) 줄바늘(40cm. 본체용). 3mm(US 2.5) 줄바늘(80cm) 또는 장갑바늘 세트(크라운+아이코드 꼭지용)
도구 ··· 스티치 마커

게이지

메리야스뜨기(3mm 바늘) 30코×36단

POINT

이 패턴에 사용한 테크닉과 손뜨개 약어는 15~23페이지를 참고하세요.
뜨는 과정에 스티치 마커가 나오면 걸러뜹니다. 베레모가 어느 정도 탄탄하려면 뜨개바탕 조직이 적당히 치밀해야 하므로 100% 알파카나 모헤어가 아닌 울이 섞인 실을 고릅니다. 이 작품에는 거친 울 100%가 가장 좋습니다.
이 모자는 안메리야스뜨기를 겉면으로 해서 뒤집어 착용해도 됩니다. 베레모와 꼭지는 메리야스뜨기(→P.202)합니다. 블로킹한 후 바늘이나 연필 끝을 이용해 베레모 꼭지도 함께 뒤집습니다.

한눈에 보는 구성

작품 38번은 브림에서 크라운을 향해 이음매 없이 원형뜨기를 하고 아이코드뜨기로 꼭지를 만들어서 완성합니다.

뜨는 법

2.75mm(US 2) 바늘과 2겹의 실로 롱테일 코 잡기 또는 선호하는 코잡기를 이용해 128(136. 144)코를 만든다. 단, 실을 너무 세게 당기지 않는다.
코가 꼬이지 않도록 주의하면서 원형단으로 연결하고, 시작을 표시하는 마커를 끼운다.

브림

원형 시작단 : *겉뜨기2, 안뜨기2*, 끝까지 *-*을 반복한다.
2×2 고무뜨기로 총 9(11, 13)단을 뜬다.

본체

메리야스뜨기(겉뜨기)로 6(7, 8)단을 뜬다.
3mm(US 2.5) 바늘로 바꾸고, 메리야스뜨기로 2(3, 4)단을 뜬다.
늘리기 원형단 : *겉뜨기3, 오른코 만들기*, 2(4, 6) 코 남을 때까지 *-* 반복, 겉뜨기2(4, 6). +42(44, 46)코.
바늘에 170(180, 190)코가 있다.
메리야스뜨기로 14(16, 18)단을 계속 뜬다.
줄이기 원형단 : *겉뜨기15(16, 17), 왼코 겹쳐 2코 모아뜨기*, 끝까지 *-*을 반복한다. (-10코).
바늘에 160(170, 180)코가 있다.
메리야스뜨기로 17(19, 21)단을 계속 뜬다.

크라운

원형 시작단 : 겉뜨기16(17, 18), 마커 끼우기*, 끝까지 *-*을 반복한다.
1단(줄이기) : *마커 2코 전까지 겉뜨기, 왼코 겹쳐 2코 모아뜨기, 마커 걸러뜨기*, 끝까지 *-*을 반복한다. (-10코).
2단 : 겉뜨기.
20코 남을 때까지 1·2단을 반복한다.
크라운을 뜨는 동안 콧수가 점점 줄어든다. 매직루프를 사용한다면 필요에 따라 더 긴 줄바늘이나 장갑바늘로 바꾼다.
다음 원형단 : *왼코 겹쳐 2코 모아뜨기*, *-*을 10회 반복한다.
뜨는 동안 시작단의 표시 마커를 제외한 마커를 뺀다. (-10코).

꼭지

아이코드 꼭지 준비단 : *겉뜨기1, 왼코 겹쳐 2코 모아뜨기*, *-* 3회 반복, 겉뜨기1. (-3코). (7코).

아이코드 꼭지

남은 7코를 장갑바늘로 옮기거나 줄바늘에 그대로 둔다. 겉뜨기7, 방향을 돌리지 않는다. 뜨는 실이 여전히 바늘의 왼쪽 끝에 있다. *7코 모두 바늘의 반대쪽(오른쪽) 끝으로 보낸다. 뜨는 실을 뒤편에서 오른쪽으로 세게 당겨와 다시 겉뜨기7.*
*-*을 5회 또는 꼭지 길이가 1.5cm 될 때까지 반복한다.
실을 15cm 정도 남기고 자른다. 실 끝을 남은 코들 사이로 2회 잡아 빼고, 베레모 안쪽에서 단단히 매듭을 짓는다.

마무리하기

실 끝을 보이지 않게 정리한다.
완성 치수에 맞춰 블로킹한다. 베레모의 독특한 모양을 만들기 위해 블로킹 기술이 필요하다. 베레모의 가장 넓은 둘레(75, 85, 90cm)와 같은 크기의 플레이트를 이용해 블로킹한다. 베레모를 플레이트 크기에 맞춰 팽팽하게 잡아당겨서 편다. 단, 젖은 베레모를 너무 심하게 당겨서 펴지지 않는다. 플레이트를 작은 볼 위에 뒤집어 놓고 그 위에 베레모를 씌워도 된다. 이때 브림를 심하게 당기지 않도록 주의한다. 그대로 완전히 건조한다.

레베카 마우저

39 크로이츠베르크 슬립 오버

Kreuzberg

이 슬립 오버는 일곱 색깔의 넓은 스트라이프가 특징입니다. 니터 레베카 마우저는 베를린 크로이츠베르크에서 우연히 본 1970년대풍 슬립 오버에서 영감을 받아 모던한 이 작품을 만들었고, 그 지역 이름에서 작품명을 따왔다고 합니다.

사이즈

1(2. 3. 4. 5) (6. 7. 8)
권장 여유분 ⋯ +7.5~12.5cm

완성 치수

가슴둘레 ⋯ 95.5(104. 113. 127. 140) (149. 160. 171)cm
총 길이(뒤 목 중앙~밑단) ⋯ 54(57. 60.5. 60.5. 64)
(67.5. 67.5. 71)cm
진동 둘레 ⋯ 21(23.5. 24.5. 25.5. 27.5) (29. 30.5. 32)cm
앞판 목 파임 깊이 ⋯ 8.5cm
목둘레 너비 ⋯ 19.5(19.5. 20.5. 21.5. 21.5) (21.5. 23. 24)cm
어깨너비(가장자리 제외) ⋯ 5.5(6.5. 7. 8.5. 9.5) (10.5. 11. 12)cm

재료

실 ① ⋯ 데 레룸 나투라 질리아트Gilliatt by De Rerum Natura(울 100%. 250m/100g) L'Heure Bleu 1스케인
실 ② ⋯ 데 레룸 나투라 질리아트Gilliatt by De Rerum Natura(울 100%. 250m/100g) Genêt 1스케인
실 ③ ⋯ 데 레룸 나투라 질리아트Gilliatt by De Rerum Natura(울 100%. 250m/100g) Bouleau 1스케인
실 ④ ⋯ 데 레룸 나투라 질리아트Gilliatt by De Rerum Natura(울 100%. 250m/100g) Iroise 1스케인
실 ⑤ ⋯ 데 레룸 나투라 질리아트Gilliatt by De Rerum Natura(울 100%. 250m/100g) Bruyère 1(1. 1. 2. 2) (2. 2. 2)스케인
실 ⑥ ⋯ 데 레룸 나투라 질리아트Gilliatt by De Rerum Natura(울 100%. 250m/100g) Lagon 1스케인

실 ⑦ ⋯ 데 레룸 나투라 질리아트Gilliatt by De Rerum Natura(울 100%. 250m/100g) Argile 1스케인
대체실(실 ①) ⋯ 우스티드 얀 약 78(129. 140. 155. 173) (186. 198. 210)m
대체실(실 ②) ⋯ 우스티드 얀 약 78(86. 140. 155. 173) (186. 198. 210)m
대체실(실 ③) ⋯ 우스티드 얀 약 78(86. 93. 103. 173) (186. 198. 210)m
대체실(실 ④) ⋯ 우스티드 얀 약 78(86. 93. 103. 115) (186. 198. 210)m
대체실(실 ⑤) ⋯ 우스티드 얀 약 205(224. 241. 262. 289) (306. 326. 414)m
대체실(실 ⑥) ⋯ 우스티드 얀 약 78(86. 93. 103. 115) (123. 132. 140)m
대체실(실 ⑦) ⋯ 우스티드 얀 약 78(86. 93. 103. 115) (123. 132. 140)m
바늘 ⋯ 3.5mm(US 4) 줄바늘(40cm. 80cm. 고

무뜨기용), 4.5mm(US 7) 줄바늘(80cm. 몸판용), 5mm(US 8) 코바늘(프로비저널 코잡기용)
도구 ··· 스티치 마커, 스티치 홀더 또는 별실, 돗바늘, 여분의 4.5mm(US 7) 줄바늘

게이지

메리야스뜨기(4.5mm 바늘) 18코×29단

POINT

이 패턴에 사용한 테크닉과 손뜨개 약어는 15~23페이지를 참고하세요.
뜨는 과정에 스티치 마커가 나오면 걸러뜹니다.

한눈에 보는 구성

이음매가 없는 이 슬립 오버(소매가 없는 베스트)는 프로비저널 코잡기로 시작해 톱다운으로 뜹니다. 어깨는 경사뜨기로 모양을 만듭니다. 평면뜨기로 뒤판을 완성하고 앞판을 따로 뜹니다. 크루넥은 코늘리기로 모양을 만듭니다. 앞판의 양옆을 연결한 뒤 겨드랑이까지 뜨고 코늘리기로 진동 둘레의 모양을 만듭니다. 앞·뒤판을 원형으로 연결해 겨드랑이 아래부터 몸판 아랫부분을 뜨다가 밑단에서 고무뜨기를 합니다. 진동 둘레 주변에서 코를 줍고, 원형으로 고무뜨기를 해 가장자리를 만듭니다. 같은 방법으로 목둘레에서도 고무뜨기를 합니다.
여유분과 전체 길이를 조정할 수 있습니다. 좀 더 편안한 핏을 원하면 여유분이 더 많은 사이즈를 고르고, 좀 더 몸에 맞는 핏을 원하면 사이즈를 줄입니다. 몸판 길이를 조정하려면 취향에 따라 스트라이프(스트라이프 1개 폭은 3.5cm)를 더 늘리거나 줄입니다.

뜨는 법

뒤판

평면뜨기로 뜬다.
실 ①과 4.5mm(US 7) 줄바늘로 프로비저널 코잡기를 이용해 63(67. 71. 77. 81) (85. 89. 95)코를 만든다. 프로비저널 코잡기는 만든 코의 양쪽에서 코를 뜰 수 있으므로 새로 코를 줍지 않아도 된다. 방법은 다음과 같다.
1단계 : 색이 다른 별실과 코바늘로 필요한 콧수보다 몇 코 더 많은 사슬코를 뜬다. 실을 자르고 바늘에 걸린 마지막 고리 사이로 잡아 뺀다.
2단계 : 사슬코를 뒤집는다. 첫 사슬코의 뒷산에 대바늘 끝을 넣고, 뜨는 실을 바늘에 감아 잡아 뺀다. 필요한 만큼의 코를 만들 때까지 사슬코의 뒷산에서 코 만들기를 반복한다.
다음 단(안면) : 겉뜨기1, 안뜨기9(11. 12. 14. 16) (18. 19. 21), 마커 끼우기, 안뜨기43(43. 45. 47. 47) (47. 49. 51), 마커 끼우기, 1코 남을 때까지 안뜨기, 겉뜨기1. 양쪽 어깨 각각 10(12. 13. 15. 17) (19. 20. 22)코와 뒤 목 43(43. 45. 47. 47) (47. 49. 51)코가 있다.

어깨 모양 만들기

어깨 경사는 경사뜨기로 만드는데, 방향을 돌리는 위치에서 더블스티치를 만드는 독일식 경사뜨기를 한다. 단, 전체를 다시 뜰 때, 각 더블스티치의 두 다리를 1코인 것처럼 뜬다(겉면단은 겉뜨기, 안면단은 안뜨기).
경사뜨기 1단(겉면) : 2번째 마커까지 겉뜨기, 마커 걸러뜨기, 겉뜨기1, 더블스티치 만들기, 뜨개바탕 돌리기.
경사뜨기 2단(안면) : 마커 걸러뜨기, 마커까지 안뜨기, 마커 걸러뜨기, 안뜨기1, 더블스티치 만들기, 뜨개바탕 돌리기.
경사뜨기 3단(겉면) : 마커 걸러뜨기, 더블스티치까지 겉뜨기, 더블스티치 겉뜨기, 겉뜨기3(4. 5. 6. 7) (8. 8. 9), 더블스티치 만들기, 뜨개바탕 돌리기.
경사뜨기 4단(안면) : 더블스티치까지 안뜨기, 더블스티치 안뜨기, 안뜨기3(4. 5. 6. 7) (8. 8. 9), 더블스티치 만들기, 뜨개바탕 돌리기.
경사뜨기 5·6단 : 경사뜨기 3·4단을 반복한다.
경사뜨기 7단(겉면) : 더블스티치까지 겉뜨기, 더블스티치 겉뜨기, 끝까지 겉뜨기.
다음 단(안면) : 겉뜨기1, 더블스티치까지 안뜨기 하면서 마커 2개 빼기, 더블스티치 안뜨기, 1코 남을 때까지 안뜨기, 겉뜨기1.

실 ①을 자른다.

등 윗부분

실 ②를 연결하고 뒤판과 앞판의 모든 코를 뜬다.
1단(겉면) : 겉뜨기.
2단(안면) : 겉뜨기1, 1코 남을 때까지 안뜨기, 겉뜨기1.
3~10단 : 1·2단을 4회 더 반복한다.
다음 색으로 바꾸고, 뒤판이 진동 둘레 코잡기 단부터 17(18.5. 18.5. 18. 18) (18. 18. 18)cm 될 때까지 총 10단(1·2단을 5회 반복)의 스트라이프 패턴을 뜬다.

진동 둘레 모양 만들기

스트라이프 패턴을 뜨는 한편, 모든 겉면단의 양끝에서 코늘리기를 해 진동 둘레의 모양을 만든다. 사이즈에 맞는 방법을 따르고 스트라이프 패턴을 순서대로 뜬다.
1단(겉면) : 겉뜨기2, 오른코 만들기, 2코 남을 때까지 겉뜨기, 왼코 만들기, 겉뜨기2. (+2코).
2단(안면) : 겉뜨기1, 1코 남을 때까지 안뜨기, 겉뜨기1.
1·2단을 4(5. 7. 9. 12) (14. 16. 18)회 더 반복한다. 바늘에 73(79. 87. 97. 107) (115. 123. 133)코가 있다.
3단(겉면) : 안면으로 뜨개바탕 돌리기, 백워드 루프 코잡기 또는 선호하는 방법으로 3코 만들기, 겉면으로 뜨개바탕 돌리기, 코잡기로 3코 만들기. (+6코).
4단(안면) : 안뜨기. 바늘에 79(85. 93. 103. 113) (121. 129. 139)코가 있다.
실을 자른다.
뒤판 코를 별실에 걸었다가 나중에 몸판 아랫부분을 뜬다.

왼쪽 앞판

겉면을 앞에 놓고 입었을 때 왼쪽 목 가장자리에서 시작해, 왼쪽 어깨를 위해 프로비저널 코잡기로 만들었던 마지막 11(13. 14. 16. 18) (20. 21. 23)코를 풀어 4.5mm(US 7) 줄바늘로 옮긴다. 나머지 코들은 그대로 두었다가 나중에 오른쪽 앞판과 목둘레단을 뜬다.
실 ①을 연결한다.
시작 1단(겉면) : 겉뜨기.
시작 2단(안면) : 겉뜨기1, 1코 남을 때까지 안뜨기, 겉뜨기1.

왼쪽 어깨 & 왼쪽 목 모양 만들기

경사뜨기로 왼쪽 어깨의 경사 모양을 만드는 한편, 왼쪽 목의 모양은 코늘리기로 만든다.

경사뜨기 1단(겉면) : 3(3. 2. 2. 2) (2. 3. 3)코 남을 때까지 겉뜨기. 더블스티치 만들기. 뜨개바탕 돌리기.

경사뜨기 2단(안면) : 1코 남을 때까지 안뜨기. 겉뜨기1.

경사뜨기 3단(겉면) : 겉뜨기2. 오른코 만들기. 이전 더블스티치까지 2(3. 4. 5. 6) (7. 7. 8)코 전까지 겉뜨기. 더블스티치 만들기. 뜨개바탕 돌리기. (+1코).

경사뜨기 4단(안면) : 1코 남을 때까지 안뜨기. 겉뜨기1.

경사뜨기 5단(겉면) : 겉뜨기3. 더블스티치 만들기. 뜨개바탕 돌리기.

경사뜨기 6단(안면) : 안뜨기1. 겉뜨기1.

다음 단(겉면) : 겉뜨기2. 오른코 만들기. 끝까지 겉뜨기(모든 더블스티치는 1코인 것처럼 두 고리로 겉뜨기한다). (+1코).

다음 단(안면) : 겉뜨기1. 1코 남을 때까지 안뜨기. 겉뜨기1.

왼쪽 어깨에 13(15. 16. 18. 20) (22. 23. 25)코가 있다. 실 ①을 자른다.

왼쪽 앞판 & 왼쪽 목 모양 만들기

코늘리기로 앞판 목 모양을 계속 만든다.
실 ②를 연결한다.

1단(겉면) : 겉뜨기.

2단(안면) : 겉뜨기1. 1코 남을 때까지 안뜨기. 겉뜨기1.

3단(겉면) : 겉뜨기2. 오른코 만들기. 끝까지 겉뜨기. (+1코).

4단(안면) : 2단을 반복한다.

5~8단 : 3·4단을 2회 반복한다.

9단(겉면) : 안면으로 뜨개바탕 돌리기. 백워드 루프 코잡기 또는 선호하는 코잡기로 2코 만들기. 다시 겉면으로 뜨개바탕 돌리기. 끝까지 겉뜨기. (+2코).

10단(안면) : 겉뜨기1. 끝까지 안뜨기. 바늘에 18(20. 21. 23. 25) (27. 28. 30)코가 있다.
실 ②를 자르고 실 ③을 연결한다.

11·12단 : 9·10단을 1회 반복한다.

13단(겉면) : 안면으로 뜨개바탕 돌리기. 백워드 루프 코잡기로 3코 만들기. 다시 겉면으로 뜨개바탕 돌리기. 끝까지 겉뜨기. (+3코).

14단(안면) : 6단을 반복한다. 바늘에 23(25. 26. 28. 30) (32. 33. 35)코가 있다.

실을 자른다. 코들을 별실에 걸어두었다가 나중에 몸판 아랫부분을 뜬다.

오른쪽 앞판

겉면을 앞에 놓고 입었을 때 오른쪽 진동 둘레 가장자리에서 시작해. 오른쪽 어깨를 위해 프로비저널 코잡기로 만들었던 마지막 11(13. 14. 16. 18) (20. 21. 23)코를 풀어 4.5mm(US 7) 줄바늘로 옮긴다. 나머지 코들은 그대로 두었다가 나중에 앞판 목둘레단을 뜬다.
실 ①을 연결한다.

시작 1단(겉면) : 겉뜨기.

시작 2단(안면) : 겉뜨기1. 1코 남을 때까지 안뜨기. 겉뜨기1.

시작 3단(겉면) : 겉뜨기.

오른쪽 어깨 & 오른쪽 목 모양 만들기

경사뜨기로 오른쪽 어깨의 경사 모양을 만드는 한편, 오른쪽 목의 모양은 코늘리기로 만든다.

경사뜨기 1단(안면) : 겉뜨기1. 3(3. 2. 2. 2) (2. 3. 3)코 남을 때까지 안뜨기. 더블스티치 만들기. 뜨개바탕 돌리기.

경사뜨기 2단(겉면) : 2코 남을 때까지 겉뜨기. 겉뜨기2.

경사뜨기 3단(안면) : 겉뜨기1. 이전 더블스티치까지 2(3. 4. 5. 6) (7. 7. 8)코 전까지 안뜨기. 더블스티치 만들기. 뜨개바탕 돌리기.

경사뜨기 4단(겉면) : 겉뜨기.

경사뜨기 5단(안면) : 겉뜨기1. 안뜨기2. 더블스티치 만들기. 뜨개바탕 돌리기.

경사뜨기 6단(겉면) : 왼코 만들기. 겉뜨기2. (+1코).

다음 단(안면) : 겉뜨기1. 1코 남을 때까지 안뜨기. (모든 더블스티치는 1코인 것처럼 두 고리로 안뜨기한다). 겉뜨기1.

오른쪽 어깨에 13(15. 16. 18. 20) (22. 23. 25)코가 있다.
실 ①을 자른다.

오른쪽 앞판 & 오른쪽 목 모양 만들기

코늘리기로 앞판 목 모양을 계속 만든다.
실 ②를 연결한다.

1단(겉면) : 겉뜨기.

2단(안면) : 겉뜨기1. 1코 남을 때까지 겉뜨기1.

3단(겉면) : 2코 남을 때까지 겉뜨기. 왼코 만들기. 겉뜨기2. (+1코).

4단(안면) : 2단을 반복한다.

5~8단 : 3·4단을 2회 반복한다.

9단(겉면) : 끝까지 겉뜨기. 백워드 루프 코잡기로 2코 만들기. (+2코).

10단(안면) : 1코 남을 때까지 안뜨기. 겉뜨기1. 오른쪽 어깨에 18(20. 21. 23. 25) (27. 28. 30)코가 있다.
실 ②를 자르고 실 ③을 연결한다.

11·12단 : 9·10단을 1회 반복한다.

13단(겉면) : 끝까지 겉뜨기. 백워드 루프 코잡기로 3코 만들기. (+3코).

14단(안면) : 6단을 반복한다.
오른쪽 어깨에 23(25. 26. 28. 30) (32. 33. 35)코가 있다.
실을 자르지 않는다.

앞판 연결하기

오른쪽 앞판과 왼쪽 앞판을 연결하기 위해 코잡기로 코를 만든다. 겉면을 앞에 놓고 실 ③으로, 앞판 오른코들을 겉뜨기하고 백워드 루프 코잡기로 17(17. 19. 21. 21) (21. 23. 25)코를 만든다. 앞판 왼코들을 또 다른 바늘로(두꺼운 호수로) 옮긴다. 겉면을 앞에 놓고, 왼코들을 끝까지 겉뜨기한다. 앞판에 63(67. 71. 77. 81) (85. 89. 95)코가 있다.

앞판

연결된 앞판을 평면뜨기한다.

1단(안면) : 겉뜨기1. 1코 남을 때까지 안뜨기. 겉뜨기1.

2단(겉면) : 겉뜨기.

1·2단을 1회 반복하고, 다시 1단을 반복한다.
실 ③을 자르고 실 ④를 연결한다.

3단(겉면) : 겉뜨기.

4단(안면) : 겉뜨기1. 1코 남을 때까지 안뜨기. 겉뜨기1.

5~10단 : 3·4단을 4회 더 반복한다.

다음 색으로 바꾸고, 앞판이 진동 둘레 가장자리를 따라 어깨 위부터 17(18.5. 18.5. 18. 18) (18. 18. 18)cm 될 때까지 총 10단(1·2단을 5회 반복)의 스트라이프 패턴을 뜬다.

진동 둘레 모양 만들기

뒤판의 뜨는 법을 따라 진동 둘레 모양 만들기를 진행한다. 앞판에 79(85. 93. 103. 113) (121. 129. 139)코가 있다.
실을 자르지 않는다.

몸판 연결하기

걸어두었던 뒤판 코들을 또 다른 4.5mm(US 7) 바늘로 옮기고. 백워드 루프 코잡기로 코를 만든다.

겉면을 앞에 놓고. 뜨는 실이 달린 겉면에서 시작해 앞판 코 겉뜨기. 3(4. 4. 5. 6) (6. 7. 7)코 코잡기. 마커 끼우기. 4(5. 5. 6. 7) (7. 8. 8)코 코잡기. 뒤판 코 겉뜨기. 3(4. 4. 5. 6) (6. 7. 7)코 코잡기. 마커 끼우기. 4(5. 5. 6. 7) (7. 8. 8)코 코잡기. 원형단으로 연결하고 시작을 표시하는 마커를 끼운다. 몸판에 172(188. 204. 228. 252) (268. 288. 308)코가 있다.

몸판

지금부터 총 10단의 스트라이프 패턴을 뜨면서 밑단 쪽을 향해 원형뜨기로 몸판을 뜬다. 양 팔 아래에서 '가짜 솔기'(안메리야스뜨기 코의 세로 줄)를 떠서 색이 바뀌는 곳이 자연스러워 보이게 한다.

몸판 원형 1단 : 마커까지 겉뜨기. 마커 걸러뜨기. 안뜨기1. 마커까지 겉뜨기. 마커 걸러뜨기. 안뜨기1. 끝까지 겉뜨기.

현재 스트라이프를 완성할 때까지 몸판 1단을 반복한다.

실을 자른다.

원형단 시작 옮기기 : 원형단 시작 마커 빼기. 왼바늘로 오른바늘의 마커까지 4(5. 5. 6. 7) (7. 8. 8)코 걸러뜨기. 마커 빼기. 새 원형단 시작 마커 끼우기. 원형단 시작은 오른쪽 팔 바로 아래에 있다.

몸판 원형 2단 : 안뜨기1. 마커까지 겉뜨기. 마커 걸러뜨기. 안뜨기1. 끝까지 겉뜨기.

몸판 2단을 반복하면서 총 10단의 스트라이프 패턴을 뜬다.

스트라이프 1개당 몸판 2단을 10회를 반복한다. 스트라이프는 총 14(15. 16. 16. 17) (18. 18. 19)개이며 뒤 목부터 밑단까지 길이는 약 48.5(51.5. 55. 55. 58.5) (62. 62. 65.5)cm 또는 원하는 길이 -5.5cm다. 스트라이프를 마무리하면서 끝낸다. 실을 자른다.

밑단

3.5mm(US 4) 줄바늘(80cm)로 바꾸고. 실 ⑤를 연결한다.

원형 시작단 : 안뜨기1. 마커까지 겉뜨기. 마커 빼기. 안뜨기1. 끝까지 겉뜨기.

원형 밑단 : *안뜨기1. 겉뜨기1*. 끝까지 *-*을 반복한다.

1×1 고무뜨기로 5.5cm를 뜬다.

원형단 시작 마커를 빼고 느슨하게 코막음한다. 취향에 따라 깔끔하면서도 가장자리가 신축성 있는 코막음. 즉 짐머만식 코잡기Sewn Tubular Bind-Off 를 사용한다. 방법은 온라인에서 배울 수 있다.

목둘레단

프로비저널 코잡기로 만든 코를 신중하게 풀고 그 코들을 3.5mm(US 4) 줄바늘(40cm)로 옮긴다. 겉면을 앞에 놓고 실 ⑤를 연결한 다음 입었을 때 뒤 목의 겉면에서 시작해 뒤 목 코 겉뜨기. 앞 목 가장자리에서 59(59. 59. 61. 63. 63) (63. 65. 67)코를 주워 겉뜨기(4단에 3코. 잡은 코 1개에 1코 비율). 총 콧수를 짝수로 만든다. 원형단 시작 마커를 끼우고 원형단으로 연결한다. 총 100(100. 104. 108. 108) (108. 112. 116)코.

목둘레 원형단 : *안뜨기1. 겉뜨기1*. 끝까지 *-*을 반복한다.

1×1 고무뜨기로 7단을 더 뜬다. 원형단 시작 마커를 빼고 느슨하게 코막음한다.

진동 둘레단

겉면을 앞에 놓고 실 ⑤를 연결한다. 3.5mm(US 4) 줄바늘(40cm)로 안뜨기 코가 있는 겨드랑이 중심에서 시작해 코잡기단에서 4(5. 5. 6. 7) (7. 8. 8)코를 주워 겉뜨기. 진동 둘레에서 고른 간격(3단에 2코 비율)으로 83(91. 95. 99. 107) (111. 117. 123)코를 주워 겉뜨기. 코잡기단에서 3(4. 4. 5. 6) (6. 7. 7)코를 주워 겉뜨기. 총 콧수를 짝수로 만든다. 원형단 시작 마커를 끼우고 원형단으로 연결한다. 이제 바늘에 90(100. 104. 110. 120) (124. 132. 138)코가 있다.

진동 둘레 원형단 : *안뜨기1. 겉뜨기1*. 끝까지 *-*을 반복한다.

1×1 고무뜨기로 7단을 더 뜬다.

원형단 시작 마커를 빼고 느슨하게 코막음한다. 같은 방법으로 다른 쪽 진동 둘레단을 뜬다.

마무리하기

실 끝을 보이지 않게 정리한 다음 니트를 물에 적신 뒤 치수에 맞춰 블로킹을 한다.

40

52

레나테 캄 — 비에라 유실라 — 에린 옌슨 — 미리엄 발츠호이슬 — 라에르케 뵐트 바크 — 조지 쿨렌 —
파울리나 쿤솔라 — 욘나 히에탈라 — 아투 아이키아 —
테티 루트삭 — 이사벨 크래머

레나테 캄

40 카프레올리 머플러 Capreoli

이 머플러는 2가닥으로 뜨는 대바늘뜨기의 세계를 익히고 여러 색의 조합을 시도해볼 좋은 작품입니다. 뜨개 조직이 탄탄하고 양면 사용이 가능합니다.

사이즈

1(2)

완성 치수

길이 … 166(221.5)cm
너비 … 30(36)cm

재료

바탕실 … 브루클린 트위드 로프트Loft by Brooklyn Tweed(아메리칸 타아기 콜롬비아 울 100%. 251m/50g) Soot 2(4) 스케인
배색실 ① … 브루클린 트위드 로프트Loft by Brooklyn Tweed(아메리칸 타아기 콜롬비아 울 100%. 251m/50g) Embers 2(4) 스케인
배색실 ② … 브루클린 트위드 로프트Loft by Brooklyn Tweed(아메리칸 타아기 콜롬비아 울 100%.

251m/50g) Fossil 2(4) 스케인
※2가닥으로 떠서 말드(→P.234) 효과를 냅니다.
대체실(바탕) … 핑거링 얀 약 503(805)m
대체실(배색) … 핑거링 얀 각각 약 480(768)m.
바늘 … 5mm(US 8) 대바늘 또는 줄바늘(80cm)
도구 … 스티치마커. 뺄 수 있는 마커 또는 안전핀

게이지

셰브론 패턴 뜨기(2가닥) 17코×26단

다른 색 2가닥으로 수정 가터뜨기

1단(겉면) : 겉뜨기.
2단(안면) : 겉뜨기1, *겉뜨기5, DK2(안면), 겉뜨기6*, 끝까지 *-*을 반복한다.
3단 : *겉뜨기6, DK2(겉면), 겉뜨기5*, 1코 남을 때까지 *-* 반복, 겉뜨기1.
4~7단 : 2·3단을 2회 반복한다.

8단 : 2단을 반복한다.

DK2 : 말드 스티치의 두 고리를 따로, 한 번에 하나씩 다음과 같이 뜬다.
안면단 : (1) 뜨는 실 2가닥을 두 바늘 사이를 거쳐 앞으로 가져온다. (2) 그중 새로 더한 색 1가닥으로 더블스티치의 같은 색 고리를 안뜨기하면서 고리를 떨어뜨리고 실을 뒤로 보낸다. (3) 2번째 가닥(이전에 단색 섹션을 떴던 색)으로 더블스티치의 남은 고리(실과 같은 색 고리)를 겉뜨기하면서 고리를 떨어뜨린다.
겉면단 : (1) 뜨는 실 2가닥을 두 바늘 사이를 거쳐 앞으로 가져온다. (2) 그중 단색 섹션을 떴던 색과 같은 색 1가닥으로 더블스티치의 같은 색 고리를 안뜨기하면서 고리를 떨어뜨리고 실을 뒤로 보낸다. (3) 2번째 가닥(새로 더한 색)으로 더블스티치의 남은 고리(실과 같은 색 고리)를 겉뜨기하면서 고리를 떨어뜨린다.
※총 8단의 수정 가터뜨기를 뜨고 DK2 코의 두 고리를 1코인 것처럼 다시 뜹니다.

셰브론 패턴(→P.215)

'12코+마지막 1코'의 반복.

1단(겉면) : *안뜨기2, 겉뜨기2, 안뜨기2, 겉뜨기1, 안뜨기2, 겉뜨기2, 안뜨기1*, 1코 남을 때까지 *-* 반복, 안뜨기1.

2단(안면) : 겉뜨기1, *겉뜨기1, 안뜨기2, 겉뜨기2, 안뜨기1, 겉뜨기2, 안뜨기2, 겉뜨기2*, 끝까지 *-*을 반복한다.

3단 : *안뜨기1, 겉뜨기2, 안뜨기2, 겉뜨기3, 안뜨기2, 겉뜨기2*, 1코 남을 때까지 *-* 반복, 안뜨기1.

4단 : 겉뜨기1, *안뜨기2, 겉뜨기2, 안뜨기3, 겉뜨기2, 안뜨기2, 겉뜨기1*, 끝까지 *-*을 반복한다.

5단 : *겉뜨기2, 안뜨기2, 겉뜨기2, 안뜨기1, 겉뜨기2, 안뜨기2, 겉뜨기1*, 1코 남을 때까지 *-* 반복, 겉뜨기1.

6단 : 안뜨기1, *안뜨기1, 겉뜨기2, 안뜨기2, 겉뜨기1, 안뜨기2, 겉뜨기2, 안뜨기2*, 끝까지 *-*을 반복한다.

7단 : *겉뜨기1, 안뜨기2, 겉뜨기2, 안뜨기3, 겉뜨기2, 안뜨기2*, 1코 남을 때까지 *-* 반복, 겉뜨기1.

8단 : 안뜨기1, *겉뜨기2, 안뜨기2, 겉뜨기3, 안뜨기2, 겉뜨기2, 안뜨기1*, 끝까지 *-*을 반복한다.

9~16단 : 1~8단을 반복한다.

POINT

이 패턴에 사용한 테크닉과 손뜨개 약어는 15~23페이지를 참고하세요.

조화가 잘되는 3색(짙은 색 1+중간색 1+옅은 색 1)을 고릅니다. 짙은 색은 중성색(검은색. 진회색. 진갈색 등). 중간색은 진한 중간색 계열(녹색. 파란색. 보라색. 빨간색. 주황색 등). 옅은 색은 옅은 중성색(흰색. 베이지. 크림색. 연회색 등)을 고릅니다.

도안은 아래에서 위로, 겉면단은 오른쪽에서 왼쪽으로, 안면단은 왼쪽에서 오른쪽으로 읽습니다. 붉은 선 안쪽의 12코를 반복하고, 마지막 코는 단을 끝낼 때 뜹니다. 안면단에서 도안은 1코로 시작하고 붉은 선 안쪽의 코들을 끝까지 반복합니다. 도안의 기호는 뜨개바탕 겉면에서 보이는 코입니다.

반복을 시작할 때마다 마커를 끼우면 12코 반복을 계산하기 쉽습니다. 뜨는 과정에 마커가 나오면 걸러뜹니다. 마커 또는 안전핀을 뜨개바탕 겉면에 걸어두면 겉면단과 안면단을 구별하는 데 도움이 됩니다.

한눈에 보는 구성

기다란 이 머플러는 평면뜨기로 뜹니다. 조직이 탄탄하고 양면으로 사용 가능합니다. 2겹으로 뜨지만, DK2 코는 1가닥씩 따로, 같은 색의 고리를 뜹니다.

뜨는 법

바탕실 2가닥으로 신축성 있는 코잡기를 이용해 49(61)코를 만든다. 백워드 루프 코잡기는 가장자리를 신축성 있게 만드는 쉬운 방법이다. 다음과 같이 코잡기를 한다. 13코 만들기, 마커 끼우기, *12코 만들기, 마커 끼우기*, *-*을 1(2)회 더 반복, 12코 만들기, 뜨개바탕 돌리기. 1번째 겉면단을 뜨기 전에 뺄 수 있는 마커나 안전핀을 1번째 고리에 걸어 겉면을 표시한다. 바탕실 2가닥으로 계속 뜬다.

단색 패널

가터뜨기(같은 색 2가닥)로 8단을 뜬다.

1~8단 : 겉뜨기.

다음 16단은 셰브론 패턴으로 다음과 같이 뜬다.

9단(겉면) : *안뜨기2, 겉뜨기2, 안뜨기2, 겉뜨기1, 안뜨기2, 겉뜨기2, 안뜨기1*, *-* 3회 더 반복, 안뜨기1.

10단(안면) : 겉뜨기1, *겉뜨기1, 안뜨기2, 겉뜨기2, 안뜨기1, 겉뜨기2, 안뜨기2, 겉뜨기2*, *-* 3(4)회 더 반복한다.

11단 : *안뜨기1, 겉뜨기2, 안뜨기2, 겉뜨기3, 안뜨기2, 겉뜨기2*, *-* 3(4)회 더 반복, 안뜨기1.

12단 : 겉뜨기1, *안뜨기2, 겉뜨기2, 안뜨기3, 겉뜨기2, 안뜨기2, 겉뜨기1*, *-* 3(4)회 더 반복한다.

13단 : *겉뜨기2, 안뜨기2, 겉뜨기2, 안뜨기1, 겉뜨기2, 안뜨기2, 겉뜨기1*, *-* 3(4)회 더 반복, 겉뜨기1.

14단 : 안뜨기1, *안뜨기1, 겉뜨기2, 안뜨기2, 겉뜨기1, 안뜨기2, 겉뜨기2, 안뜨기2*, *-* 3(4)회 더 반복한다.

15단 : *겉뜨기1, 안뜨기2, 겉뜨기2, 안뜨기3, 겉뜨기2, 안뜨기2*, *-* 3(4)회 더 반복, 겉뜨기1.

16단 : 안뜨기1, *겉뜨기2, 안뜨기2, 겉뜨기3, 안뜨

기2, 겉뜨기2, 안뜨기1*, *-* 3(4)회 더 반복한다.

17~24단 : 9~16단을 1회 더 반복한다.

바탕실 1가닥을 자른다.

배색 ① 1가닥을 연결해. 바탕실 1가닥과 배색 ① 1가닥으로 뜬다.

2색 패널

다른 색 2가닥으로 수정 가터뜨기를 이용해 다음과 같이 8단을 뜬다.

1단(겉면) : 겉뜨기.

2단(안면) : 겉뜨기6, DK2(안면), 겉뜨기6, *겉뜨기5, DK2(안면), 겉뜨기6*, *-* 2(3)회 더 반복한다.

3단 : *겉뜨기6, DK2(겉면), 겉뜨기5*, *-* 3(4)회 더 반복, 겉뜨기1.

4~8단 : 2·3단을 2회 더 반복한 뒤 2단을 1회 반복한다.

9~24단 : 이전 섹션과 마찬가지로 셰브론 패턴 뜨기를 한다.

남은 바탕실 1가닥을 자른다.

배색 ① 1가닥을 더 연결해 배색 ① 2가닥으로 단색 패널(총 24단)을 뜬다. 배색 ① 1가닥을 자른다.

배색 ② 1가닥을 연결해 배색 ① 1가닥과 배색 ② 1가닥으로 2색 패널(총 24단)을 뜬다. 배색 ① 1가닥을 자른다.

배색 ② 1가닥을 더 연결해 배색 ② 2가닥으로 단색 패널(총 24단)을 뜬다. 배색 ② 1가닥을 자른다.

바탕실 1가닥을 연결해. 배색 ② 1가닥과 바탕실 1가닥으로 2색 패널(총 24단)을 뜬다. 배색 ② 1가닥을 자른다.

바탕실 1가닥을 더 연결한다.

총 144단을 순서를 따라 2(3)회 더 반복한다. 총 432(576)단.

바탕실 2가닥으로 동일색 패널(총 24단)을 뜨고 가터뜨기(총 8단)를 한다.

모든 코를 코막음하고 뺄 수 있는 마커를 뺀다.

마무리하기

실 끝을 보이지 않게 정리한 다음 치수에 맞춰 습식 블로킹을 한다.

셰브론 도안

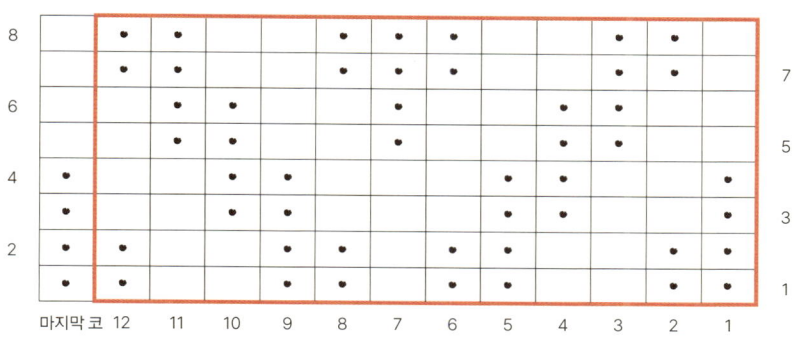

□ 겉면 : 겉뜨기/안면 : 안뜨기

• 겉면 : 안뜨기/안면 : 겉뜨기

□ 반복한다

비에라 유실라

41 비메인 스웨터Viimein

박시하고 밑단이 약간 짧은 이 크롭 스웨터를 단색 또는 자투리 실을 모아 컬러풀하게 떠보세요.

사이즈

1(2. 3. 4. 5) (6. 7. 8)
권장 여유분 ··· +15~20cm

완성 치수

가슴둘레 ··· 97.5(107.5. 120. 130. 145) (155. 165. 175)cm
허리둘레 ··· 90(100. 112.5. 122.5. 137.5) (147.5. 157.5. 167.5)cm
길이(겨드랑이~밑단) ··· 28cm
소매 길이(겨드랑이~소맷부리) ··· 42(43. 44. 44. 45) (46. 47. 48)cm

재료

실 ··· 자투리 실

※자투리 실로 떠도 되지만 새로 구매해서 떠도 됩니다. 실을 구매한다면 바탕색과 스트라이프를 뜰 색이 필요합니다.
바탕실 ··· 비슷한 계열(217페이지는 흰색이 바탕색)의 DK 얀 또는 그보다 약간 무거운 실(250m/100g)
※샌드네스 간 메리노울Sandness Garn Merinoull, 레트로사리아 뭉고Retrosaria Mungo, BC 간 세밀라 멜란지BC Garn Semilla Melange를 추천합니다.
배색실(스트라이프용) ··· 핑거링 얀 또는 그보다 가는 실(400m/100g)
※바탕실과 배색실을 함께 잡고 뜹니다.
바늘 ··· 4.5mm(US 7) 줄바늘(80cm), 5mm(US 8) 줄바늘(80cm)
도구 ··· 스티치 마커 5개

219페이지 스웨터
실 ··· 투쿠울 DKTukuwool DK(핀란드울 100%. 250m/100g) Auri 03
실 ··· 샌드네스 간 틴 실크 모헤어Sandness Garn Tynn Silk Mohair(모헤어 57%. 실크 28%. 울 15%.

212m/25g) 1022
※두 실을 함께 잡고 뜹니다.
※실 1가닥으로 뜨고 싶다면 아란 얀(150m/100g) 980(1010. 1250. 1470. 1850) (2130. 2420. 2730)m가 필요합니다. 데 레룸 나투라 시라노De Rerum Natura Cyrano, BC 간 노던 라이츠BC Garn Northern Lights, 이사거 알파카3Isager Alpaca 3을 추천합니다.

게이지

메리야스뜨기(5mm 바늘) 16코× 24단

스트라이프 테크닉

샘플 스웨터의 스트라이프는 각 3단이다. 실을 바꿀 때, 동시에 두 실을 모두 바꾸지 말고 바탕색과 배색 중에 한 실만 바꾼다. 원래 실과 바꾼 실을 함께 잡고 15cm 정도를 뜨면 두 실 끝이 자연스럽게 이어진다.

POINT

이 패턴에 사용한 테크닉과 손뜨개 약어는 15~23페이지를 참고하세요.
뜨는 과정에 마커가 나오면 걸러뜹니다.

한눈에 보는 구성

박시한 이 스웨터는 두 실을 함께 잡고 톱다운으로 원형뜨기합니다. 목에서 독일식 경사뜨기를 하는 동안 어깨선 모양이 만들어집니다. 코늘리기로 어깨 섹션을 뜨고 앞·뒤판을 각각 같은 길이로 평면뜨기를 해 만듭니다. 이후에 다시 원형뜨기로 밑단을 뜹니다.

뜨는 법

목둘레

바탕실과 4.5mm(US 7) 바늘로 76(76, 80, 80, 80) (88, 88, 88)코를 만든다. 원형단으로 연결하고, 시작을 표시하는 마커를 끼운다.
다음과 같이 1×1 고무뜨기를 한다.
겉뜨기1, 안뜨기1, 끝까지 *-*을 반복한다.
1×1 고무뜨기로 총 8단을 뜬다.
배색실을 연결하고 바탕실과 배색실로 계속 뜨는 한편 배색실로 스트라이프를 뜬다. 5mm(US 8) 바늘로 바꾸고 겉뜨기로 1단을 뜨는데, 중간에 다음과 같이 마커를 끼운다.
겉뜨기1, 마커 끼우기, 겉뜨기36(36, 38, 38, 38) (42, 42, 42) (앞판), 마커 끼우기, 겉뜨기2(소매), 마커 끼우기, 겉뜨기36(36, 38, 38, 38) (42, 42, 42) (뒤판), 마커 끼우기, 겉뜨기1.
원형단 시작 마커는 다른 쪽 어깨에 있다.

경사뜨기

독일식 경사뜨기를 해 뒤 목둘레를 앞 목둘레보다 약간 높게 만든다. 동시에 소매코 옆에서 어깨의 코늘리기를 한다. 스트라이프 넣기는 경사뜨기를 하는 동안 또는 끝낸 후에 해도 된다.
겉면 : 겉뜨기1, 마커 걸러뜨기, 왼코 만들기, 겉뜨기1, 뜨개바탕 돌리기. (+1코).
안면 : 더블스티치 만들기. *마커까지 안뜨기, 안뜨기 오른코 만들기, 마커 걸러뜨기, 안뜨기2, 마커 걸러뜨기, 안뜨기 왼코 만들기*, *-* 1회 반복, 안뜨기. 뜨개바탕 돌리기. (+4코).
겉면 : 더블스티치 만들기. *마커까지 겉뜨기, 오른코 만들기, 마커 걸러뜨기, 겉뜨기2, 마커 걸러뜨기, 왼코 만들기*, *-*을 반복한다. 더블스티치까지 겉뜨기, 더블스티치 겉뜨기, 겉뜨기1, 뜨개바탕 돌리기. (+4코).
안면 : 더블스티치 만들기. *마커까지 안뜨기, 안

뜨기 오른코 만들기, 마커 걸러뜨기, 안뜨기2, 마커 걸러뜨기, 안뜨기 왼코 만들기*, *-*을 반복한다. 더블스티치까지 안뜨기, 더블스티치 안뜨기, 안뜨기1, 뜨개바탕 돌리기. (+4코).
이전 두 단(겉면과 안면)을 5회 더 반복한다. 양쪽 어깨에 더블스티치 7개가 있다. 이전처럼 겉면 늘리기단을 뜨면서 더블스티치 만들기, 원형단 시작 마커까지 겉뜨기. 다음 단에서 남은 더블스티치들은 1코로 뜬다.

어깨 코늘리기

늘리기 원형단 : 겉뜨기1, 마커 걸러뜨기, 왼코 만들기, 마커까지 겉뜨기, 오른코 만들기, 마커 걸러뜨기, 겉뜨기2, 왼코 만들기, 마커까지 겉뜨기, 오른코 만들기, 마커 걸러뜨기, 겉뜨기1. (+4코).
뒤판 코가 76(84, 94, 102, 114) (122, 130, 138)코가 될 때까지 늘리기단을 뜬다. 스트라이프뜨기도 이전처럼 계속한다.
어깨 코늘리기는 경사뜨기의 코늘리기를 포함해 20(24, 28, 32, 38) (40, 44, 48)회를 한다.

앞판

앞·뒤판을 분리한다.
겉뜨기1, 마커 빼기, 다음 마커까지 겉뜨기, 마커 빼기, 겉뜨기1, 뜨개바탕 돌리기.
뒤판 76(84, 94, 102, 114) (122, 130, 138)코를 줄바늘 또는 별실에 걸어놓고, 앞판을 뜬다. 앞판에 76(84, 94, 102, 114) (122, 130, 138)코가 있다.
1단(안면) : 안뜨기.
2단(겉면) : 겉뜨기.
앞판이 진동 둘레 가장자리에서 17(18, 19, 21, 24) (25, 27, 29)cm 될 때까지 메리야스뜨기(겉면단은 겉뜨기, 안면단은 안뜨기)를 하면서 스트라이프 뜨기를 계속한다. 실을 자르고 앞코를 줄바늘 또는 별실에 걸어놓는다.

뒤판

뒤판 코를 바늘로 옮긴다. 겉면을 앞에 놓고, 바탕실과 배색실을 연결해 다음과 같이 뜨기 시작한다.
겉뜨기1, 마커 빼기, 다음 마커까지 겉뜨기, 마커 빼기, 겉뜨기1, 뜨개바탕 돌리기.
1단(안면) : 안뜨기.
2단(겉면) : 겉뜨기.
뒤판이 진동 둘레 가장자리에서 17(18, 19, 21, 24)

(25, 27, 29)cm 될 때까지 메리야스뜨기(겉면단은 겉뜨기, 안면단은 안뜨기)를 하면서 스트라이프 뜨기를 계속한다. 앞·뒤판 길이가 같다.

앞·뒤판 연결하기

뒤판 코 겉뜨기(겉면단). (원형단 시작) 마커 끼우기. 이어서 앞판 코 겉뜨기, (사이드) 마커 끼우기. 원형단 시작 마커까지 뒤판 코 겉뜨기. 바늘에 156(172, 192, 208, 232) (248, 264, 280)코가 있다.

줄이기 원형단 : *겉뜨기1, 오른코 겹쳐 2코 모아뜨기, 마커 3코 전까지 겉뜨기, 왼코 겹쳐 2코 모아뜨기, 겉뜨기1, 마커 걸러뜨기*. *-*을 반복한다. (-4코).

줄이기 외의 원형단 : 겉뜨기.

줄이기 원형단과 줄이기 외의 원형단을 총 3회 반복한다. 바늘에 144(160, 180, 196, 220) (236, 252, 268)코가 있다. 사이드 마커를 뺀다.

몸판 길이가 겨드랑이부터 23cm 또는 원하는 길이 -5cm 될 때까지 메리야스뜨기(겉뜨기)를 하면서 스트라이프 뜨기를 계속한다.

배색실을 자르고 바탕실로만 뜬다. 4.5mm(US 7) 바늘로 바꾸고, *겉뜨기1, 안뜨기1*의 고무뜨기로 5cm를 뜬다. 모든 코를 느슨하게 또는 신축성 있는 코막음을 한다.

소매

소매를 뜨기 위해 겨드랑이에서 코를 줍고 몸판을 뜰 때처럼 실을 잡고 스트라이프를 뜬다.

5mm(US 8) 바늘과 바탕실과 배색실로 겨드랑이 중심부터 시작해 어깨까지 26(28, 30, 33, 37) (40, 43, 45)코를 주워 겉뜨기한 뒤 어깨에서 겨드랑이 중심까지 26(28, 30, 33, 37) (40, 43, 45)코를 주워 겉뜨기한다. 원형단으로 연결하고, 시작을 표시하는 마커를 끼운다. 3단에 2코 비율로 코

줍기를 한다. 52(56, 60, 66, 74) (80, 86, 90)코.

줄이기

줄이기 외의 원형단 : 12(10, 9, 8, 6) (6, 5, 5)단을 겉뜨기.

줄이기 원형단 : 겉뜨기1, 왼코 겹쳐 2코 모아뜨기, 3코 남을 때까지 겉뜨기, 오른코 겹쳐 2코 모아뜨기, 겉뜨기1. (-2코).

줄이기 외의 원형단과 줄이기 원형단을 총 6(7, 8, 9, 11) (12, 14, 14)회 반복하면서 스트라이프 뜨기를 한다. 바늘에 40(42, 44, 48, 52) (56, 58, 62)코가 있다.

소매 길이가 37(38, 39, 40) (41, 42, 43)cm 또는 원하는 길이 -5cm가 될 때까지 메리야스뜨기를 한다.

배색실을 자르고 바탕실로만 뜬다.

4.5mm(US 7) 바늘로 바꾸고 *겉뜨기1, 안뜨기1*의 고무뜨기로 5cm를 뜬다.

모든 코를 느슨하게 또는 신축성 있는 코막음으로 한다. 소맷부리가 느슨하면 실을 세게 당기면서 코막음한다.

같은 방법으로 다른 쪽 소매도 만든다.

스트라이프는 1번째 스트라이프에 맞춰도 되고 순서를 다르게 떠도 상관없다.

마무리하기

실 끝을 안면에서 보이지 않게 정리한 다음 치수에 맞춰 스팀 또는 습식 블로킹을 한다.

에린 옌슨

42 포세이돈 능선 숄 Poseidon Ridge

클래식한 삼각형의 이 숄은 의외로 뜨는 법이 간단합니다. 단. 꼬아뜨기를 해야 하는데 브리오슈뜨기처럼 보이지만 그보다 훨씬 쉬우니 마음을 놓으세요.

사이즈

단일 사이즈

완성 치수

길이 … 167cm
높이 … 83cm

재료

실 … 네이버후드 화이버 Co. DK Studio Dk by Neighborhood Fiber Co.(유기농 메리노 100%. 251m/113g) Woodberry 3스케인
실 … 네이버후드 화이버 Co. 로프트 Loft by Neighborhood Fiber Co.(모헤어 70%. 실크 30%. 420m/50g) Woodberry 2스케인

※두 실을 함께 잡고 뜹니다.
대체실 … DK 얀 약 755m, 레이스 얀 약 686m
바늘 … 6mm(US 10) 줄바늘(80cm), 7mm(US 10.5) 줄바늘(80cm)
도구 … 스티치 마커

게이지

반꼬아고무뜨기(6mm 바늘) 14.5코×24단

견본용 반꼬아고무뜨기

1단(겉면) : *돌려뜨기, 안뜨기1*, 끝까지 *-*을 반복한다.

2단(안면) : *겉뜨기1, 돌려 안뜨기*, 끝까지 *-*을 반복한다.

POINT

이 패턴에 사용한 테크닉과 손뜨개 약어는 15~23페이지를 참고하세요.
뜨는 과정에 마커가 나오면 걸러뜹니다.
뜨개질하는 동안 겉면과 안면을 헷갈리기 쉬우므로 숄의 겉면에 뺄 수 있는 마커를 끼워 놓습니다. 코막음용 바늘은 게이지 바늘보다 1~2호 큰 사이즈가 좋습니다.
모든 뜨개바탕. 특히 고무뜨기한 뜨개바탕은 블로킹했을 때 부풀어 오릅니다. 코막음으로 인해 숄이 완성 치수로 늘어나지 못하는 경우가 없도록 장력을 잘 조절합니다.
선택사항인 아이코드 가장자리는 모든 겉면단에서 처음 2코와 마지막 2코는 느슨하게 뜹니다. 안면에서는 처음 2코를 걸러뜬 후 3번째 코를 뜰 때 실을 너무 세게 당기지 않습니다.

한눈에 보는 구성

작품 42번은 긴 가장자리의 중심에서 시작하고 톱다운으로 뜨면서 양쪽 가장자리와 중심코의 양쪽에서 코늘리기를 합니다. 한 판으로 평면뜨기를 하고 꼭대기에서는 선택적으로 아이코드 가장자리를 뜰 수 있습니다.

코잡기를 한 뒤 초보자가 하기 쉬운 가터 탭 코잡기와 고급 기법인 아이코드 탭 코잡기(→P.222) 중에서 선택합니다. 코잡기한 코에서 시작해 그 양쪽에서 반꼬아고무뜨기 Half Twisted Rib와 아일릿 패턴뜨기를 하는 동시에 모든 겉면단에서 코늘리기를 합니다.

뜨는 법

롱테일 코잡기 또는 선호하는 코잡기로 2코를 만든다. 이어서 가터 탭 시작하기와 아이코드 탭 시작하기 중에 선택해 계속 뜬다.

가터 탭으로 할 경우 단의 끝에서 방향을 바꾼다. 아이코드 탭으로 할 경우 단의 끝에서 방향을 바꾸지 않는다.

가터 탭 시작하기

1~6단 : 겉뜨기.

6단을 뜬 후 방향을 바꾸지 않고, 시계 방향으로 90도를 돌린다.

가터뜨기 산에서 1코씩 3코를 줍는다. (+3코) (총 5코).

다시 시계 방향으로 90도를 돌린다. 2코 코잡기 단에서 2코를 줍는다. (+2코) (총 7코).

뜨개바탕을 돌린다.

이어서 숄 본체 시작하기를 한다.

아이코드 탭 시작하기

1단(겉면) : 왼바늘로 2코 걸러뜨기.

2단(겉면) : 겉뜨기.

1·2단을 3회 더 반복한다. 방향을 바꾸지 않는다.

시계 방향으로 90도를 돌린다.

새로 만든 아이코드에서 3코를 줍는다. (+3코) (총 5코).

다시 시계 방향으로 90도를 돌린다. 2코 코잡기 단에서 2코를 줍는다. (+2코) (총 7코).

※아이코드 탭 시작을 선택할 때, 모든 안면단에서 처음과 마지막의 '겉뜨기2'는 생략합니다.

대신 실을 앞에 놓고, 걸러뜨기를 합니다.

뜨개바탕을 돌리고 이어서 숄 본체 시작하기를 한다.

숄 본체 시작하기

1단(안면) : 겉뜨기2, 마커 끼우기, 돌려 안뜨기, 마커 끼우기, 안뜨기1, 마커 끼우기, 안뜨기로 꼬아뜨기, 마커 끼우기, 겉뜨기2.

2단(겉면) : 겉뜨기2, 마커 걸러뜨기, 왼코 만들기, 돌려뜨기, 오른코 만들기, 마커 걸러뜨기, 겉뜨기1, 마커 걸러뜨기, 왼코 만들기, 돌려뜨기, 오른코 만들기, 마커 걸러뜨기, 겉뜨기2. (+4코) (11코).

3단(안면) : 겉뜨기2, 마커 걸러뜨기, 겉뜨기1, 돌려 안뜨기, 겉뜨기1, 마커 걸러뜨기, 안뜨기1, 마커 걸러뜨기, 겉뜨기1, 돌려 안뜨기, 겉뜨기1, 마커 걸러뜨기, 겉뜨기2.

숄 본체

1단(겉면) : 겉뜨기2, 마커 걸러뜨기, 왼코 만들기, *안뜨기1, 돌려뜨기*, 마커 1코 전까지 *-* 반복, 안뜨기1, 오른코 만들기, 마커 걸러뜨기, 겉뜨기1, 마커 걸러뜨기, 왼코 만들기, 안뜨기1, *돌려뜨기, 안뜨기1*, 마커까지 *-* 반복, 오른코 만들기, 마커 걸러뜨기, 겉뜨기2. (+4코).

2단(안면) : 겉뜨기2, 마커 걸러뜨기, *돌려 안뜨기, 겉뜨기1*, 마커 1코 전까지 *-* 반복, 돌려 안뜨기, 마커 걸러뜨기, 안뜨기1, 마커 걸러뜨기, 돌려 안뜨기, *겉뜨기1, 돌려 안뜨기*, 마커까지 *-* 반복, 마커 걸러뜨기, 겉뜨기2.

3단(겉면) : 겉뜨기2, 마커 걸러뜨기, 왼코 만들기, *돌려뜨기, 안뜨기1*, 마커 1코 전까지 *-* 반복, 돌려뜨기, 오른코 만들기, 마커 걸러뜨기, 겉뜨기1, 마커 걸러뜨기, 왼코 만들기, 돌려뜨기, *안뜨기1, 돌려뜨기*, 마커까지 *-* 반복, 오른코 만들기, 마커 걸러뜨기, 겉뜨기2. (+4코).

4단(안면) : 겉뜨기2, 마커 걸러뜨기, *겉뜨기1, 돌려 안뜨기*, 마커 1코 전까지 *-* 반복, 겉뜨기1, 마커 걸러뜨기, 안뜨기1, 마커 걸러뜨기, 겉뜨기1, *돌려 안뜨기, 겉뜨기1*, 마커까지 *-* 반복, 마커 걸러뜨기, 겉뜨기2.

5~20단 : 1~4단을 4회 더 반복한다. (총 +32코) (51코).

콧수는 다음과 같아야 한다. 2코-23코-1코-23코-2코.

21·22단 : 1·2단을 1회 더 반복한다. (+4코) (55코).

콧수는 다음과 같아야 한다. 2코-25코-1코-25코-2코.

아일릿 고무뜨기

이 섹션에 사용하는 약어는 다음과 같다.

sl1tbl : 꼬아 걸러뜨기. 뒷고리로 걸러뜬다. 오른바늘을 코의 뒷고리에 왼쪽에서 오른쪽으로 넣어서 걸러뜬다. 코가 꼬인다.

sl1kw : 겉뜨기 방향으로 걸러뜨기. 실을 뒤에 놓고(겉면을 뜰 때) 또는 실을 앞에 놓고(안면을 뜰 때), 왼바늘에서 오른바늘로 겉뜨기 방향으로 걸러뜨기.

sl1pw : 안뜨기 방향으로 걸러뜨기. 실을 뒤에 놓고(겉면을 뜰 때) 또는 실을 앞에 놓고(안면을 뜰 때), 왼바늘에서 오른바늘로 안뜨기 방향으로 걸러뜨기.

다음과 같이 아일릿 고무뜨기 섹션을 시작한다.

23단(겉면) : 겉뜨기2, 마커 걸러뜨기, 왼코 만들기, 돌려뜨기, *바늘비우기, 겉뜨기 방향으로 걸러뜨기, 꼬아 걸러뜨기, 왼바늘로 2코 걸러뜨기, 왼코 겹쳐 2코 모아뜨기*, 마커까지 *-* 반복, 바늘비우기, 마커 걸러뜨기, 마커까지 겉뜨기, 마커 걸러뜨기, 바늘비우기, *안뜨기 방향으로 걸러뜨기, 겉뜨기 방향으로 걸러뜨기, 왼바늘로 2코 걸러뜨기, 왼코 겹쳐 2코 모아 꼬아뜨기, 바늘비우기*, 마커 1코 전까지 *-* 반복, 돌려뜨기, 오른코 만들기, 마커 걸러뜨기, 겉뜨기2. (+4코) (59코).

24단(안면) : 겉뜨기2, 마커 걸러뜨기, *겉뜨기1, 돌려 안뜨기*, 마커 1코 전까지 *-* 반복, 겉뜨기1, 마커 걸러뜨기, 안뜨기1, 마커 걸러뜨기, 겉뜨기1, *돌려 안뜨기, 겉뜨기1*, 마커까지 *-* 반복, 마커 걸러뜨기, 겉뜨기2.

25~32단 : 숄 본체의 1~4단을 2회 반복한다. (+16코) (75코).

콧수는 다음과 같아야 한다. 2코-35코-1코-35코-2코.

33·34단 : 숄 본체의 1·2단을 1회 반복한다. (+4코) (79코).

콧수는 다음과 같아야 한다. 2코-37코-1코-37코-2코.

35·36단 : 아일릿 고무뜨기의 1·2단을 1회 반복한다. (+4코) (83코).

콧수는 다음과 같아야 한다. 2코-39코-1코-39코-2코.

37~52단 : 숄 본체의 1~4단을 4회 반복한다.

(+32코) (115코).

콧수는 다음과 같아야 한다. 2코-55코-1코-55코-2코.

53·54단 : 숄 본체의 1·2단을 1회 반복한다. (+4코) (119코).

콧수는 다음과 같아야 한다. 2코-57코-1코-57코-2코.

55·56단 : 아일릿 고무뜨기의 1·2단을 1회 반복한다. (+4코) (123코).

콧수는 다음과 같아야 한다. 2코-59코-1코-59코-2코.

57~64단 : 숄 본체의 1~4단을 2회 반복한다. (+16코) (139코).

콧수는 다음과 같아야 한다. 2코-67코-1코-67코-2코.

65·66단 : 숄 본체의 1·2단을 1회 반복한다. (+4코) (143코).

콧수는 다음과 같아야 한다. 2코-69코-1코-69코-2코.

67·68단 : 아일릿 고무뜨기의 1·2단을 1회 반복한다. (+4코) (147코).

콧수는 다음과 같아야 한다. 2코-71코-1코-71코-2코.

69~84단 : 숄 본체의 1~4단을 4회 반복한다. (+32코) (179코).

콧수는 다음과 같아야 한다. 2코-87코-1코-87코-2코.

85·86단 : 숄 본체의 1·2단을 1회 반복한다. (+4코) (183코).

콧수는 다음과 같아야 한다. 2코-89코-1코-89코-2코.

87·88단 : 아일릿 고무뜨기의 1·2단을 1회 반복한다. (+4코) (187코).

콧수는 다음과 같아야 한다. 2코-91코-1코-91코-2코.

89~96단 : 숄 본체의 1~4단을 2회 반복한다. (+16코) (203코).

콧수는 다음과 같아야 한다. 2코-99코-1코-99코-2코.

97·98단 : 숄 본체의 1·2단을 1회 반복한다. (+4코) (207코).

콧수는 다음과 같아야 한다. 2코-101코-1코-101코-2코.

99·100단 : 아일릿 고무뜨기의 1·2단을 반복한다. (+4코) (211코).

콧수는 다음과 같아야 한다. 2코-103코-1코-103코-2코.

101~116단 : 숄 본체의 1~4단을 4회 반복한다.

(+32코) (243코).

콧수는 다음과 같아야 한다. 2코-119코-1코-119코-2코.

117·118단 : 숄 본체의 1·2단을 1회 반복한다. (+4코) (247코).

콧수는 다음과 같아야 한다. 2코-121코-1코-121코-2코.

119·120단 : 아일릿 고무뜨기의 1·2단을 1회 반복한다. (+4코) (251코).

콧수는 다음과 같아야 한다. 2코-123코-1코-123코-2코.

121~128단 : 숄 본체의 1~4단을 2회 반복한다. (+16코) (267코).

콧수는 다음과 같아야 한다. 2코-131코-1코-131코-2코.

129·130단 : 숄 본체의 1·2단을 1회 반복한다. (+4코) (271코).

콧수는 다음과 같아야 한다. 2코-133코-1코-133코-2코.

131·132단 : 아일릿 고무뜨기의 1·2단을 1회 반복한다. (+4코) (275코).

콧수는 다음과 같아야 한다. 2코-135코-1코-135코-2코.

133~148단 : 숄 본체의 1~4단을 4회 반복한다. (+32코) (307코).

콧수는 다음과 같아야 한다. 2코-151코-1코-151코-2코.

코막음하기

149단(겉면) : 모든 코를 패턴대로 느슨하게 코막음한다.

마무리하기

실 끝을 보이지 않게 정리한 다음 치수에 맞춰 과감하게 블로킹을 한다.

미리엄 발츠호이슬

43-45 조이스 세트_{Joyce}

모자와 머플러, 핸드워머로 구성한 이 세트를 굵은 바늘과 DK 얀으로 술술 떠볼까요. 뜨기 패턴을 완성해놓으면 저절로 입가에 미소가 지어집니다.

사이즈

모자 & 핸드워머 ··· 1(2. 3)
권장 여유분 ··· -7.5cm(모자), -1.5~2.5cm(핸드워머)
머플러 ··· 단일 사이즈

완성 치수

모자
둘레 ··· 48(52. 56.5)cm
높이 ··· 20(20. 21)cm

핸드워머
길이 ··· 21(21.5. 22.5)cm
손바닥 둘레 ··· 14(16.5. 19)cm

머플러
길이 ··· 216cm
너비 ··· 30.5cm

재료

모자
실 ① ··· 니팅 포 올리브 헤비 메리노Heavy Merino by Knitting for Olive(울 100%, 125m/50g) Rust 2볼
실 ② ··· 니팅 포 올리브 소프트 실크 모헤어Soft Silk Mohair by Knitting for Olive(모헤어 70%, 실크 30%, 225m/25g) Rust 2볼
실 ③ ··· 이토 얀 시오Shio by Ito Yarn(울 100%, 480m/40g) Hydrangea 1볼
※실 ① 1가닥과 실 ② 2가닥을 함께 잡고 뜹니다. 실 ③은 4가닥을 함께 잡고 자수에 사용합니다.

대체실 ··· 실 ① 우스티드 얀 약 140(150. 160)m, 실 ② 레이스 얀 약 280(300. 320)m, 실 ③ 레이스 얀 약 20m(밝은색이 좋다)

핸드워머
실 ① ··· 니팅 포 올리브 헤비 메리노Heavy Merino by Knitting for Olive(울 100%, 125m/50g) Rust 1볼
실 ② ··· 니팅 포 올리브 소프트 실크 모헤어Soft Silk Mohair by Knitting for Olive(모헤어 70%, 실크 30%, 225m/25g) Rust 1볼
실 ③ ··· 이토 얀 시오Shio by Ito Yarn(울 100%, 480m/40g) Hydrangea 1볼
※실 ① 1가닥과 실 ② 2가닥을 함께 잡고 뜹니다. 실 ③은 4가닥을 함께 잡고 자수에 사용합니다.
대체실 ··· 실 ① 우스티드 얀 약 87(97. 102)m, 실 ② 레이스 얀약 174(194. 205)m, 실 ③ 레이스 얀약 20m(밝은색이 좋다)

머플러

실 ① … 니팅 포 올리브 헤비 메리노Heavy Merino by Knitting for Olive(울 100%, 125m/50g) Rust 5볼

실 ② … 니팅 포 올리브 소프트 실크 모헤어Soft Silk Mohair by Knitting for Olive(모헤어 70%, 실크 30%, 225m/25g) Rust 6볼

실 ③ … 이토 얀 시오Shio by Ito Yarn(울 100%, 480m/40g) Hydrangea 1볼

※실 ① 1가닥과 실 ② 2가닥을 함께 잡고 뜹니다. 실 ③은 4가닥을 함께 잡고 자수에 사용합니다.

대체실 … 실 ① 우스티드 얀 약 600m, 실 ② 레이스 얀 약 1200m, 실 ③ 레이스 얀 약 201m(밝은색이 좋다)

풀세트

실 ① … 니팅 포 올리브 헤비 메리노Heavy Merino by Knitting for Olive(울 100%, 125m/50g) Rust 7볼

실 ② … 니팅 포 올리브 소프트 실크 모헤어Soft Silk Mohair by Knitting for Olive(모헤어 70%, 실크 30%, 225m/25g) Rust 8볼

실 ③ … 이토 얀 시오Shio by Ito Yarn(울 100%, 480m/40g) Hydrangea 1볼

※실 ① 1가닥과 실 ② 2가닥을 함께 잡고 뜹니다. 실 ③은 4가닥을 함께 잡고 자수에 사용합니다.

대체실 … 실 ① 우스티드 얀 약 827(847, 862)m, 실 ② 레이스 얀 약 1654(1694, 1725)m, 실 ③ 레이스 얀 약 241m(밝은색이 좋다)

바늘 … 5mm(US 8) 줄바늘(60cm) 또는 대바늘
도구 … 스티치 마커, 돗바늘, 폼폼용 판지

게이지

메리야스뜨기 17코×25단

조이스 패턴

원형뜨기

원형 1~5단 : 겉뜨기.
원형 6단 : *안뜨기1, 겉뜨기1*, 끝까지 *-*을 반복한다.

평면뜨기

1·3·5단(겉면) : 겉뜨기.
2·4단(안면) : 겉뜨기1, 1코 남을 때까지 안뜨기, 겉뜨기1.
6단 : 겉뜨기1, *겉뜨기1, 안뜨기1*, 1코 남을 때까지 *-* 반복, 겉뜨기1.

POINT

이 패턴에 사용한 테크닉과 손뜨개 약어는 15~23페이지를 참고하세요.
뜨는 과정에 마커가 나오면 걸러뜹니다.
둘레가 작은 뜨개바탕을 뜰 때 선호하는 방법에 따라 줄바늘 또는 장갑바늘을 사용합니다.

한눈에 보는 구성

머플러는 주요 패턴대로 평면뜨기를 하고, 모자와 핸드워머는 바텀업으로 원형뜨기를 합니다. 머플러와 핸드워머는 1×1 고무뜨기로 시작한 뒤 주요 패턴인 조이스 패턴 뜨기로 바꿉니다. 이 세트는 눈에 잘 띄는 색을 살짝 섞어 마무리한 덕분에 전체적으로 재미있고 유쾌한 모양입니다. 그러면서도 응용이 자유로워 얼마든지 솜씨를 발휘할 수 있습니다.
다양한 색을 시도해보고, 나만의 세트를 만들어보세요. 그리고 다른 작품을 뜨고 남은 자투리 실과 소중하게 모아놓은 실들을 사용하기에도 좋습니다.

모자 뜨는 법

실 ① 1가닥과 실 ② 2가닥을 함께 잡고, 롱테일 코잡기 또는 선호하는 코잡기로 82(88, 96)코를 만든다.

시작단 : 원형단 시작을 표시하는 마커 끼우기. *겉뜨기1, 안뜨기1*, 끝까지 *-*을 반복한다.
코가 꼬이지 않도록 주의하면서 원형단으로 연결한다.

본체

원형 1단 : *겉뜨기1, 안뜨기1*, 끝까지 *-*을 반복한다.
1×1 고무뜨기로 총 18단을 뜬다.
겉뜨기로 1단을 뜬다.
1×1 고무뜨기로 18단을 더 뜬다.
다음과 같이 조이스 패턴 뜨기를 시작한다.
원형 1~5단 : 겉뜨기.
원형 6단 : *안뜨기1, 겉뜨기1*, 끝까지 *-*을 반복한다.
이전 6단을 1회 더 반복한다.

크라운

크라운 코줄이기를 한다. 사이즈에 따라 일부 단에서 코줄이기를 하는 것과 동시에 조이스 패턴 뜨기도 계속한다.
겉뜨기로 1단을 뜬다.

1사이즈
줄이기 원형 1단 : 겉뜨기2, *왼코 겹쳐 2코 모아뜨기, 겉뜨기4*, *-* 6회 반복, 왼코 겹쳐 2코 모아뜨기, 겉뜨기3, *왼코 겹쳐 2코 모아뜨기, 겉뜨기4*, *-* 6회 반복, 왼코 겹쳐 2코 모아뜨기, 겉뜨기1. (-14코) (68코).

2사이즈
줄이기 원형 1단 : 겉뜨기2, *왼코 겹쳐 2코 모아뜨기, 겉뜨기4*, *-* 4회 반복, *왼코 겹쳐 2코 모아뜨기, 겉뜨기3*, *-* 7회 반복, *왼코 겹쳐 2코 모아뜨기, 겉뜨기4*, *-* 4회 반복, 왼코 겹쳐 2코 모아뜨기, 겉뜨기1. (-16코) (72코).

3사이즈
줄이기 원형 1단 : 겉뜨기3, *왼코 겹쳐 2코 모아뜨기, 겉뜨기6*, *-* 11회 반복, 왼코 겹쳐 2코 모아뜨기, 겉뜨기3. (-12코) (84코).

모든 사이즈

겉뜨기로 3단을 뜬다.

다음 원형단 : *안뜨기1, 겉뜨기1*, 끝까지 *-*을 반복한다.

겉뜨기로 1단을 뜬다.

1사이즈

줄이기 원형 2단 : 겉뜨기2, 왼코 겹쳐 2코 모아뜨기, 겉뜨기2, *왼코 겹쳐 2코 모아뜨기, 겉뜨기3*, *-* 11회 반복, 왼코 겹쳐 2코 모아뜨기, 겉뜨기2, 왼코 겹쳐 2코 모아뜨기, 겉뜨기1. (-14코) (54코).

2사이즈

줄이기 원형 2단 : 겉뜨기2, *왼코 겹쳐 2코 모아뜨기, 겉뜨기2*, *-* 4회 반복, *왼코 겹쳐 2코 모아뜨기, 겉뜨기3*, *-* 7회 반복, *왼코 겹쳐 2코 모아뜨기, 겉뜨기2*, *-* 4회 반복, 왼코 겹쳐 2코 모아뜨기, 겉뜨기1. (-16코) (56코).

3사이즈

줄이기 원형 2단 : 겉뜨기3, *왼코 겹쳐 2코 모아뜨기, 겉뜨기5*, *-* 11회 반복, 왼코 겹쳐 2코 모아뜨기, 겉뜨기2. (-12코) (72코).

모든 사이즈

겉뜨기로 3단을 뜬다.

다음 원형단 : *안뜨기1, 겉뜨기1*, 끝까지 *-*을 반복한다.

겉뜨기로 1단을 뜬다.

1사이즈

줄이기 원형 3단 : 겉뜨기1, *왼코 겹쳐 2코 모아뜨기, 겉뜨기2*, *-* 6회 반복, 왼코 겹쳐 2코 모아뜨기, 겉뜨기1, *왼코 겹쳐 2코 모아뜨기, 겉뜨기2*, *-* 6회 반복, 왼코 겹쳐 2코 모아뜨기. (-14코) (40코).

2사이즈

줄이기 원형 3단 : 겉뜨기1, *왼코 겹쳐 2코 모아뜨기, 겉뜨기2*, *-* 4회 반복, *왼코 겹쳐 2코 모아뜨기, 겉뜨기1*, *-* 7회 반복, *왼코 겹쳐 2코 모아뜨기, 겉뜨기2*, *-* 4회 반복, 왼코 겹쳐 2코 모아뜨기. (-16코) (40코).

3사이즈

줄이기 원형 3단 : 겉뜨기2, *왼코 겹쳐 2코 모아뜨기, 겉뜨기4*, *-* 11회 반복, 왼코 겹쳐 2코

모아뜨기, 겉뜨기2. (-12코) (60코).

모든 사이즈

겉뜨기로 1단을 뜬다.

1사이즈

줄이기 원형 4단 : 겉뜨기1, 왼코 겹쳐 2코 모아뜨기, *왼코 겹쳐 2코 모아뜨기, 겉뜨기1*, *-* 11회 반복, *왼코 겹쳐 2코 모아뜨기*, *-* 2회 반복한다. (-14코) (26코).

2사이즈

줄이기 원형 4단 : 겉뜨기1, *왼코 겹쳐 2코 모아뜨기*, *-* 4회 반복, *왼코 겹쳐 2코 모아뜨기, 겉뜨기1*, *-* 7회 반복, *왼코 겹쳐 2코 모아뜨기*, *-* 4회 반복, 왼코 겹쳐 2코 모아뜨기. (-16코) (24코).

3사이즈

줄이기 원형 4단 : 겉뜨기2, *왼코 겹쳐 2코 모아뜨기, 겉뜨기3*, *-* 11회 반복, 왼코 겹쳐 2코 모아뜨기, 겉뜨기1. (-12코) (48코).

모든 사이즈

겉뜨기로 1단을 뜬다.

다음 원형단 : *안뜨기1, 겉뜨기1*, 끝까지 *-*을 반복한다.

겉뜨기로 1단을 뜬다.

1사이즈

줄이기 원형 5단 : 겉뜨기로 3코 모아뜨기 2회, 끝까지 왼코 겹쳐 2코 모아뜨기를 반복한다. (-14코) (12코).

2사이즈

줄이기 원형 5단 : 겉뜨기로 3코 모아뜨기 2회, 끝까지 왼코 겹쳐 2코 모아뜨기를 반복한다. (-13코) (11코).

3사이즈

줄이기 원형 5단 : 겉뜨기1, *왼코 겹쳐 2코 모아뜨기, 겉뜨기2*, *-* 11회 반복, 왼코 겹쳐 2코 모아뜨기, 겉뜨기1. (-12코) (36코).

줄이기 원형 6단 : 겉뜨기1, *왼코 겹쳐 2코 모아뜨기, 겉뜨기1*, *-* 11회 반복, 왼코 겹쳐 2코 모아뜨기. (-12코) (24코).

줄이기 원형 7단 : 왼코 겹쳐 2코 모아뜨기 12회. (-12코) (12코).

실을 길게 남기고 자른 다음 남은 12(11, 12)코 사이로 잡아 빼서 매듭을 짓는다.

마무리하기

실 끝을 보이지 않게 정리하고, 치수에 맞춰 습식 블로킹을 한다.

폼폼 1개를 만들어 모자 위에 단다.

자수 놓기

실 ③으로 자수를 놓는다. 약 89cm 길이의 실 ③ 4가닥을 돗바늘에 꿴다. 조이스 패턴을 여러 번 반복한 후 러닝스티치로 좁은 바늘땀 3단, 넓은 바늘땀 3단을 번갈아 수놓는다.

좁은 바늘땀 : 조이스 패턴 2단에서 시작해 바늘을 뒤에서 앞으로 뺀다. 모든 코의 다리 위, 아래로 바늘을 통과시키면서 실을 살살 당긴다. 단, 너무 세게 당기지 않는다. 그 단이 끝나면 패턴 3단으로 가서 뒤에서 앞으로 바늘을 뺀 뒤 패턴대로 수놓는다. 단, 이번에는 코의 다리를 이전 단과 어긋나게 통과시킨다. 이어서 4단도 같은 방법으로 수놓는다. 총 3단에 수놓는다.

넓은 바늘땀 : 조이스 패턴 2단에서 시작해 바늘을 뒤에서 앞으로 뺀다. 이번에는 온전한 1코(다리 2개) 위, 아래로 바늘을 통과시키면서 실을 살살 당긴다. 단, 너무 세게 당기지 않는다. 그 단이 끝나면 패턴 3단으로 가서 뒤에서 앞으로 바늘을 뺀 뒤 패턴대로 수놓는다. 단, 이번에는 이전 단의 코와 어긋나게 통과시킨다. 이어서 4단도 같은 방법으로 수놓는다. 총 3단에 수놓는다.

핸드워머 뜨는 법

실 ① 1가닥과 실 ② 2가닥을 함께 잡고, 신축성 있는 코잡기(독일식 트위스티드 코잡기)로 24(28. 32) 코를 만든다.
시작단 : 원형단 시작을 표시하는 마커 끼우기, *겉뜨기1, 안뜨기1*. 끝까지 *-*을 반복한다. 코가 꼬이지 않도록 주의하면서 원형단으로 연결한다.

본체

1×1 고무뜨기로 총 25(27. 29)단 또는 원하는 길이만큼 뜬다.
※엄지 구멍을 만들기 위해 코들을 둘로 나눕니다. 여기부터는 평면뜨기를 합니다.
1단(겉면) : 끝까지 겉뜨기, 뜨개바탕 돌리기.
2단(안면) : 겉뜨기1, 1코 남을 때까지 안뜨기, 겉뜨기1, 뜨개바탕 돌리기.
이어서 조이스 패턴(1~6단)을 총 2회 뜨고 6단으로 끝낸다.
※다시 원형단으로 연결해 나머지 부분은 원형뜨기를 합니다.
원형 1단 : 모두 겉뜨기, 원형단으로 연결한다.
원형 2단 : 겉뜨기.
이어서 조이스 패턴(1~6단)을 1회 뜨고, 다시 1~5단을 뜬다. 또는 원하는 길이가 될 때까지 뜬다. 원형단 시작 마커를 빼고 느슨하게 코막음한다.

마무리하기

실 끝을 보이지 않게 정리한 다음 치수에 맞춰 습식 블로킹을 한다.
모자처럼 실 ③으로 수를 놓는다(→P.229).

머플러 뜨는 법

실 ① 1가닥과 실 ② 2가닥을 함께 잡고 롱테일 코잡기 또는 선호하는 코잡기로 52코를 만든다.
시작단(안면) : 겉뜨기1, 1코 남을 때까지 안뜨기, 겉뜨기1.

본체

※조이스 패턴(→P.228)대로 모든 단의 첫 코와 마지막 코는 겉뜨기 코로 뜹니다. 조이스 패턴 (평면뜨기)의 1단으로 시작하고 뜨는 법을 따라서 계속합니다.
조이스 패턴(1~6단)을 89회 더 반복하고 6단으로 끝낸다. 머플러 길이는 코잡기단부터 216cm 정도 된다. 취향에 따라 더 길게 떠도 된다. 느슨하게 코막음한다.

마무리하기

실 끝을 보이지 않게 정리한다. 폼폼 10개를 만들어서 머플러 양 끝에 5개씩 단다.
모자처럼 실 ③으로 수를 놓는다(→P.229).

46 글로 헤어밴드Glow

경쾌한 느낌의 이 헤어밴드는 실 2가닥으로 원형뜨기를 하는데, 어떤 색을 선택하느냐에 따라 클래식할 수도 있고 강렬할 수도 있답니다.

사이즈

1(2, 3)
권장 여유분 ⋯ -11.5~15cm
머리둘레 ⋯ 51~53.5(53.5~58.5, 58.5~63.5)cm

완성 치수

밴드 둘레 ⋯ 40(43.5~46.5)cm

재료

실 ⋯ 필콜라나 페루비안 하이랜드 울Peruvian Highland Wool by Filcolana(뉴울 100%, 100m/50g) 255 Limelight 1스케인
실 ⋯ 필콜라나 틸리아Tilia by Filcolana(슈퍼키드모헤어 70%, 멀베리 실크 30%, 210m/25g) 101 Offwhite 1스케인
※두 실을 1가닥씩 함께 잡고 뜹니다. 샘플(→P.233)은 다양한 실크 모헤어 자투리 실로 스트라이프를 넣어 떴습니다.
대체실 ⋯ DK 얀 약 50(60, 65)m, 레이스 얀 약 50(60, 65)m

바늘 ⋯ 4mm(US 6) 줄바늘(40cm)
도구 ⋯ 스티치 마커 1개

게이지

꼬아고무뜨기 18코×28단

POINT

이 패턴에 사용한 테크닉과 손뜨개 약어는 15~23페이지를 참고하세요.
뜨는 과정에 마커가 나오면 걸러뜹니다.

한눈에 보는 구성

작품 46번은 실 2가닥으로 이음매 없이 원형뜨기를 합니다.
다색의 스트라이프 밴드를 만들고 싶으면 사용하고 남은 실크 모헤어를 씁니다. 필요량은 210m/25g 정도입니다. 색별로 0.5~3cm 또는 기호에 맞춰 뜨는데, 색의 가짓수는 취향에 따라 선택합니다.

뜨는 법

롱테일 코잡기 또는 선호하는 코잡기로 72(78, 84)코를 만든다. 코가 꼬이지 않도록 주의하면서 원형단으로 연결하고, 시작을 표시하는 마커를 끼운다.
원형 1단 : *돌려뜨기, 안뜨기1*, 끝까지 *-*을 반복한다.
뜨개바탕이 16.5(18, 18)cm 될 때까지 1×1 꼬아고무뜨기를 한다.

마무리하기

안면이 맞닿도록 뜨개바탕을 반으로 접는다. 코잡기단과 바늘이 걸린 코를 서로 연결하는 동시에 다음과 같이 느슨하게 코막음한다.
코잡기단에서 1코를 주워 왼바늘로 옮기고 고무뜨기 패턴에 맞춰 2코를 함께 겉뜨기한다. 동시에 신축성 있는 코막음을 한다. 이렇게 하면 오른바늘에는 항상 최대 2코만 남는다. 이 같은 방식으로 코잡기단에서 모든 코를 주워 함께 코막음한다.
실 끝을 보이지 않게 정리한 다음 치수에 맞춰 블로킹한다.

조지 쿨렌

47 컬러 필드 머플러Colour Field

가장자리가 사선인 재미있는 디자인으로, 가터뜨기만 사용해 모양 만들기에 집중할 수 있습니다. 말링 기법으로 여러 색의 조합을 시도해보세요.

사이즈

단일 사이즈

완성 치수

길이 … 150cm
너비 … 29.5cm

재료

바탕실 … 더 화이버 Co. 시로Cirro by The Fibre Co.(알파카 40%, 면 40%, 메리노 20%, 225m/50g) Graceful 2스케인
배색실 … 더 화이버 Co. 로어 미니스Lore Minis by The Fibre Co.(롬니울 100%, 62m/25g) Gentle, Passionate, Sensitive, Courage, Stable, Caring, Pensive 색별 1볼(총 7볼)
대체실(바탕) … 스포트 얀약 445m

대체실(배색) … DK 얀약 총 294m
바늘 … 6mm(US 10) 대바늘 또는 줄바늘(60~100m)
도구 … 스티치 마커 3개

게이지

가터뜨기(바탕실과 배색실을 함께 잡고) 15코×28단

말링

말링Marling은 실 2가닥을 동시에 잡고 1가닥인 것처럼 뜨는 기법이다. 패턴에서 '바탕색+배색'으로 표시한 곳은 바탕실 1가닥과 배색실 1가닥을 함께 잡고 떠서 말드Marled 뜨개바탕을 만든다. 2색이 섞인 말드 섹션에서 단일색 섹션으로 전환할 때는 배색실을 뜨개바탕 앞에 놓고 다음 단을 뜰 준비를 한다.

POINT

이 패턴에 사용한 테크닉과 손뜨개 약어는 15~23페이지를 참고하세요.
작품 47번은 말드 섹션을 뜰 때 배색실인 로어 미니스 대신 DK 자투리 실로 대체 가능합니다. 말드 섹션 1개당 DK 얀 21m(약 9g) 정도 필요합니다.
제시한 바탕실 대신 레이스 무게의 모헤어 2가닥을 쓴다면 필요량이 늘어납니다. 여러 가닥을 함께 잡을 때는 놓치는 가닥이 없도록 주의하세요. 배색실을 추가할 때, 실은 묶지 않습니다. 실 끝을 길게 남겨두고 뜬 다음 끝낼 때 엮어 넣어 고정합니다.
해당 단에서 절반은 바탕실 1가닥으로 뜨고 나머지 절반은 바탕실과 배색실을 함께 잡고 뜹니다. 1가닥 뜨기에서 2가닥 뜨기로 넘어가는 지점은 중앙 스티치 마커를 끼워서 표시합니다. 배색실은 새 블록을 뜰 때마다 색을 바꾸고, 머플러 전체에서 7색을 2번씩 사용해 총 14개 블록을 번갈아 뜹니다.

사선으로 오르락내리락하는 가장자리는 겉뜨기단의 양쪽(시작과 끝)에서 코늘리기 또는 코줄이기를 해 만들고, 맨 끝코는 걸러떠서 만들며, 이런 코들은 스티치 마커를 끼워서 표시합니다. 뜨는 과정에 마커가 나오면 걸러뜹니다.

한눈에 보는 구성

이 머플러는 끝에서 끝까지 뜨고, 멀드 섹션과 단색 섹션을 번갈아 뜹니다.
블록을 더하거나 빼서 머플러 길이를 조절할 수도 있습니다.

뜨는 법

바탕실로 롱테일 코잡기 또는 선호하는 코잡기를 이용해 44코를 만든다.

시작 섹션

1단(겉면) : (바탕색) 겉뜨기2, 마커 끼우기, 겉뜨기25, 마커 끼우기, (바탕색+배색) 겉뜨기15, 마커 끼우기, 걸러뜨기2(실앞. 안뜨기 방향).
2단(안면) : (바탕색+배색) 겉뜨기2, 마커 걸러뜨기, 마커까지 겉뜨기, 배색실 앞으로, 마커 걸러뜨기, (바탕색) 마커까지 겉뜨기, 마커 걸러뜨기, 걸러뜨기2(실앞. 안뜨기 방향).
3단(겉면) : (바탕색) 겉뜨기2, 마커 걸러뜨기, 오른코 겹쳐 2코 모아뜨기, 마커까지 겉뜨기, 마커 걸러뜨기, (바탕색+배색) 마커 1코 전까지 겉뜨기, 코늘리기, 마커 걸러뜨기, 걸러뜨기2(실앞. 안뜨기 방향).
4단(안면) : 2단을 반복한다.
5단(겉면) : 3단을 반복한다.
6단(안면) : 2단을 반복한다.
7단(겉면) : (바탕색) 겉뜨기2, 마커 걸러뜨기, 마커까지 겉뜨기, 마커 걸러뜨기, (바탕색+배색) 마커까지 겉뜨기, 마커 걸러뜨기, 걸러뜨기2(실앞. 안뜨기 방향).
2~7단을 3회 반복한 뒤 2~6단을 1회 반복한다. 배색실을 자른다.
중앙 스티치 마커 왼쪽으로 2색 코가 27개(걸러뜬 맨 끝코 포함), 오른쪽으로 1색 코가 17개(걸러뜬 맨 끝코 포함) 있다. (44코).

오른쪽 경사 블록

1단(겉면) : (바탕색+새 배색) 겉뜨기2, 마커 걸러뜨기, 마커까지 겉뜨기, 배색실 앞으로, 마커 걸러뜨기, (바탕색) 마커까지 겉뜨기, 마커 걸러뜨기, 걸러뜨기2(실앞. 안뜨기 방향).
2단(안면) : (바탕색) 겉뜨기2, 마커 걸러뜨기, 마커까지 겉뜨기, 마커 걸러뜨기, (바탕색+배색) 마커까지 겉뜨기, 마커 걸러뜨기, 걸러뜨기2(실앞. 안뜨기 방향).
3단(겉면) : (바탕색+배색) 겉뜨기2, 마커 걸러뜨기, 코늘리기, 마커까지 겉뜨기, 배색실 앞으로, 마커 걸러뜨기, (바탕색) 마커 2코 전까지 겉뜨기, 왼코 겹쳐 2코 모아뜨기, 마커 걸러뜨기, 걸러뜨기2(실앞. 안뜨기 방향).
4단(안면) : 2단을 반복한다.
5단(겉면) : 3단을 반복한다.
6단(안면) : 2단을 반복한다.
1~6단을 4회 더 반복하고, 배색실을 자른다. 중앙 스티치 마커 오른쪽으로 2색 코가 27개(걸러뜬 맨 끝코 포함), 왼쪽으로 1색 코가 17개(걸러뜬 맨 끝코 포함) 있다. (44코).

왼쪽 경사 블록

1단(겉면) : (바탕색) 겉뜨기2, 마커 걸러뜨기, 마커까지 겉뜨기, (바탕색+새 배색) 마커까지 겉뜨기, 마커 걸러뜨기, 걸러뜨기2(실앞. 안뜨기 방향).
2단(안면) : (바탕색+배색) 겉뜨기2, 마커 걸러뜨기, 마커까지 겉뜨기, 배색실 앞으로, 마커 걸러뜨기, (바탕색) 마커까지 겉뜨기, 마커 걸러뜨기, 걸러뜨기2(실앞. 안뜨기 방향).
3단(겉면) : (바탕색) 겉뜨기2, 마커 걸러뜨기, 오른코 겹쳐 2코 모아뜨기, 마커까지 겉뜨기, 마커 걸러뜨기, (바탕색+배색) 마커 1코 전까지 겉뜨기, 코늘리기, 마커 걸러뜨기, 걸러뜨기2(실앞. 안뜨기 방향).
4단(안면) : 2단을 반복한다.
5단(겉면) : 3단을 반복한다.
6단(안면) : 2단을 반복한다.
1~6단을 4회 반복하고, 배색실을 자른다. 중앙 마커 왼쪽으로 2색 코가 27개(걸러뜬 가장 끝코 포함), 오른쪽으로 1색 코가 17개(걸러뜬 가장 끝코 포함) 있다. (44코).
오른쪽 경사 블록과 왼쪽 경사 블록 뜨기를 5회

더 반복하고, 배색과 배색 사이에 오른쪽 경사 블록을 1회 더 뜬다.
바탕실로 모든 코를 코막음한다. 단, 실을 너무 세게 당기지 않는다. 뜨는 과정에 스티치 마커가 나오면 뺀다.

마무리하기

실 끝을 보이지 않게 정리한 다음 치수에 맞춰 가볍게 습식 블로킹을 한다.

파울리나 쿤솔라

48 바푸카 장갑Vaapukka

이 장갑은 겉뜨기와 안뜨기만으로 텍스처드 패턴을 만들므로 손뜨개의 매력을 느낄 수 있습니다. 장갑의 길이는 쉽게 조절할 수 있습니다.

사이즈

1(2. 3)
권장 여유분 ··· -1.5~2.5cm
손 둘레 ··· 16.5(18. 19)cm

완성 치수

손 둘레 ··· 15(16.5. 17.5)cm
길이 ··· 15.5cm

재료

실 ··· 디길핀 랄랜드 아란Lalland Aran by DiGilpin
(램스울 100%. 150m/100g) Firebird 1스케인
대체실 ··· 아란 약약 61(75.91)m
바늘 ··· 4mm(US 6) 장갑바늘 또는 줄바늘
(40cm 또는 80cm 매직루프)
도구 ··· 스티치 홀더 또는 별실. 스티치 마커

게이지

텍스처드 패턴 뜨기 16코×30단

POINT

이 패턴에 사용한 테크닉과 손뜨개 약어는 15~23페이지를 참고하세요.
도안은 아래에서 위로, 오른쪽에서 왼쪽으로 읽습니다.
뜨는 과정에 마커가 나오면 걸러뜹니다.
엄지를 뜨기 전에 도안의 반복 구간을 더 반복하면 길이를 변경할 수 있습니다. 코가 잘 보이는 실을 골라야 여러 뜨기 패턴이 잘 드러납니다.

한눈에 보는 구성

작품 48번은 바텀업으로 원형뜨기합니다. 맨 먼저 손목 고무뜨기를 한 뒤 도안을 보고 텍스처드 패턴을 떠서 손끝 고무뜨기로 마무리합니다. 엄지는 맨 마지막에 뜹니다.

뜨는 법

롱테일 코잡기 또는 신축성 있는 코잡기로 24(26. 28)코를 만든다. 코가 꼬이지 않도록 주의하면서 원형단을 연결하고, 시작을 표시하는 마커를 끼운다.

손목 고무뜨기

다음과 같이 1×1 고무뜨기로 손목을 뜨기 시작한다.
고무뜨기 원형단 : *겉뜨기1, 안뜨기1*, 끝까지 *-*을 반복한다.
1×1 고무뜨기로 총 14단을 뜬다.

텍스처드 패턴 뜨기

도안을 보고 텍스처드 패턴을 뜨기 시작한다.
1~4단을 총 4회 반복한다. 사이즈별로 구체적인 방법은 아래와 같다. 도안에도 표시되어 있다.

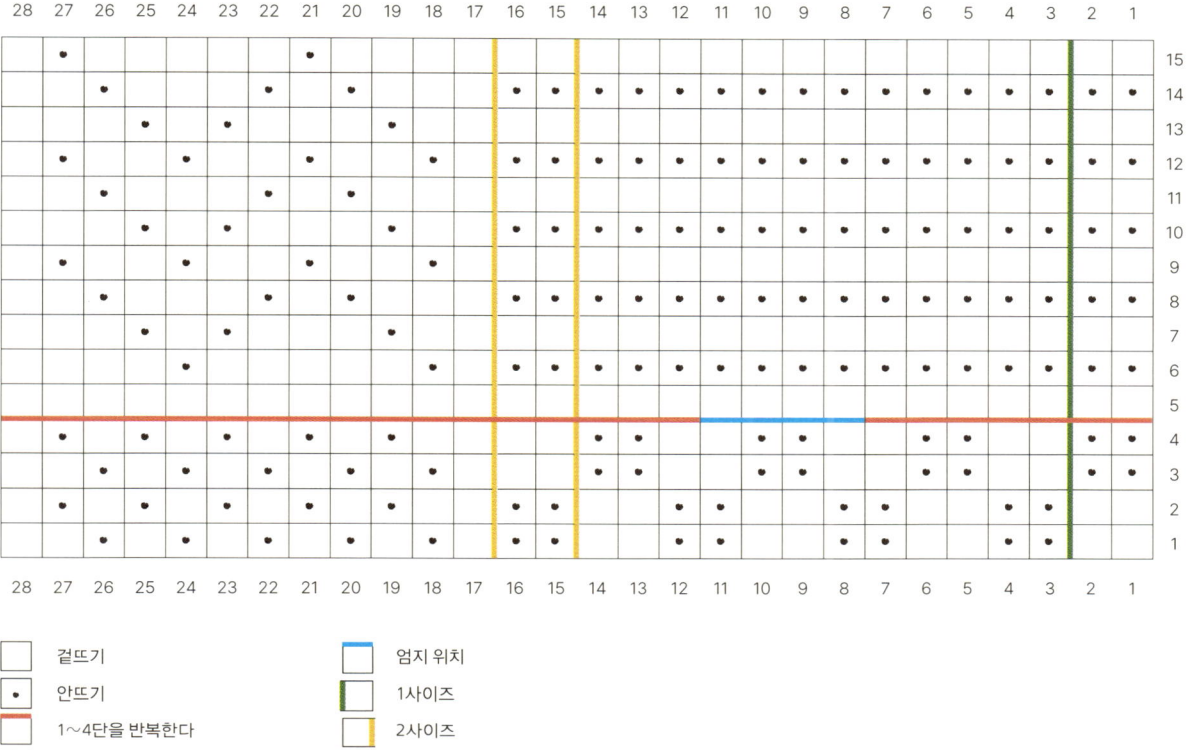

- ☐ 겉뜨기
- • 안뜨기
- ☐ 1~4단을 반복한다
- ☐ 엄지 위치
- ☐ 1사이즈
- ☐ 2사이즈

1사이즈

3~14코, 17~28코를 뜬다.

2사이즈

1~14코, 17~28코를 뜬다.

3사이즈

1~28코를 뜬다.

다음 단(5단)에서 6(8, 8)번 코까지 겉뜨기한다. 그 코와 다음 3코(총 4코)를 스티치 홀더 또는 별실에 건다. 이 코들은 나중에 엄지용으로 뜬다. 백워드 루프 코잡기 또는 니티드 코잡기로 4코를 만들고, 이어서 원형단 시작 마커까지 겉뜨기한다.
도안을 보면서 모든 단을 뜬다.

손끝 고무뜨기

겉뜨기로 1단을 뜨고, 다음과 같이 1×1 고무뜨기를 시작한다.

고무뜨기 원형단 : *겉뜨기1, 안뜨기1*, 끝까지 *-*을 반복한다.

1×1 고무뜨기로 총 5단을 뜬다.
선호하는 코막음으로 모든 코를 코막음한다.

엄지 뜨기

걸어두었던 4코를 바늘로 옮기고, 엄지 구멍 주변에서 8코를 주워 겉뜨기한다. 바늘에는 12코가 있다.
원형단으로 연결하고, 시작을 표시하는 마커를 끼운다.
1×1 고무뜨기로 다음과 같이 엄지를 뜬다.

고무뜨기 원형단 : *겉뜨기1, 안뜨기1*, 끝까지 *-*을 반복한다.

1×1 고무뜨기로 총 5단을 뜬다.
선호하는 코막음으로 모든 코를 코막음한다.

마무리하기

실 끝을 보이지 않게 정리한 다음 살짝 습식 블로킹을 해서 코들을 반반하게 편다. 단, 텍스처를 유지하기 위해 심하게 당기는 것은 피한다.

욘나 히에탈라

49 어니스트 후드Ernest

폭신한 이 후드는 겨울 코트에 잘 어울립니다. 피셔맨 고무뜨기를 해본 적이 없다면 지금이 좋은 기회입니다.

사이즈

단일 사이즈

완성 치수

너비(편평하게 펼쳤을 때) … 22cm
높이 … 34cm

재료

실 … 샌드네스 간 뵈르스테트 알파카Børstet Alpaka by Sandnes Garn(알파카 96%, 나일론 4%, 110m/50g) 8532 3볼
대체실 … 벌키 얀 약 284m
※실 2겹으로 뜹니다.

※뵈르스테트 알파카는 벌키 얀으로 분류하지만, 그보다 가볍습니다. 대체할 추천 브랜드는 리코 디자인 패션 라이트 럭셔리Fashion Light Luxury by Rico Design, 슐라나 럭스에어Luxair by Schulana, 아라우카니아 페인티드 수리Painted Suri by Araucania입니다. 다른 실을 사용한다면 견본을 떠보고, 필요량도 달라질 수 있으니 주의하세요.
바늘 … 4mm(US 6) 줄바늘(40~60cm, 얼굴을 감싸는 테두리 고무뜨기용), 6.5mm(US 10.5) 줄바늘(40~60cm)
도구 … 스티치 마커

게이지

피셔맨 고무뜨기(6.5mm 줄바늘) 12코×12단

POINT

이 패턴에 사용한 테크닉과 손뜨개 약어는 15~23페이지를 참고하세요.
뜨는 과정에 마커가 나오면 걸러뜹니다.

한눈에 보는 구성

작품 49번은 처음에는 바텀업으로 원형뜨기를 합니다. 목 부위의 고무뜨기를 한 후 일부 코를 코막음해 발라클라바의 나머지를 평면뜨기하고 피셔맨 고무뜨기로 바꿉니다.
바늘에 있는 코의 아래 코에서 겉뜨기하는 피셔맨 고무뜨기는 뜨개바탕이 신축성 있고 포근합니다. 크라운은 양말의 뒤꿈치 뜨는 법과 방법이 같습니다.

뜨는 법

목 고무뜨기

실 2가닥과 6.5mm(US 10.5) 바늘로 가장자리가 신축성 있는 독일식 트위스티드 코잡기를 이용해 60코를 만든다. 방법은 온라인에서 배울 수 있다. 원형단으로 연결하고 시작을 표시하는 마커를 끼운다.

원형 1단 : *겉뜨기1. 안뜨기1*. 끝까지 *-*을 반복한다.

1단을 19회 더 반복한다(총 20단).

다음 단 : 원형단 시작 마커를 빼고. 처음 11코를 패턴대로 아주 느슨하게 코막음한다. (49코).

후드

지금부터 발라클라바를 평면뜨기한다.

1단(겉면) : *겉뜨기1 (아랫단) (바늘에 있는 코의 아랫단 코에서 겉뜨기). 안뜨기1*. 끝까지 *-*을 반복한다. ※지금부터 첫 코와 마지막 코는 일반 겉뜨기 코(겉면) 또는 안뜨기 코(안면)입니다.

2단(안면) : 겉뜨기1. 안뜨기1. *겉뜨기1 (아랫단). 안뜨기1*. 1코 남을 때까지 *-* 반복. 겉뜨기1.

3단 : 안뜨기1. *겉뜨기1(아랫단). 안뜨기1*. 끝까지 *-*을 반복한다.

2·3단을 19회 더 반복하고. 겉면단으로 끝낸다.

크라운

1단(안면) : 겉뜨기1. *안뜨기1. 겉뜨기1 (아랫단)*. *-* 14회 더 반복. 왼코 겹쳐 2코 모아 안뜨기. 뜨개바탕 돌리기. (뜨지 않은 16코가 남아 있다.)

2단(겉면) : 걸러뜨기1(실뒤. 안뜨기 방향). *안뜨기1. 겉뜨기1 (아랫단)*. *-* 5회 더 반복. 안뜨기1. 걸러뜨기1(실뒤. 안뜨기 방향). 안뜨기1. 걸러뜬 코로 덮어씌우기. 뜨개바탕 돌리기. (뜨지 않은 16코가 남아 있다.)

3단 : 걸러뜨기1(실앞. 안뜨기 방향). 이어서 구멍 1코 전까지 피셔맨 고무뜨기. 왼코 겹쳐 2코 모아 안뜨기. 뜨개바탕 돌리기.

4단 : 걸러뜨기1(실뒤. 안뜨기 방향). 이어서 구멍 1코 전까지 피셔맨 고무뜨기. 걸러뜨기1(실뒤. 안뜨기 방향). 겉뜨기1. 걸러뜬 코로 덮어씌우기. ※걸러뜬 코의 다음 코는 패턴에 따라 일반 겉뜨기 코 또는 안뜨기 코입니다.

측면 코가 남지 않을 때까지 3·4단을 반복한다. 패턴대로 코막음한다.

전면 고무뜨기

가는 바늘로 바꾸고. 총 68코(이마에서 15코. 왼쪽에서 20코. 턱에서 13코. 오른쪽에서 20코)를 주워 겉뜨기한다. 콧수는 정확하지 않아도 되며. 제시한 콧수에 가까운 짝수이면 된다. 원형단 시작 마커를 끼운다.

원형 1단 : 가는 바늘로 굵은 바늘의 코들을 뜬다. *돌려뜨기. 안뜨기1*. 원형단 시작 마커까지 *-*을 반복한다. 1단을 5회 더 반복한다.

코들을 느슨하게 또는 제니 코막음Jeny's Surprisingly Stretchy Bind-Off 같은 신축성 있는 방법으로 코막음을 한다. 일반 코막음으로 할 때는 굵은 바늘로 바꾸고 패턴대로 아주 느슨하게 한다.

마무리하기

실 끝을 보이지 않게 정리한 다음 치수에 맞춰 스팀 블로킹을 한다. 이 작품에 사용한 실은 스팀을 쐬면 뜨개바탕이 더 폭신해진다.

아투 아이키아

SUPER EASY!

50 시스쿠 모자Syyskuu

시스쿠는 배색이 보이도록 브림을 접어서 쓰는 포근한 모자입니다. 모자 끝에
달린 폼폼이 쾌활한 느낌을 주는데, 기본 뜨기만 알면 초보자도 가능하죠.

사이즈

1(2, 3)
머리둘레 ··· 51~53(53~58.5, 58.5~63.5)cm

완성 치수

브림 둘레 ··· 42.5(47, 51)cm
높이 ··· 27(28.5, 29.5)cm

재료

실 ① ··· BC 간 세밀라 멜란지Semilla Melange by
BC Garn(울 100%, 175m/50g) 12 1스케인
실 ② ··· 바노 울 라물Lammull by Vänö Ull(울 100%,
150m/50g) Black-white 1스케인

대체실(실 ①) ··· 스포트 얀 약 95(105, 115)m
대체실(실 ②) ··· 스포트 얀 약 92(102, 112)m
바늘 ··· 2.5mm(US 1.5) 줄바늘(40cm), 3.5mm(US
4) 줄바늘(40cm), 같은 호수의 장갑바늘(작은 둘레
를 매직루프로 뜨지 않는 경우)
도구 ··· 스티치 마커, 판지(폼폼 메이커가 없는 경우)

게이지

메리야스뜨기(3.5mm 바늘) 23코×34단

POINT

이 패턴에 사용한 테크닉과 손뜨개 약어는
15~23페이지를 참고하세요.
뜨는 과정에 마커가 나오면 걸러뜨립니다.

한눈에 보는 구성

이 모자는 브림에서 크라운을 향해 이음매 없이
원형뜨기합니다. 2×2 고무뜨기로 길게 뜬 브림
을 접어 올려서 착용하고, 배색으로 메리야스뜨
기를 해 모자 몸판를 뜨며, 재미있는 폼폼을 답
니다.

뜨는 법

브림

실 ①과 2.5mm(US 1.5) 바늘로 롱테일 코잡기 또
는 선호하는 코잡기를 이용해 96(108, 116)코를
만든다. 코가 꼬이지 않도록 주의하면서 원형단
으로 연결하고, 시작을 표시하는 마커를 끼운다.
다음과 같은 고무뜨기로 시작한다.

원형 1단 : *겉뜨기2, 안뜨기2*, 끝까지 *-*을 반복한다.
2×2 고무뜨기로 44(49, 54)단을 또는 뜨개바탕 길이가 코잡기단부터 14(15, 16)cm 될 때까지 뜬다. 실 ①을 자른다.

본체

실 ②와 3.5mm(US 4) 바늘로 바꾼다.

1·3사이즈

원형 1단 : 겉뜨기48(-, 58), 왼코 만들기, 마커까지 겉뜨기, 왼코 만들기, 98(108, 118)코.

모든 사이즈

모자 길이가 코잡기부터 29(30, 31)cm 될 때까지 메리야스뜨기를 한다.

크라운

3.5mm(US 4) 장갑바늘로 바꾼다.
다음 원형단 : *겉뜨기11(12, 13), 마커 끼우기*, *-*을 총 8회 반복, 겉뜨기10(12, 14).
줄이기 원형단 : *마커까지 겉뜨기, 왼코 겹쳐 2코 모아뜨기, 마커 걸러뜨기*, 끝까지 *-*을 반복한다.
다음 원형단 : 겉뜨기.

17(18, 19)코가 남을 때까지 마지막 두 단을 반복한다. 실을 15cm 정도 남기고 자른다. 남긴 실 끝을 돗바늘에 꿰어 남은 코들 사이로 잡아 빼고 구멍을 막는다. 중간에 마커가 있으면 뺀다.

마무리하기

코잡기할 때 남긴 실 끝을 브림 겉면에서 누벼 보이지 않게 정리한다. 다른 실 끝들은 안면에서 누벼 보이지 않게 정리한다.
치수에 맞춰 습식 블로킹을 한다.
폼폼을 만들어서 크라운에 매달고, 실 끝은 안면에서 누벼 보이지 않게 정리한다.

51 펑키한 터틀넥 스웨터
Funky Turtle

편안하고 귀여운 이 스웨터는 톱다운으로 이음매 없이 뜹니다. 니터 테티 루트삭이 단순하지만 독특한 니트를 만들고 싶은 마음으로 디자인한 작품입니다.

사이즈

1(2. 3. 4. 5) (6. 7. 8)
권장 여유분 ··· +10~13cm

완성 치수

가슴둘레 ··· 99(107.5. 118. 126.5. 138) (145.5. 156. 164)cm
터틀넥 둘레 ··· 34.5(37. 39. 41.5. 44) (46. 48.5. 51)cm
요크 길이(앞중심. 터틀넥 제외) ··· 23.5(23.5. 24.5. 26.5. 27.5) (28. 30. 31)cm
길이(겨드랑이~밑단) ··· 39cm
밑단 둘레 ··· 90(97.5. 107.5. 115.5. 124.5) (132.5. 142.5. 150)cm
위팔 둘레 ··· 31.5(33.5. 36. 40. 44) (48.5. 52.5. 54.5)cm
소맷부리(당기지 않은 상태) ··· 17.5(18.5. 20. 22.5. 24.5) (27. 29. 30)cm
소매 길이(소맷부리 고무뜨기 제외) ··· 49cm

재료

실 ① ··· LITLG 하이랜드DK Highland DK by LITLG (미가공 하이랜드울 100%. 225m/100g) Oast 2(2. 2. 2. 2) (3. 3. 3)스케인
실 ② ··· LITLG 하이랜드DK Highland DK by LITLG (미가공 하이랜드울 100%. 225m/100g) Camel 2(2. 2. 3. 3) (3. 3. 3)스케인
실 ③ ··· LITLG 하이랜드DK Highland DK by LITLG (미가공 하이랜드울 100%. 225m/100g) Thistle 2(2. 2. 2. 2) (2. 3. 3)스케인
실 ④ ··· LITLG 하이랜드DK Highland DK by LITLG (미가공 하이랜드울 100%. 225m/100g) Nut 1스케인
대체실(실 ①) ··· DK 안 약 326(348. 371. 394. 439) (473. 507. 529)m
대체실(실 ②) ··· DK 안 약 360(394. 416. 461. 495) (529. 573. 596)m
대체실(실 ③) ··· DK 안 약 315(338. 371. 394. 416) (450. 473. 495)m
대체실(실 ④) ··· DK 안 약 45(49. 57. 57. 60) (68. 68. 68)m
※또는 DK 안 총 1046(1129. 1215. 1306. 1410) (1520. 1621. 1688)m가 필요합니다.

바늘 ··· 3.5mm(US 4) 줄바늘(60~80cm. 고무뜨기용). 4mm(US 6) 줄바늘(60~80cm)
도구 ··· 스티치 마커 최소 3개. 스티치 홀더 또는 별실

게이지

메리야스뜨기(4mm 바늘) 19코×22단
변형 반꼬아고무뜨기(3.5mm 바늘) 26코×32단

POINT

이 패턴에 사용한 테크닉과 손뜨개 약어는 15~23페이지를 참고하세요.
뜨는 과정에 마커가 나오면 걸러뜹니다.
도안은 아래에서 위로, 오른쪽에서 왼쪽으로 읽습니다.
라운드 요크의 아랫부분은 랩앤턴 경사뜨기로 모양을 잡아서 요크 뒤판을 좀 더 길게 만들면 스웨터가 몸에 좀 더 잘 맞습니다. 하지만 이 테크닉을 처음 접해 편하지 않으면 생략합니다.

한눈에 보는 구성

작품 51번은 톱다운으로 이음매 없이 뜹니다. 터틀넥과 밑단, 소맷부리는 변형 반꼬아고무뜨기, 그 밖의 부분은 메리야스뜨기를 합니다. 섹션과 섹션 사이의 변이 구간은 간단한 스트랜디드 배색뜨기로 강조합니다. 몸판과 소매를 콧수 변화 없이 쭉 뜨다가 몸판 밑단에서 코늘리기를 하고, 소맷부리에서 코줄이기를 합니다.

뜨는 법

목

터틀넥에서 시작한다. 실 ①과 3.5mm(US 4) 바늘로 선호하는 코잡기를 이용해 90(96, 102, 108, 114) (120, 126, 132)코를 만든다. 가장자리가 둥글고 신축성 있는 튜블러 코잡기를 사용하면 좋다. 방법은 온라인에서 배울 수 있다. 원형단으로 연결하고, 시작을 표시하는 마커를 끼운다. 다음과 같이 변형 반꼬아고무뜨기를 시작한다.

원형 1단 : *돌려뜨기, 안뜨기1*, 끝까지 *~*을 반복한다.

원형 2단 : *겉뜨기1, 안뜨기1*, 끝까지 *~*을 반복한다.

고무뜨기단이 7cm 될 때까지 1·2단을 반복하고, 1단으로 끝낸다.

이중 밴드

실 ①을 자르고 실 ②로 바꾼다.

원형 1단 : *겉뜨기1, 바늘비우기*, 끝까지 *~*을 반복한다. 바늘에 180(192, 204, 216, 228) (240, 252, 264)코가 있다. 콧수가 2배 증가했다.

원형 2단 : *걸러뜨기1(실뒤), 안뜨기1*, 끝까지 *~*을 반복한다.

원형 3단 : *겉뜨기1, 걸러뜨기1(실앞)*, 끝까지 *~*을 반복한다.

원형 4단 : *걸러뜨기1(실뒤), 안뜨기1*, 끝까지 *~*을 반복한다.

원형 5단 : *겉뜨기1, 걸러뜨기1(실앞)*, 끝까지 *~*을 반복한다.

원형 6단 : *걸러뜨기1(실뒤), 안뜨기1*, 끝까지 *~*을 반복한다.

원형 7단 : *왼코 겹쳐 2코 모아 안뜨기*, 끝까지 *~*을 반복한다. 바늘에 90(96, 102, 108, 114) (120, 126, 132)코가 있다. 원래 콧수로 복귀했다.

요크

요크 뜨기를 시작한다. 실 ②를 자르고, 실 ③과 4mm(US 6) 바늘로 바꾼다.

원형 1~4단 : 겉뜨기.

원형 5단 : *겉뜨기3, 왼코 늘리기*, 끝까지 *~*을 반복한다. 바늘에 120(128, 136, 144, 152) (160, 168, 176)코가 있다.

원형 6단 : 겉뜨기.

원형 7단 : *바늘비우기, 겉뜨기2, 겉뜨기2코 덮어씌우기*, 끝까지 *~*을 반복한다.

원형 8~13단 : 겉뜨기.

원형 14단 : *겉뜨기4, 왼코 늘리기*, 끝까지 *~*을 반복한다. 바늘에 150(160, 170, 180, 190) (200, 210, 220)코가 있다.

원형 15~17단 : 겉뜨기.

원형 18단 : *바늘비우기, 겉뜨기2, 겉뜨기 2코 덮어씌우기*, 끝까지 *~*을 반복한다.

원형 19~22단 : 겉뜨기.

원형 23단 : *겉뜨기5, 왼코 늘리기*, 끝까지 *~*을 반복한다. 바늘에 180(192, 204, 216, 228) (240, 252, 264)코가 있다.

원형 24~28단 : 겉뜨기.

원형 29단 : *겉뜨기6, 왼코 늘리기*, 끝까지 *~*을 반복한다. 바늘에 210(224, 238, 252, 266) (280, 294, 308)코가 있다.

원형 30단 : 겉뜨기.

원형 31단 : *바늘비우기, 겉뜨기2, 겉뜨기 2코 덮어씌우기*, 끝까지 *~*을 반복한다.

원형 32~35단 : 겉뜨기.

원형 36단 : *겉뜨기7, 왼코 늘리기*, 끝까지 *~*을 반복한다. 바늘에 240(256, 272, 288, 304) (320, 336, 352)코가 있다.

원형 37~41단 : 겉뜨기.

원형 42단 : *겉뜨기8, 왼코 늘리기*, 끝까지 *~*을 반복한다. 바늘에 270(288, 306, 324, 342) (360, 378, 396)코가 있다.

1사이즈

원형 43단 : 겉뜨기.

2·3·4·5·6·7·8사이즈

원형 43~45단 : 겉뜨기.

모든 사이즈

다음 원형단 : *바늘비우기, 겉뜨기2, 겉뜨기2코 덮어씌우기*, 끝까지 *~*을 반복한다.
메리야스뜨기(겉뜨기)로 총 2(2, 4, 8, 10) (12, 16, 18)단을 뜬다.

마지막 단에서 경사뜨기 준비를 하고 다음과 같이 원형단의 중앙을 표시하는 마커를 끼운다.
겉뜨기135(144, 153, 162, 171) (180, 189, 198), 중앙 마커 끼우기, 겉뜨기135(144, 153, 162, 171) (180, 189, 198)코.

경사뜨기로 뒤판 모양 만들기

요크 뒤판은 경사뜨기로 총 9(9, 11, 11, 11) (13, 13, 13)단을 떠서 만든다. 경사뜨기는 겉면에서 일부 코만 평면뜨기를 하고 방향을 돌린 뒤 안면에서 다음 단의 일부 코만 평면뜨기한다는 뜻이다. 이 패턴에서 랩앤턴 경사뜨기를 사용하는 것이 좋다. 독일식 경사뜨기가 사용할 경우 방법을 조정해야 한다. ※이 부분을 생략하고 싶다면 바로 '요크'를 진행합니다.

경사뜨기 1단(겉면) : 중앙 마커 20코 전까지 겉뜨기, 랩앤턴.

경사뜨기 2단(안면) : 중앙 마커 20코 전까지 안뜨기, 랩앤턴.

경사뜨기 3·5·7단(겉면) : 이전 랩 24코 전까지 겉뜨기, 랩앤턴.

경사뜨기 4·6·8단(안면) : 이전 랩 24코 전까지 안뜨기, 랩앤턴.

3·4·5사이즈 : 경사뜨기 3·4단을 1회 더 반복한다.

6·7·8사이즈 : 경사뜨기 3·4단을 2회 더 반복한다.

다음 원형단 : 원형단 시작 마커까지 겉뜨기.

요크

※248페이지에서 이어집니다.

1(3·5·7)사이즈

다음 원형단 : 겉뜨기67(76, 85, 94), 왼코 늘리기, 겉뜨기136(154, 172, 190), 왼코 늘리기, 겉뜨기67(76, 85, 94), 중앙 마커를 빼고 동시에 랩을 주워 그에 해당하는 코와 겉뜨기로 모아뜨기. 바늘에 272(308, 344, 380)코가 있다.

2(4·6·8)사이즈

다음 원형단 : 모두 겉뜨기, 중앙 마커 빼고 동시에 랩을 주워 그에 해당하는 코와 겉뜨기로 모아뜨기.

모든 사이즈

실 ④를 잡아서 도안과 뜨는 법을 따라 '몸판 & 소매 분리하기'를 한다.

원형 1·2단 : *실 ③으로 겉뜨기2, 실 ④로 겉뜨기1, 실 ③으로 겉뜨기1*, 끝까지 *-*을 반복한다. 실 ③을 자른다.

원형 3단 : *걸러뜨기1(실뒤), 실 ④로 겉뜨기3*, 끝까지 *-*을 반복한다.

실을 자르지 않고 다음 섹션을 진행한다.

몸판 & 소매 분리하기

원형 1단 : 실 ④로 뒤판 겉뜨기43(46, 50, 52, 55) (57, 60, 63). 다음 50(52, 54, 58, 62) (66, 70, 72)코를 따로 걸어두거나 임시로 코막음(오른쪽 소매). 백워드 루프 또는 선호하는 코잡기로 8(10, 12, 16, 20) (24, 28, 30)코 만들기(겨드랑이). 앞판 겉뜨기 86(92, 100, 104, 110) (114, 120, 126). 다음 50(52, 54, 58, 62) (66, 70, 72)코를 따로 걸어두거나 임시로 코막음(왼쪽 소매). 백워드 루프 또는 선호하는 코잡기로 8(10, 12, 16, 20) (24, 28, 30)코 만들기(겨드랑이). 남은 뒤판 겉뜨기43(46, 50, 52, 55) (57, 60, 63)코.

실 ④를 자르고 실 ②를 잡는다. 몸판 188(204, 224, 240, 260) (276, 296, 312)코.

원형 2단 : *실 ②로 겉뜨기2, 걸러뜨기1(실뒤), 실 ②로 겉뜨기1*, 겨드랑이까지 *-* 반복(※단 전체에서 패턴을 반복하지 않습니다). 겉뜨기8(10, 12, 16, 20) (24, 28, 30) (※겨드랑이에는 패턴이 없습니다). 이전의 패턴을 겨드랑이까지 반복하며 앞판 뜨기, 겉뜨기8(10, 12, 16, 20) (24, 28, 30), 끝까지 배색뜨기를 한다.

원하는 길이가 될 때까지 또는 겨드랑이부터 몸판 길이가 30cm 될 때까지 실 ②로 메리야스뜨기(겉뜨기)를 한다. 실 ④를 잡고 도안과 뜨는 법을 따라 '밑단/소맷부리로 전환하기'(→P.251)를 뜬다.

원형 1·2단 : *실 ②로 겉뜨기2, 실 ④로 겉뜨기1, 실 ②로 겉뜨기1*, 끝까지 *-*을 반복한다. 실 ②를 자른다.

원형 3단 : *걸러뜨기1(실뒤), 실 ④로 겉뜨기3*, 끝까지 *-*을 반복한다.

원형 4단 : 실 ④로 끝까지 겉뜨기. 실 ④를 자르고 실 ③을 잡는다.

원형 5단 : *실 ③으로 겉뜨기2, 걸러뜨기1(실뒤), 실 ③으로 겉뜨기1*, 끝까지 *-*을 반복한다.

원형 6~9단 : 끝까지 겉뜨기.

3.5mm(US 4) 바늘로 바꾸고, 다음과 같이 밑단 고무뜨기를 위한 코늘리기를 한다.

1(2·5·6)사이즈

원형 10단 : *겉뜨기1, 안뜨기1, 겉뜨기1, 안뜨기1, 왼코 늘리기, 안뜨기1, 겉뜨기1, 안뜨기1, 겉뜨기1, 왼코 만들기(안)*, 4코 남을 때까지 *-* 반복, 겉뜨기1, 안뜨기1, 겉뜨기1, 안뜨기1.

바늘에 234(254, 324, 344)코가 있다.

3(4·7·8)사이즈

원형 10단 : *겉뜨기1, 안뜨기1, 겉뜨기1, 안뜨기1, 왼코 늘리기, 안뜨기1, 겉뜨기1, 안뜨기1, 겉뜨기1, 왼코 만들기(안)*, 끝까지 *-*을 반복한다.

바늘에 280(300, 370, 390)코가 있다.

밑단 고무뜨기

다음과 같이 변형 반꼬아고무뜨기로 밑단을 마무리한다.

원형 1단 : *돌려뜨기, 안뜨기1*, 끝까지 *-*을 반복한다.

원형 2단 : *겉뜨기1, 안뜨기1*, 끝까지 *-*을 반복한다.

1·2단을 반복해 약 4.5cm를 뜨고 2단으로 끝낸다. 모든 코를 느슨하게 코막음한다. 취향에 따라 가장자리가 둥글고 신축성 있는 터뷸러 코잡기를 사용해도 된다. 방법은 온라인에서 배울 수 있다.

소매

따로 걸어둔 소매용 코를 뜬다.

원형 1단 : 실 ④와 4mm(US 6)실로 겨드랑이 중앙에서 시작해 4(5, 6, 8, 10) (12, 14, 15)코를 주워 겉뜨기(겨드랑이). 추가로 1코를 주워 겉뜨기(구멍막기용). 소매 겉뜨기50(52, 54, 58, 62) (66, 70, 72). 추가로 1코를 주워 겉뜨기, 겉뜨기4(5, 6, 8, 10) (12, 14, 15) (겨드랑이).

원형단으로 연결하고 시작을 표시하는 마커를 끼운다.

실 ④를 자르고 실 ①을 잡는다. 바늘에 60(64, 68, 76, 84) (92, 100, 104)코가 있다.

원형 2단 : 실 ①로 겉뜨기5(6, 7, 9, 11) (13, 15, 16), 이전의 패턴을 반복하면서 '몸판 & 소매 분리하기'(→P.251) 2단의 패턴을 반복하면서 도안을 따라 5(6, 7, 9, 11) (13, 15, 16)코 남을 때까지 뜨기, 겉뜨기5(6, 7, 9, 11) (13, 15, 16).

소매 길이가 겨드랑이부터 40cm 또는 원하는 길이가 될 때까지 실 ①로 메리야스뜨기를 한다.

실 ④를 잡고 도안과 뜨는 법을 따라 '밑단/소맷부리로 전환하기'를 뜬다.

원형 1·2단 : *실 ①로 겉뜨기2, 실 ④로 겉뜨기1, 실 ①로 겉뜨기1*, 끝까지 *-*을 반복한다. 실 ①을 자른다.

원형 3단 : *걸러뜨기1(실뒤), 실 ④로 겉뜨기3*, 끝까지 *-*을 반복한다.

원형 4단 : 실 ④로 끝까지 겉뜨기. 실 ④를 자르고 실 ②를 잡는다.

원형 5단 : *실 ②로 겉뜨기2, 걸러뜨기1(실뒤), 실 ②로 겉뜨기1*, 끝까지 *-*을 반복한다.

원형 6~9단 : 끝까지 겉뜨기.

3.5mm(US 4) 바늘로 바꾸고, 다음과 같이 소맷부리 고무뜨기를 위한 코줄이기를 한다.

1(3·4·5·6·7)사이즈

원형 10단 : *왼코 겹쳐 2코 모아뜨기, 겉뜨기2*, 4코 남을 때까지 *-* 반복, 겉뜨기4.

바늘에 46(52, 58, 64, 70, 76)코가 있다.

2(8)사이즈

원형 10단 : *왼코 겹쳐 2코 모아뜨기, 겉뜨기2*, 끝까지 *-*을 반복한다. 48(78)코.

소맷부리

다음과 같이 변형 반꼬아고무뜨기로 소맷부리를 뜬다.

원형 1단 : *겉뜨기1, 안뜨기1*, 끝까지 *-*을 반복한다.

원형 2단 : *돌려뜨기, 안뜨기1*, 끝까지 *-*을 반복한다.

1·2단을 반복해 약 4.5cm를 뜨고 1단으로 끝낸다. 모든 코를 느슨하게 코막음한다.

이 과정을 반복해 2번째 소매를 만든다.

마무리하기

실 끝을 보이지 않게 정리한 다음 치수에 맞춰 습식 블로킹을 한다.

몸판 & 소매 분리하기 도안

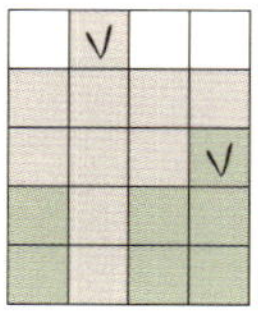

	√		

원형 2단 몸판
원형 1단 몸판/소매
원형 3단 요크
원형 2단 요크
원형 1단 요크

	실 ②/실 ①
	실 ③
	실 ④
√	걸러뜨기1(실뒤)

밑단/소맷부리로 전환하기 도안

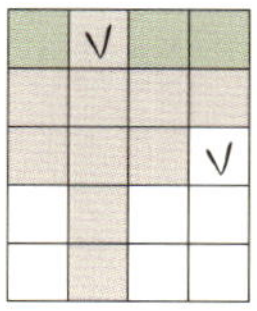

	√		

원형 5단
원형 4단
원형 3단
원형 2단
원형 1단

	실 ②/실 ①
	실 ③/실 ②
	실 ④
√	걸러뜨기1(실뒤)

이사벨 크래머

52 유투 카디건Juttu

이 카디건은 여러분이 좋아할 디자인입니다. 톱다운 구조이므로 도전해볼 만하거든요. 게다가 뜨기 패턴은 오직 겉뜨기와 안뜨기, 걸러뜨기뿐입니다.

사이즈

1(2. 3. 4. 5) (6. 7. 8)
권장 여유분 ⋯ +25.5~30.5cm

완성 치수

가슴둘레(뒤판 너비×2) ⋯ 111(121. 133. 143. 157)
(167. 177. 187)cm
앞판 너비(한쪽) ⋯ 27.5(30.5. 33.5. 35.5. 39.5) (41.5.
44.5. 46.5)cm
요크 길이(팔 둘레 따라 측정) ⋯ 17(18. 20. 22.5. 23.5)
(24.5. 26. 27)cm
위팔 둘레 ⋯ 36(38. 41. 44. 49) (52. 55. 56)cm
몸판 길이(겨드랑이부터. 조절 가능) ⋯ 37.5(37.5. 37.5.
36. 35) (34. 34. 33.5)cm
소매 길이(겨드랑이부터. 조절 가능) ⋯ 42.5(42.5. 42.5.
39.5. 38.5) (38. 38. 36)cm
총 길이(뒤중심에서 측정) ⋯ 54.5(55.5. 57.5. 58.5.
58.5) (58.5. 60. 60.5)cm

재료

실 ⋯ 로사 포마르 브루스카Brusca by Rosa Pomar
(울 100%, 125m/50g) B(→P.256) 또는 6B(→P.259)
8(9. 10. 10. 11) (12. 13. 13)스케인
대체실 ⋯ DK 얀 또는 우스티드 얀 약 977(1063.
1179. 1233. 1365) (1457. 1555. 1608)m
바늘 ⋯ 4mm(US 6) 줄바늘(100cm)과 장갑바늘
(몸판+소매용), 3.75mm(US 5) 줄바늘(100cm)과
장갑바늘(고무뜨기용)
도구 ⋯ 스티치 홀더 또는 별실, 스티치 마커

게이지

메리야스뜨기(4mm 바늘) 20코×28단
텍스처 패턴 뜨기(4mm 바늘) 20코×31단
※게이지 견본은 뒤판 패턴(→P.258)의 뜨는 법을 따릅니다.
※진동 둘레 길이가 단수에 따라 정해지므로 단수 게이지가 중요합니다. 콧수 게이지와 단수 게이지를 꼼꼼하게 확인합니다.

오른쪽 앞판 패턴

콧수 = 2의 배수+1.

1단(겉면) : 마커까지 겉뜨기, 마커 걸러뜨기, *겉뜨기1, 안뜨기1*, 6코 남을 때까지 *-* 반복, 겉뜨기1, 안뜨기3, 걸러뜨기1(실앞), 겉뜨기1.

2단(안면) : 걸러뜨기1(실앞), 겉뜨기4, 안뜨기1, *겉뜨기1, 안뜨기1*, 마커까지 *-* 반복, 마커 걸러뜨기, 2코 남을 때까지 겉뜨기, 안뜨기2.

3단(겉면) : 1단을 반복한다.

4단(안면) : 걸러뜨기1(실앞), 겉뜨기4, 안뜨기1, *겉뜨기1, 안뜨기1*, 마커까지 *-* 반복, 마커 걸러뜨기, 끝까지 안뜨기.

5단(겉면) : 1단을 반복한다.

6단(안면) : 걸러뜨기1(실앞), 겉뜨기4, 안뜨기1, *겉뜨기1, 안뜨기1*, 마커까지 *-* 반복, 마커 걸러뜨기, 겉뜨기1, *걸러뜨기1(실뒤), 겉뜨기1*, 2코 남을 때까지 *-* 반복, 안뜨기2.

7단(겉면) : 겉뜨기2, 마커 1코 전까지 *걸러뜨기1(실앞), 안뜨기1*, 걸러뜨기1(실앞), 마커 걸러뜨기, *겉뜨기1, 안뜨기1*, 6코 남을 때까지 *-* 반복, 겉뜨기1, 안뜨기3, 걸러뜨기1(실앞), 겉뜨기1.

8단(안면) : 6단을 반복한다.
9단(걸면) : 1단을 반복한다.
10단(안면) : 4단을 반복한다.
11단(걸면) : 1단을 반복한다.
12단(안면) : 2단을 반복한다.
13단(걸면) : 1단을 반복한다.
14단(안면) : 걸러뜨기1(실앞), 겉뜨기4, 안뜨기1, *겉뜨기1, 안뜨기1*, 마커까지 *-* 반복, 마커 걸러뜨기, 안뜨기1, *겉뜨기1, 안뜨기1*, 2코 남을 때까지 *-* 반복, 안뜨기2.
15단(걸면) : 1단을 반복한다.
16단(안면) : 걸러뜨기1(실앞), 겉뜨기4, 안뜨기1, *겉뜨기1, 안뜨기1*, 마커까지 *-* 반복, 마커 걸러뜨기, 겉뜨기1, *안뜨기1, 겉뜨기1*, 2코 남을 때까지 *-* 반복, 안뜨기2.
17단(걸면) : 1단을 반복한다.
18단(안면) : 14단을 반복한다.
19단(걸면) : 1단을 반복한다.
20단(안면) : 16단을 반복한다.
21단(걸면) : 1단을 반복한다.
22단(안면) : 14단을 반복한다.
23·34단 : 1~12단을 반복한다.
35단(걸면) : 1단을 반복한다.
36단(안면) : 4단을 반복한다.
37~44단 : 35·36단을 4회 더 반복한다.
1~44단을 반복하며 패턴뜨기를 한다.

왼쪽 앞판 패턴

콧수 = 2의 배수+1.
1단(걸면) : 겉뜨기1, 걸러뜨기(실앞), 안뜨기3, 겉뜨기1, *안뜨기1, 겉뜨기1*, 마커까지 *-* 반복, 마커 걸러뜨기, 끝까지 겉뜨기.
2단(안면) : 안뜨기2, 마커까지 겉뜨기, 마커 걸러뜨기, *안뜨기1, 겉뜨기1*, 6코 남을 때까지 *-* 반복, 안뜨기1, 겉뜨기4, 걸러뜨기(실앞).
3단(걸면) : 1단을 반복한다.
4단(안면) : 마커까지 안뜨기, 마커 걸러뜨기, *안뜨기1, 겉뜨기1*, 6코 남을 때까지 *-* 반복, 안뜨기1, 겉뜨기4, 걸러뜨기1(실앞).
5단(걸면) : 1단을 반복한다.
6단(안면) : 안뜨기2, 겉뜨기1, *걸러뜨기1(실뒤), 겉뜨기1*, 마커까지 *-* 반복, 마커 걸러뜨기, *안뜨기1, 겉뜨기1*, 6코 남을 때까지 *-* 반복, 안뜨기1, 겉뜨기4, 걸러뜨기1(실앞).
7단(걸면) : 겉뜨기1, 걸러뜨기(실앞), 안뜨기3, 겉뜨기1, *안뜨기1, 겉뜨기1*, 마커까지 *-* 반복,

마커 걸러뜨기, *걸러뜨기1(실앞), 안뜨기1*, 3코 남을 때까지 *-* 반복, 걸러뜨기1(실앞), 겉뜨기2.
8단(안면) : 6단을 반복한다.
9단(걸면) : 1단을 반복한다.
10단(안면) : 4단을 반복한다.
11단(걸면) : 1단을 반복한다.
12단(안면) : 2단을 반복한다.
13단(걸면) : 1단을 반복한다.
14단(안면) : 안뜨기3, *겉뜨기1, 안뜨기1*, 마커까지 *-* 반복, 마커 걸러뜨기, *안뜨기1, 겉뜨기1*, 6코 남을 때까지 *-* 반복, 안뜨기1, 겉뜨기4, 걸러뜨기1(실앞).
15단(걸면) : 1단을 반복한다.
16단(안면) : 안뜨기2, 겉뜨기1, *안뜨기1, 겉뜨기1*, 마커까지 *-* 반복, 마커 걸러뜨기, *안뜨기1, 겉뜨기1*, 6코 남을 때까지 *-* 반복, 안뜨기1, 겉뜨기4, 걸러뜨기(실앞).
17단(걸면) : 1단을 반복한다.
18단(안면) : 14단을 반복한다.
19단(걸면) : 1단을 반복한다.
20단(안면) : 16단을 반복한다.
21단(걸면) : 1단을 반복한다.
22단(안면) : 14단을 반복한다.
23·34단 : 1~12단을 반복한다.
35단(걸면) : 1단을 반복한다.
36단(안면) : 4단을 반복한다.
37~44단 : 35·36단을 4회 더 반복한다.
1~44단을 반복하며 패턴 뜨기를 한다.

뒤판 패턴

콧수 = 2의 배수+1.
1단(걸면) : 겉뜨기.
2단(안면) : 안뜨기2, 2코 남을 때까지 겉뜨기, 안뜨기2.
3단(걸면) : 겉뜨기.
4단(안면) : 안뜨기.
5단(걸면) : 겉뜨기.
6단(안면) : 안뜨기2, 겉뜨기1, *걸러뜨기1(실뒤), 겉뜨기1*, 2코 남을 때까지 *-* 반복, 안뜨기2.
7단(걸면) : 겉뜨기2, *걸러뜨기1(실앞), 안뜨기1*, 3코 남을 때까지 *-* 반복, 걸러뜨기1(실앞), 겉뜨기2.
8단(안면) : 6단을 반복한다.
9단(걸면) : 겉뜨기.
10단(안면) : 안뜨기.
11단(걸면) : 겉뜨기.

12단(안면) : 2단을 반복한다.
13단(걸면) : 겉뜨기.
14단(안면) : 안뜨기3, *겉뜨기1, 안뜨기1*, 2코 남을 때까지 *-* 반복, 안뜨기2.
15단(걸면) : 겉뜨기.
16단(안면) : 안뜨기2, 겉뜨기1, *안뜨기1, 겉뜨기1*, 2코 남을 때까지 *-* 반복, 안뜨기2.
17단(걸면) : 겉뜨기.
18단(안면) : 14단을 반복한다.
19단(걸면) : 겉뜨기.
20단(안면) : 16단을 반복한다.
21단(걸면) : 겉뜨기.
22단(안면) : 14단을 반복한다.
23·24단 : 1~12단을 반복한다.
35단(걸면) : 1단을 반복한다.
36단(안면) : 4단을 반복한다.
37~44단 : 35·36단을 4회 더 반복한다.
1~44단을 반복하며 패턴뜨기를 한다.

몸판 패턴

콧수 = 2의 배수+1.
1단(걸면) : 겉뜨기1, 걸러뜨기(실앞), 안뜨기3, 겉뜨기1, *안뜨기1, 겉뜨기1*, 마커까지 *-* 반복, 마커 걸러뜨기, 마커까지 겉뜨기, 마커 걸러뜨기, *겉뜨기1, 안뜨기1*, 6코 남을 때까지 *-* 반복, 겉뜨기1, 안뜨기3, 걸러뜨기1(실앞), 겉뜨기1.
2단(안면) : 걸러뜨기1(실앞), 겉뜨기4, 안뜨기1, *겉뜨기1, 안뜨기1*, 마커까지 *-* 반복, 마커 걸러뜨기, 마커까지 겉뜨기, 마커 걸러뜨기, *안뜨기1, 겉뜨기1*, 6코 남을 때까지 *-* 반복, 안뜨기1, 겉뜨기4, 걸러뜨기1(실앞).
3단(걸면) : 1단을 반복한다.
4단(안면) : 걸러뜨기1(실앞), 겉뜨기4, 안뜨기1, *겉뜨기1, 안뜨기1*, 마커까지 *-* 반복, 마커 걸러뜨기, 마커까지 안뜨기, 마커 걸러뜨기, *안뜨기1, 겉뜨기1*, 6코 남을 때까지 *-* 반복, 안뜨기1, 겉뜨기4, 걸러뜨기1(실앞).
5단(걸면) : 1단을 반복한다.
6단(안면) : 걸러뜨기1(실앞), 겉뜨기4, 안뜨기1, *겉뜨기1, 안뜨기1*, 마커까지 *-* 반복, 마커 걸러뜨기, *겉뜨기1, 걸러뜨기1(실뒤), 마커 1코 전까지 *-* 반복, 겉뜨기1, 마커 걸러뜨기, *안뜨기1, 겉뜨기1*, 6코 남을 때까지 *-* 반복, 안뜨기1, 겉뜨기4, 걸러뜨기1(실앞).
7단(걸면) : 겉뜨기1, 걸러뜨기1(실앞), 안뜨기3, 겉뜨기1, *안뜨기1, 겉뜨기1*, 마커까지 *-* 반복,

마커 걸러뜨기, 걸러뜨기1(실앞). *안뜨기1, 걸러뜨기1(실앞)*. 마커까지 **-** 반복. 마커 걸러뜨기1. *겉뜨기1, 안뜨기1*. 6코 남을 때까지 **-** 반복, 겉뜨기1, 안뜨기3, 걸러뜨기1(실앞), 겉뜨기1.

8단(안면) : 6단을 반복한다.

9단(겉면) : 1단을 반복한다.

10단(안면) : 4단을 반복한다.

11단(겉면) : 1단을 반복한다.

12단(안면) : 2단을 반복한다.

13단(겉면) : 1단을 반복한다.

14단(안면) : 걸러뜨기1(실앞), 겉뜨기4, 안뜨기1. *겉뜨기1, 안뜨기1*, 마커까지 **-** 반복, 마커 걸러뜨기, *안뜨기1, 겉뜨기1*, 마커 1코 전까지 **-** 반복, 안뜨기1, 마커 걸러뜨기, *안뜨기1, 겉뜨기1*, 6코 남을 때까지 **-** 반복, 안뜨기1, 겉뜨기4, 걸러뜨기1(실앞).

15단(겉면) : 1단을 반복한다.

16단(안면) : 걸러뜨기1(실앞), 겉뜨기4, 안뜨기1, *겉뜨기1, 안뜨기1*, 마커까지 **-** 반복, 마커 걸러뜨기, *겉뜨기1, 안뜨기1*, 마커 1코 전까지 **-** 반복, 겉뜨기1, 마커 걸러뜨기, *안뜨기1, 겉뜨기1*, 6코 남을 때까지 **-** 반복, 안뜨기1, 겉뜨기4, 걸러뜨기1(실앞).

17단(겉면) : 1단을 반복한다.

18단(안면) : 14단을 반복한다.

19단(겉면) : 1단을 반복한다.

20단(안면) : 16단을 반복한다.

21단(겉면) : 1단을 반복한다.

22단(안면) : 14단을 반복한다.

23·34단 : 1~12단을 반복한다.

35단(겉면) : 1단을 반복한다.

36단(안면) : 4단을 반복한다.

37~44단 : 35·36단을 4회 더 반복한다.
1~44단을 반복하며 패턴뜨기를 한다.

POINT

이 패턴에 사용한 테크닉과 손뜨개 약어는 15~23페이지를 참고하세요.
뜨는 과정에 마커가 나오면 걸러뜹니다.

한눈에 보는 구성

작품 52번은 톱다운으로 이음매 없이 뜹니다. 오른쪽 앞판부터 시작해 독일식 경사뜨기로 어깨 경사 모양을 만듭니다. 오른쪽 앞판을 완성

길이의 팔 둘레까지 패턴대로 떠서 걸어두고, 그에 맞춰 뒤판을 뜹니다. 오른쪽 앞판과 왼쪽의 코잡기단에서 뒤판 코를 줍고 앞판 길이에 맞춰 패턴대로 뜹니다. 앞·뒤판을 겨드랑이에서 연결하고 밑단 고무뜨기까지 몸판을 뜹니다. 팔 둘레를 따라 소매 코를 주워 소맷부리까지 메리야스뜨기(원형뜨기)를 합니다. 추가 마무리 작업은 하지 않습니다.

몸판과 소매는 고무뜨기를 시작하기 전에 단수를 늘리거나 줄여서 길이를 조절할 수 있습니다. 가슴 사이즈에서 가로 방향으로, 위팔 사이즈에서 세로 방향으로 작업해 사이즈를 조절할 수도 있습니다. 위팔 둘레는 진동 둘레 길이에 따라 정해지는데, 진동 둘레 길이는 앞·뒤판 모두의 단수를 늘리거나 줄여서 조절합니다. 작은 사이즈와 큰 사이즈에 대한 뜨는 법을 따라서 진행합니다.

뜨는 법

오른쪽 앞판

4mm(US 6) 줄바늘로 롱테일 코잡기 또는 선호하는 코잡기를 이용해 56(61. 67. 72. 79) (84. 89. 94)코를 만든다.

1·4·6·8사이즈

1단(안면) : 걸러뜨기1(실앞) 겉뜨기4, 안뜨기1, *겉뜨기1, 안뜨기1*, *-* 총 5(-. -. 6. -) (7. -. 7)회 반복, 마커 끼우기, 3코 남을 때까지 안뜨기, 왼코 겹쳐 2코 모아 안뜨기, 안뜨기1.
55(-. -. 71. -) (83. -. 93)코 중 칼라 16(-. -. 18. -) (20. -. 20)코. 오른쪽 앞판 39(-. -. 53. -) (63. -. 73)코.

2·3·5·7사이즈

1단(안면) : 걸러뜨기1(실앞) 겉뜨기4, 안뜨기1, *겉뜨기1, 안뜨기1*, *-* 총 -(5. 5. -. 6) (-. 7. -)회 반복, 마커 끼우기, 끝까지 안뜨기.
-(61. 67. -. 79) (-. 89. -)코 중 칼라 -(16. 16. -. 18) (-. 20. -)코. 오른쪽 앞판 -(45. 51. -. 61) (-. 69. -)코.

모든 사이즈

다음은 독일식 가터뜨기로 어깨 경사를 뜨기 시작한다.

2단(겉면) : 마커까지 겉뜨기, 마커 걸러뜨기, *겉뜨기1, 안뜨기1*, 6코 남을 때까지 **-** 반복, 겉뜨기1, 안뜨기3, 걸러뜨기1(실앞), 겉뜨기1.

경사뜨기 1단(안면) : 걸러뜨기1(실앞), 겉뜨기4, 안뜨기1, *겉뜨기1, 안뜨기1*, 마커까지 **-** 반복, 마커 걸러뜨기, 안뜨기1, 뜨개바탕 돌리기.

경사뜨기 2단(겉면) : 더블스티치 만들기, 마커 걸러뜨기, *겉뜨기1, 안뜨기1*, 6코 남을 때까지 **-** 반복, 겉뜨기1, 안뜨기3, 걸러뜨기1(실앞), 겉뜨기1.

경사뜨기 3단(안면) : 걸러뜨기1(실앞), 겉뜨기4, 안뜨기1, *겉뜨기1, 안뜨기1*, 마커까지 **-** 반복, 마커 걸러뜨기, 더블스티치 안뜨기, 안뜨기4(4. 4. 5. 5) (6. 6. 7), 뜨개바탕 돌리기.

경사뜨기 4단(겉면) : 더블스티치 만들기, 마커까지 겉뜨기, 마커 걸러뜨기, *겉뜨기1, 안뜨기1*, 6코 남을 때까지 **-** 반복, 겉뜨기1, 안뜨기3, 걸러뜨기1(실앞), 겉뜨기1.

경사뜨기 5단(안면) : 걸러뜨기1(실앞), 겉뜨기4, 안뜨기1, *겉뜨기1, 안뜨기1*, 마커까지 **-** 반복, 마커 걸러뜨기, 더블스티치까지 안뜨기, 더블스티치 안뜨기, 안뜨기4(4. 4. 5. 5) (6. 6. 7), 뜨개바탕 돌리기.

경사뜨기 6단(겉면) : 더블스티치 만들기, 마커까지 겉뜨기, 마커 걸러뜨기, *겉뜨기1, 안뜨기1*, 6코 남을 때까지 **-** 반복, 겉뜨기1, 안뜨기3, 걸러뜨기1(실앞), 겉뜨기1.

경사뜨기 5·6단을 7(8. 8. 8. 8) (8. 8. 8)회 더 반복한다.

다음 단(안면) : 걸러뜨기1(실앞), 겉뜨기4, 안뜨기1, *겉뜨기1, 안뜨기1*, 마커까지 **-** 반복, 마커 걸러뜨기, 더블스티치까지 안뜨기, 더블스티치 안뜨기, 끝까지 안뜨기.

오른쪽 앞판 패턴 시작하기

※사이즈마다 패턴의 다른 단에서 시작합니다. 그래서 카디건의 윗부분 모양이 약간씩 다르지만, 앞·뒤판을 연결하기가 순조롭고 쉽습니다.

1사이즈

오른쪽 앞판 패턴의 39~44단을 뜨고, 1~44단을 뜬다.

2사이즈

오른쪽 앞판 패턴의 37~44단을 뜨고, 1~44단을 뜬다.

3사이즈

오른쪽 앞판 패턴의 31~44단을 뜨고, 1~44단을 뜬다.

4사이즈

오른쪽 앞판 패턴의 23~44단을 뜨고, 1~40단을 뜬다.

5사이즈

다음 단(겉면) : 마커까지 겉뜨기, 마커 걸러뜨기, *겉뜨기1, 안뜨기1*, 6코 남을 때까지 *-* 반복, 겉뜨기1, 안뜨기3, 걸러뜨기1(실앞), 겉뜨기1.

다음 단(안면) : 걸러뜨기1(실앞), 겉뜨기4, 안뜨기1, *겉뜨기1, 안뜨기1*, 마커까지 *-* 반복, 마커 걸러뜨기, 끝까지 안뜨기.

마지막 두 단을 1회 더 반복한다.

오른쪽 앞판 패턴의 23~44단을 뜨고 1~44단을 뜬다.

6사이즈

다음 단(겉면) : 마커까지 겉뜨기, 마커 걸러뜨기, *겉뜨기1, 안뜨기1*, 6코 남을 때까지 *-* 반복, 겉뜨기1, 안뜨기3, 걸러뜨기1(실앞), 겉뜨기1.

다음 단(안면) : 걸러뜨기1(실앞), 겉뜨기4, 안뜨기1, *겉뜨기1, 안뜨기1*, 마커까지 *-* 반복, 마커 걸러뜨기, 끝까지 안뜨기.

마지막 두 단을 3회 더 반복한다.

오른쪽 앞판 패턴의 23~44단을 뜨고, 1~44단을 뜬다.

7사이즈

오른쪽 앞판 패턴의 11~44단을 뜨고, 1~44단을 뜬다.

8사이즈

오른쪽 앞판 패턴의 9~44단을 뜨고, 1~44단을 뜬다.

모든 사이즈

칼라 가장자리가 아닌 팔 둘레에서 측정했을 때 오른쪽 앞판이 17(18, 20, 22.5, 23.5) (24.5, 26, 27) cm 정도다. 실을 자르고 앞판 오른코들을 스티치 홀더나 별실에 건다.

<u>왼쪽 앞판</u>

4mm(US 6) 줄바늘로 롱테일 코잡기 또는 선호하는 코잡기를 이용해 56(61, 67, 72, 79) (84, 89, 94)코를 만든다.

1·4·6·8사이즈

1단(안면) : 안뜨기1, 왼코 겹쳐 2코 모아 안뜨기,

16(-, -, 18, -) (20, -, 20)코 남을 때까지 안뜨기, 마커 끼우기, 안뜨기1, *겉뜨기1, 안뜨기1*, *-* 총 5(-, -, 6, -) (7, -, 7)회 반복, 겉뜨기4, 걸러뜨기1(실앞). 55(-, -, 71, -) (83, -, 93)코 중 칼라 16(-, -, 18, -) (20, -, 20)코, 왼쪽 앞판 39(-, -, 53, -) (63, -, 73)코.

2·3·5·7사이즈

1단(안면) : -(16, 16, -, 18,) (-, 20, -)코 남을 때까지 안뜨기, 마커 끼우기, 안뜨기1, *겉뜨기1, 안뜨기1*, *-* 총 -(5, 5, -, 6) (-, 7, -)회 반복, 겉뜨기4, 걸러뜨기1(실앞). -(61, 67, -, 79) (-, 89, -)코 중 칼라 -(16, 16, -, 18) (-, 20, -)코, 왼쪽 앞판 -(45, 51, -, 61) (-, 69, -)코.

모든 사이즈

독일식 경사뜨기로 어깨 경사를 뜨기 시작한다.

경사뜨기 1단(겉면) : 겉뜨기1, 걸러뜨기1(실앞), 안뜨기3, 겉뜨기1, *안뜨기1, 겉뜨기1*, 마커까지 *-* 반복, 마커 걸러뜨기, 겉뜨기1, 뜨개바탕 돌리기.

경사뜨기 2단(안면) : 더블스티치 만들기, 마커 걸러뜨기, *안뜨기1, 겉뜨기1*, 6코 남을 때까지 *-* 반복, 안뜨기1, 겉뜨기4, 걸러뜨기1(실앞).

경사뜨기 3단(겉면) : 겉뜨기1, 걸러뜨기1(실앞), 안뜨기3, 겉뜨기1, *안뜨기1, 겉뜨기1*, 마커까지 *-* 반복, 마커 걸러뜨기, 더블스티치 겉뜨기, 겉뜨기4(4, 4, 5, 5) (6, 6, 7), 뜨개바탕 돌리기.

경사뜨기 4단(안면) : 더블스티치 만들기, 마커까지 안뜨기, 마커 걸러뜨기, *안뜨기1, 겉뜨기1*, 6코 남을 때까지 *-* 반복, 안뜨기1, 겉뜨기4, 걸러뜨기1(실앞).

경사뜨기 5단(겉면) : 겉뜨기1, 걸러뜨기1(실앞), 안뜨기3, 겉뜨기1, *안뜨기1, 겉뜨기1*, 마커까지 *-* 반복, 마커 걸러뜨기, 더블스티치까지 겉뜨기, 더블스티치 겉뜨기, 겉뜨기4(4, 4, 5, 5) (6, 6, 7), 뜨개바탕 돌리기.

경사뜨기 6단(안면) : 더블스티치 만들기, 마커까지 안뜨기, 마커 걸러뜨기, *안뜨기1, 겉뜨기1*, 6코 남을 때까지 *-* 반복, 안뜨기1, 겉뜨기4, 걸러뜨기1(실앞).

경사뜨기 5·6단을 7(8, 8, 8, 8) (8, 8, 8)회 더 반복한다.

다음 단(겉면) : 겉뜨기1, 걸러뜨기1(실앞), 안뜨기3, 겉뜨기1, *안뜨기1, 겉뜨기1*, 마커까지 *-* 반복, 마커 걸러뜨기, 더블스티치까지 겉뜨기, 더블스티치 겉뜨기, 끝까지 겉뜨기.

다음 단(안면) : 마커까지 안뜨기, 마커 걸러뜨기, *안뜨기1, 겉뜨기1*, 6코 남을 때까지 *-* 반복, 안뜨기1, 겉뜨기4, 걸러뜨기1(실앞).

5·6사이즈

다음 단(겉면) : 겉뜨기1, 걸러뜨기1(실앞), 안뜨기3, 겉뜨기1, *안뜨기1, 겉뜨기1*, 마커까지 *-* 반복, 마커 걸러뜨기, 끝까지 겉뜨기.

다음 단(안면) : 마커까지 안뜨기, 마커 걸러뜨기, *안뜨기1, 겉뜨기1*, 6코 남을 때까지 *-* 반복, 안뜨기1, 겉뜨기4, 걸러뜨기1(실앞).

마지막 두 단을 -(-, -, -, 1) (3, -, -)회 더 반복한다.

모든 사이즈

<u>왼쪽 앞판 패턴 시작하기</u>

1사이즈

왼쪽 앞판 패턴의 39~44단을 뜨고, 1~44단을 뜬다.

2사이즈

왼쪽 앞판 패턴의 37~44단을 뜨고, 1~44단을 뜬다.

3사이즈

왼쪽 앞판 패턴의 31~44단을 뜨고, 1~44단을 뜬다.

4사이즈

왼쪽 앞판 패턴의 23~44단을 뜨고, 1~40단을 뜬다.

5·6사이즈

왼쪽 앞판 패턴의 23~44단을 뜨고, 1~44단을 뜬다.

7사이즈

왼쪽 앞판 패턴의 11~44단을 뜨고, 1~44단을 뜬다.

8사이즈

왼쪽 앞판 패턴의 9~44단을 뜨고, 1~44단을 뜬다.

모든 사이즈

앞판 왼코들을 스티치 홀더나 별실에 건다. 실을 자르지 않는다.

뒤판

※뒤판 코는 앞판 양쪽의 코잡기단에서 줍습니다.
새 볼의 실과 4mm(US 6) 줄바늘로 겉면이 보이는 왼쪽 앞판의 팔 둘레부터 코잡기단에서 56(61. 67. 72. 79) (84. 89. 94)코를 주워 겉뜨기한다. 이어서 겉면이 보이는 오른쪽 앞판의 칼라 가장자리부터 1번째 코를 주워 겉뜨기. 마커 끼우기. 코잡기단에서 55(60. 66. 71. 78) (83. 88. 93)코를 주워 겉뜨기한다. 바늘에 112(122. 134. 144. 158) (168. 178. 188)코가 있다.

시작단(안면) : 마커까지 안뜨기. 마커 빼기. 왼코 겹쳐 2코 모아 안뜨기. 끝까지 안뜨기.
바늘에 111(121. 133. 143. 157) (167. 177. 187)코가 있다.

다음 단(겉면) : 겉뜨기.
다음 단(안면) : 안뜨기.

5·6사이즈

마지막 두 단을 -(-. -. -. 2) (4. -. -)회 더 반복한다.

모든 사이즈
뒤판 패턴 시작하기

1사이즈

뒤판 왼쪽 패턴의 39~44단을 뜨고, 1~44단을 뜬다.

2사이즈

뒤판 왼쪽 패턴의 37~44단을 뜨고, 1~44단을 뜬다.

3사이즈

뒤판 왼쪽 패턴의 31~44단을 뜨고, 1~44단을 뜬다.

4사이즈

뒤판 왼쪽 패턴의 23~44단을 뜨고, 1~40단을 뜬다.

5·6사이즈

뒤판 왼쪽 패턴의 23~44단을 뜨고, 1~44단을 뜬다.

7사이즈

뒤판 왼쪽 패턴의 11~44단을 뜨고, 1~44단을 뜬다.

8사이즈

뒤판 왼쪽 패턴의 9~44단을 뜨고, 1~44단을 뜬다.

모든 사이즈

실을 자른다. 안면이 보이도록 뜨개바탕을 돌려서 뒤판을 작업대에 펼쳐놓고, 앞판 양쪽의 어깨를 겉면이 보이게 접어놓는다. 앞판 왼코를 바늘 한쪽 끝에 옮기고, 앞판 오른코는 바늘의 다른 쪽 끝에 옮긴다. 단, 코가 꼬이지 않도록 주의한다. 실은 여전히 왼쪽 앞판에 연결되어 있고 겉면단을 뜰 수 있는 상태다.

앞·뒤판 연결하기

1·2·3·5·6·7·8사이즈

다음 단(겉면) : 겉뜨기1. 걸러뜨기1(실앞). 안뜨기3. 겉뜨기1. *안뜨기1. 겉뜨기1*. 마커까지 *-* 반복. 마커 걸러뜨기. 왼쪽 앞판의 4코 남을 때까지 겉뜨기. 마커 끼우기. 겉뜨기4. 뒤판 코를 왼바늘의 끝으로 밀어 보내기. 겉뜨기4. 마커 끼우기. 뒤판의 4코 남을 때까지 겉뜨기. 마커 끼우기. 겉뜨기4. 앞판 오른코를 왼바늘 끝으로 밀어 보내기. 겉뜨기4. 마커 끼우기. 마커까지 겉뜨기. 마커 걸러뜨기. *겉뜨기1. 안뜨기1*. 6코 남을 때까지 *-* 반복. 겉뜨기1. 안뜨기3. 걸러뜨기1(실앞). 겉뜨기1.
221(243. 267. -. 315) (333. 355. 373)코 중 앞판 각 51(57. 63. -. 75) (79. 85. 89)코. 양쪽 겨드랑이 각 8코. 뒤판 103(113. 125. -. 149) (159. 169. 179)코.

다음 단(안면. 줄이기단) : 걸러뜨기1(실앞). 겉뜨기4. 안뜨기1. *겉뜨기1. 안뜨기1*. 마커까지 *-* 반복. 마커 걸러뜨기. 마커까지 겉뜨기. 마커 걸러뜨기. 왼코 겹쳐 2코 모아 안뜨기. 마커 2코 전까지 안뜨기. 오른코 겹쳐 2코 모아 안뜨기. 마커 걸러뜨기. 마커까지 겉뜨기. 마커 걸러뜨기. 왼코 겹쳐 2코 모아 안뜨기. 마커 2코 전까지 안뜨기. 오른코 겹쳐 2코 모아 안뜨기. 마커 걸러뜨기. 마커까지 겉뜨기. 마커 걸러뜨기. *안뜨기1. 겉뜨기1*. 6코 남을 때까지 *-* 반복. 안뜨기1. 겉뜨기4. 걸러뜨기1(실앞).
217(239. 263. -. 311) (329. 351. 369)코 중 앞판 각 51(57. 63. -. 75) (79. 85. 89)코. 양쪽 겨드랑이 각 6코. 뒤판 103(113. 125. -. 149) (159. 169. 179)코.

다음 단(겉면. 줄이기단) : 겉뜨기1. 걸러뜨기1(실앞). 안뜨기3. 겉뜨기1. *안뜨기1. 겉뜨기1*. 마커까지 *-* 반복. 마커 걸러뜨기. 마커까지 겉뜨기. 마커 걸러뜨기. 오른코 겹쳐 2코 모아뜨기. 겉뜨

기2. 왼코 겹쳐 2코 모아뜨기. 마커 걸러뜨기. 마커까지 겉뜨기. 마커 걸러뜨기. 오른코 겹쳐 2코 모아뜨기. 겉뜨기2. 왼코 겹쳐 2코 모아뜨기. 마커 걸러뜨기. 마커까지 겉뜨기. 마커 걸러뜨기. *겉뜨기1. 안뜨기1*. 6코 남을 때까지 *-* 반복. 겉뜨기1. 안뜨기3. 걸러뜨기1(실앞). 겉뜨기1.
213(235. 259. -. 307) (325. 347. 365)코 중 앞판 각 51(57. 63. -. 75) (79. 85. 89)코. 양쪽 겨드랑이 각 4코. 뒤판 103(113. 125. -. 149) (159. 169. 179)코.

다음 단(안면. 줄이기단) : 걸러뜨기1(실앞). 겉뜨기4. 안뜨기1. *겉뜨기1. 안뜨기1*. 마커까지 *-* 반복. 마커 걸러뜨기. 마커까지 안뜨기. 마커 걸러뜨기. 왼코 겹쳐 2코 모아 안뜨기. 오른코 겹쳐 2코 모아 안뜨기. 마커 걸러뜨기. 마커까지 안뜨기. 마커 걸러뜨기. 왼코 겹쳐 2코 모아 안뜨기. 오른코 겹쳐 2코 모아 안뜨기. 마커 걸러뜨기. 마커까지 안뜨기. 마커 걸러뜨기. *안뜨기1. 겉뜨기1*. 6코 남을 때까지 *-* 반복. 안뜨기1. 겉뜨기4. 걸러뜨기1(실앞).
209(231. 255. -. 303) (321. 343. 361)코 중 앞판 각 51(57. 63. -. 75) (79. 85. 89)코. 양쪽 겨드랑이 각 2코. 뒤판 103(113. 125. -. 149) (159. 169. 179)코.

다음 단(겉면. 줄이기단) : 겉뜨기1. 걸러뜨기1(실앞). 안뜨기3. 겉뜨기1. *안뜨기1. 겉뜨기1*. 마커까지 *-* 반복. 마커 걸러뜨기. 마커까지 겉뜨기. 마커 빼기. 왼코 겹쳐 2코 모아뜨기. 마커 빼기. 마커까지 겉뜨기. 마커 빼기. 왼코 겹쳐 2코 모아뜨기. 마커 빼기. 마커까지 겉뜨기. 마커 걸러뜨기. *겉뜨기1. 안뜨기1*. 6코 남을 때까지 *-* 반복. 겉뜨기1. 안뜨기3. 걸러뜨기1(실앞). 겉뜨기1.
바늘에 207(229. 253. -. 301) (319. 341. 359)코가 있다.

4사이즈

다음 단(겉면) : 겉뜨기1. 걸러뜨기1(실앞). 안뜨기3. 겉뜨기1. *안뜨기1. 겉뜨기1*. 마커까지 *-* 반복. 마커 걸러뜨기. 왼쪽 앞판 4코 남을 때까지 겉뜨기. 마커 끼우기. 겉뜨기4. 뒤판 코를 왼바늘 끝으로 밀어 보내기. 겉뜨기4. 마커 끼우기. 뒤판 4코 남을 때까지 겉뜨기. 마커 끼우기. 겉뜨기4. 앞판 오른코를 왼바늘 끝으로 밀어 보내기. 겉뜨기4. 마커 끼우기. 마커까지 겉뜨기. 마커 걸러뜨기. *겉뜨기1. 안뜨기1*. 6코 남을 때까지 *-* 반복. 겉뜨기1. 안뜨기3. 걸러뜨기1(실앞). 겉뜨기1.
285코 중 앞판 각 67코. 양쪽 겨드랑이 각 8코. 뒤판 135코.

다음 단(안면. 줄이기단) : 걸러뜨기1(실앞). 겉뜨기4.

안뜨기1, *겉뜨기1, 안뜨기1*, 마커까지 *-* 반복, 마커 걸러뜨기, 마커까지 안뜨기, 마커 걸러뜨기, 왼코 겹쳐 2코 모아 안뜨기, 마커 2코 전까지 안뜨기, 오른코 겹쳐 2코 모아 안뜨기, 마커 걸러뜨기, 마커까지 안뜨기, 마커 걸러뜨기, 왼코 겹쳐 2코 모아 안뜨기, 마커 2코 전까지 안뜨기, 오른코 겹쳐 2코 모아 안뜨기, 마커 걸러뜨기, 마커까지 안뜨기, 마커 걸러뜨기, *안뜨기1, 겉뜨기1*, 6코 남을 때까지 *-* 반복, 안뜨기1, 겉뜨기4, 걸러뜨기1(실앞).

281코 중 앞판 각 67코, 양쪽 겨드랑이 각 6코, 뒤판 135코.

다음 단(겉면, 줄이기단) : 겉뜨기1, 걸러뜨기1(실앞), 안뜨기3, 겉뜨기1, *안뜨기1, 겉뜨기1*, 마커까지 *-* 반복, 마커 걸러뜨기, 마커까지 겉뜨기, 마커 걸러뜨기, 오른코 겹쳐 2코 모아뜨기, 겉뜨기2, 왼코 겹쳐 2코 모아뜨기, 마커 걸러뜨기, 마커까지 겉뜨기, 마커 걸러뜨기, 오른코 겹쳐 2코 모아뜨기, 겉뜨기2, 왼코 겹쳐 2코 모아뜨기, 마커 걸러뜨기, 마커까지 겉뜨기, 마커 걸러뜨기, *겉뜨기1, 안뜨기1*, 6코 남을 때까지 *-* 반복, 겉뜨기1, 안뜨기3, 걸러뜨기1(실앞), 겉뜨기1.

277코 중 앞판 각 67코, 양쪽 겨드랑이 각 4코, 뒤판 135코.

다음 단(안면, 줄이기단) : 걸러뜨기1(실앞), 겉뜨기4, 안뜨기1, *겉뜨기1, 안뜨기1*, 마커까지 *-* 반복, 마커 걸러뜨기, 마커까지 안뜨기, 마커 걸러뜨기, 왼코 겹쳐 2코 모아 안뜨기, 오른코 겹쳐 2코 모아 안뜨기, 마커 걸러뜨기, 마커까지 안뜨기, 마커 걸러뜨기, 왼코 겹쳐 2코 모아 안뜨기, 오른코 겹쳐 2코 모아 안뜨기, 마커 걸러뜨기, 마커까지 안뜨기, 마커 걸러뜨기, *안뜨기1, 겉뜨기1*, 6코 남을 때까지 *-* 반복, 안뜨기1, 겉뜨기4, 걸러뜨기1(실앞).

273코 중 앞판 각 67코, 양쪽 겨드랑이 각 2코, 뒤판 135코.

다음 단(겉면, 줄이기단) : 겉뜨기1, 걸러뜨기1(실앞), 안뜨기3, 겉뜨기1, *안뜨기1, 겉뜨기1*, 마커까지 *-* 반복, 마커 걸러뜨기, 마커까지 겉뜨기, 마커 빼기, 왼코 겹쳐 2코 모아뜨기, 마커 빼기, 마커까지 겉뜨기, 마커 빼기, 왼코 겹쳐 2코 모아뜨기, 마커 빼기, 마커까지 겉뜨기, 마커 걸러뜨기, *겉뜨기1, 안뜨기1*, 6코 남을 때까지 *-* 반복, 겉뜨기1, 안뜨기3, 걸러뜨기1(실앞), 겉뜨기1. 271코.

몸판 패턴의 2~5단을 뜬다.

몸판

모든 사이즈

몸판 패턴의 6~44단을 뜨고, 몸판이 겨드랑이부터 32.5(32.5, 32.5, 31, 30) (29, 29, 28.5)cm 또는 원하는 길이 -5cm 될 때까지 1~44단을 반복한 다음 안면단으로 끝낸다.

다음 단(겉면) : 겉뜨기1, 걸러뜨기1(실앞), 안뜨기3, 겉뜨기1, *안뜨기1, 겉뜨기1*, 마커까지 *-* 반복, 마커 걸러뜨기, 마커까지 겉뜨기, 마커 걸러뜨기, *겉뜨기1, 안뜨기1*, 6코 남을 때까지 *-* 반복, 겉뜨기1, 안뜨기3, 걸러뜨기1(실앞), 겉뜨기1.

고무뜨기

3.75mm(US 5) 바늘로 바꾼다.

시작단(안면) : 걸러뜨기1(실앞), 겉뜨기4, 안뜨기1, *겉뜨기1, 안뜨기1*, 마커까지 *-* 반복, 마커 빼기, 겉뜨기1, *안뜨기1, 겉뜨기1*, 마커까지 *-* 반복, 마커 빼기, *안뜨기1, 겉뜨기1*, 6코 남을 때까지 *-* 반복, 안뜨기1, 겉뜨기4, 걸러뜨기1(실앞).

1단(겉면) : 겉뜨기1, 걸러뜨기1(실앞), 안뜨기3, *겉뜨기1, 안뜨기1*, 6코 남을 때까지 *-* 반복, 겉뜨기1, 안뜨기3, 걸러뜨기1(실앞), 겉뜨기1.

2단(안면) : 걸러뜨기1(실앞), 겉뜨기4, *안뜨기1, 겉뜨기1*, 6코 남을 때까지 *-* 반복, 안뜨기1, 겉뜨기4, 걸러뜨기1(실앞).

고무뜨기단이 5cm 될 때까지 1·2단을 반복한다. 선호하는 코막음으로 모든 코를 패턴대로 코막음한다.

소매

4mm(US 6) 장갑바늘 또는 줄바늘(매직루프)로 겨드랑이부터 팔 둘레에서 72(76, 82, 88, 98) (104, 110, 112)코를 주워 겉뜨기한다(3단에 2코 비율 : *1단에서 1코, 다음 단에서 1코, 3번째 단 건너뛰기*를 반복한다). 원형단 시작을 표시하는 마커를 끼운다.

원형 1단 : 겉뜨기.

원형 2단(줄이기단) : 겉뜨기1, 왼코 겹쳐 2코 모아뜨기, 3코 남을 때까지 겉뜨기, 오른코 겹쳐 2코 모아뜨기, 겉뜨기1.

바늘에 70(74, 80, 86, 96) (102, 108, 110)코가 있다.
1·2단을 2(2, 2, 3, 4) (4, 5, 5)회 더 반복한다. 66(70, 76, 80, 88) (94, 98, 100)코.
메리야스뜨기(겉뜨기)를 계속하면서 14(11, 8, 7,

5) (4, 4, 3)번째 단마다 2단 뜨기를 5(7, 9, 8, 14) (17, 10, 20)회 반복한다. 즉, 메리야스뜨기로 13(10, 7, 6, 4) (3, 3, 2)단을 뜨고 2단을 뜬다. 바늘에 56(56, 58, 64, 60) (60, 78, 60)코가 있다.

4·7사이즈

-(-, -, 6, -) (-, 3, -)번째 단마다 2단 뜨기를 -(-, -, 3, -) (-, 9, -)회 더 반복한다.
바늘에 -(-, -, 58, -) (-, 60, -)코가 있다.

모든 사이즈

소매 길이가 37.5(37.5, 37.5, 34.5, 33.5) (33, 33, 31) cm 또는 원하는 길이 -5cm 될 때까지 메리야스뜨기(겉뜨기)를 한다.

고무뜨기

3.75 (US 5) 바늘로 바꾼다.

다음 원형단 : *겉뜨기1, 안뜨기1*, 끝까지 *-*을 반복한다.
고무뜨기단이 5cm 될 때까지 1×1 고무뜨기를 계속한다. 선호하는 코막음으로 모든 코를 패턴대로 코막음한다.
같은 방법으로 2번째 소매도 만든다.

마무리하기

실 끝을 보이지 않게 정리한 다음 치수에 맞춰 습식 블로킹을 한다.

카테고리별 작품 찾아보기

※수록한 니팅 패턴은 기계가 아닌 수작업으로 만들었으므로 간혹 실수가 있을 수 있습니다. 웹사이트 lainepublishing.com/pages/errata Errara 리스트에 실수와 보정 내용을 모아놓았으니 방문해보세요.